中国轻工业"十四五"规划立项教材
内蒙古自治区"十四五"职业教育规划立项教材
 高等职业教育食品营养与健康专业教材

食品营养与健康

高宇萍　袁静宇　主编

 中国轻工业出版社

图书在版编目（CIP）数据

食品营养与健康 / 高宇萍，袁静宇主编 . -- 北京：中国轻工业出版社，2024.8. --（中国轻工业"十四五"规划立项教材）（内蒙古自治区"十四五"职业教育规划立项教材）（高等职业教育食品营养与健康专业教材）. ISBN 978-7-5184-4999-6

Ⅰ．R151.4

中国国家版本馆 CIP 数据核字第 2024315FP0 号

责任编辑：钟　雨　　　责任终审：唐是雯
文字编辑：负紫光　　　责任校对：晋　洁　　　封面设计：锋尚设计
策划编辑：钟　雨　　　版式设计：砚祥志远　　责任监印：张　可

出版发行：中国轻工业出版社（北京鲁谷东街 5 号，邮编：100040）
印　　刷：三河市万龙印装有限公司
经　　销：各地新华书店
版　　次：2024 年 8 月第 1 版第 1 次印刷
开　　本：720×1000　1/16　印张：15
字　　数：327 千字
书　　号：ISBN 978-7-5184-4999-6　定价：45.00 元
邮购电话：010-85119873
发行电话：010-85119832　010-85119912
网　　址：http://www.chlip.com.cn
Email：club@chlip.com.cn
版权所有　侵权必究
如发现图书残缺请与我社邮购联系调换
230555J2X101ZBW

本书编委会

主　编	高宇萍	包头轻工职业技术学院
	袁静宇	包头轻工职业技术学院
副主编	雷　蕾	内蒙古农业大学职业技术学院
	白　云	包头轻工职业技术学院
	魏小雁	包头轻工职业技术学院
	钟彩霞	包头轻工职业技术学院
	徐　莹	包头轻工职业技术学院
参　编	刘荣英	包头轻工职业技术学院
	武　衍	包头轻工职业技术学院
	刘铭轩	内蒙古商贸职业学院
	魏琳琳	包头淞雅中医医院
	高彩岩	吉林省蛟河市职业教育中心
	缪　链	烟台富美特信息科技股份有限公司（食品伙伴网）
主　审	张延明	包头轻工职业技术学院

前言

本书以党的二十大精神"把保障人民健康放在优先发展的战略位置,完善人民健康促进政策",以推进健康中国建设做出全面部署为指引,以《高等职业学校专业教学标准(试行)》为依据,按照高等职业教育食品类专业规定的职业培养目标要求,参照"公共营养师"国家职业标准(中/高级)的基本工作要求,结合《中国公民健康营养素——基本知识与技能(试行)》要点编写,旨在介绍食品营养与健康的基本知识与技能。

本书主要用于食品专业课、选修课与营养师培训,分为健康知识、健康技能、健康行动三个模块,主要包括营养学基础知识和基础理论,食物中营养素的评价,膳食的调查、评价与指导等内容,普及营养健康知识,培养学生健康素养和营养咨询能力。

本书作为"双高"专业建设重点教材,立足于科学性、专业性、实用性,突出"学中做,做中学"的职业教育理念,邀请行业专家共同编写,以公共营养师的职业技能和职业综合素养为核心,结合"1+X"证书制度,将岗位技能要求、职业技能等级证书标准等相关内容有机融入,注重学生职业能力和职业精神的培养。通过任务导入、任务分析、案例实操等方式引出各任务所需知识,同时渗入课程思政,以培养学生推广食品健康知识的责任感、使命感,使学生形成良好的职业素养,具备可持续发展的能力,为学生从事相关工作奠定基础。

本书以课程思政为抓手,发挥专业课程育人的主体作用,树立学生的责任感,形成严谨求实的科学态度和客观公正的工作作风;以公共营养师职业标准为依据,以食品相关法规为准则,突出课程的职业性;以信息化资源为指导,将知识拓展、新闻热点、案例分析等内容放入二维码中,便于学习和指导,从而适应"互联网+职业教育"的发展需求。

本书在编写中参考了大量相关书籍和文章,在此向相关作者一并表示感谢。由于编者水平有限,书中难免存在不足之处,敬请广大师生、读者、专家和同行批评指正。

主编

2024 年 3 月

目录

1		绪论
5	模块一	健康知识
5		任务一　了解食物的消化与吸收
10		任务二　认识食品营养素
39		任务三　分析各类食物的营养价值
55		任务四　分析各类人群营养需要
71		任务五　解读公共营养基础理论
91		任务六　营养教育和健康促进
104	模块二	健康技能
104		任务一　血糖生成指数和血糖负荷计算
108		任务二　食物中蛋白质质量评价——AAS和PDCAAS法
115		任务三　食物蛋白质互补作用——膳食蛋白质质量比较分析
120		任务四　食物脂肪评价——动植物油脂肪酸比例计算和分析
124		任务五　零食能量密度计算与评价
126		任务六　面包营养质量判断
129		任务七　营养标签的解读
136		任务八　饼干营养标签制作
143		任务九　维生素D缺乏判断及评价
149		任务十　锌缺乏判断及评价
154		任务十一　设计称重法调查表
160		任务十二　膳食结构分析与评价
166		任务十三　膳食能量摄入量计算与评价
170		任务十四　膳食营养素计算与评价
174		任务十五　膳食调查结果计算与分析

180	模块三	健康行动
180	任务一	成年人体格测量和体征判断
187	任务二	成年人3日膳食摄入调查——24h回顾法
193	任务三	调查学校食堂食物消耗量——记账法
197	任务四	成年人一日食谱编制——计算法
203	任务五	食谱编制——食物交换份法
212	任务六	健康生活方式测评
220	任务七	身体活动水平测评
227	任务八	体重控制的营养教育
232	参考文献	

绪 论

营养与人们的生活息息相关，合理的营养是健康的基础。随着我国社会经济的发展和人民生活水平的提高，人们对营养与健康日益重视，科学饮食、合理营养、促进健康已成为人们生活的基本要求。但是，当前我国依旧缺乏营养学专业人才，为了广泛普及营养知识，提高全民营养素质，培养专业的营养技术人员已成为当前我国食品营养学专业的迫切要求。

一、营养与健康

"营养"作为一个名词已被众所周知，"营"在汉字中意为谋求，"养"意为养生或养身，两个字组合在一起即为"谋求养生"。确切地说应该是用食物或食物中的有益成分谋求养生。人体在生命活动中需要不断从外界环境中摄取食物，从中获得生命活动中所需要的营养物质。

1. 营养

营养是指人体吸收、利用食物或营养物质的过程，也是人类通过摄取食物以满足机体生理需要的生物学过程。据此，我们也可以认为营养学是研究人们"吃"的科学，它是研究人们应该"吃什么""如何吃"才能更好地消化、吸收、代谢、利用，确保机体维持正常生长发育与良好健康的相关过程。

2. 营养素

营养素是人体用以维持正常生长、发育、繁殖和健康生活所必需的物质。通常分为碳水化合物、脂肪、蛋白质、维生素、矿物质、水和膳食纤维。其中碳水化合物、脂肪和蛋白质在食品中存在和摄入的量较大，称为宏量营养素或常量营养素，而维生素和矿物质在平衡膳食中仅需少量，故称微量营养素。人们在进食含有这些营养素的食品之后，机体可进一步利用它们，并用来制造许多为身体机能活动所必需的其他物质，如酶和激素等。从营养学、食品科学和食品加工的角度来说，应尽量保持这些营养素不受破坏。

3. 食品的营养价值

食品的营养价值通常是指在特定食品中的营养素及其质和量的关系。食品营养价值的高低，取决于食品中营养素是否齐全，数量多少，相互比例是否适宜，以及是否易于消化、吸收等。一般说，食品中所提供的营养素种类及其含量越接近人体需要，则该食品的营养价值就越高。

4. 合理营养

合理营养通过合理的膳食和科学的烹调加工，向机体提供足够数量的热能和各种营养素，并保持各营养素之间的数量平衡，以满足人体的正常生理需要，保持人体健康。

二、营养与健康的关系

1. 营养是维持身体正常运转的基石

正确的营养摄入有助于维持身体各个系统的正常运转，包括消化系统、循环系统、免疫系统等。缺乏必要的营养素可能导致各种健康问题，如贫血、免疫力下降、消化系统紊乱等。

2. 营养对生长发育的影响

儿童和青少年在生长发育过程中需要大量的营养素，如蛋白质、维生素、矿物质等。这些营养素有助于骨骼发育、器官成熟和身体机能的完善。缺乏这些营养素可能导致生长发育迟缓、身体素质下降等问题。

3. 营养与慢性病的关系

不合理的饮食结构和习惯可能导致慢性病的发生，如心血管疾病、糖尿病、癌症等。这些疾病的发生与饮食习惯、营养摄入和遗传因素等密切相关。合理的营养摄入有助于预防慢性病的发生和发展。

三、我国营养与健康状况

随着健康中国建设和健康扶贫等民生工程的深入推进，我国农村等重点地区、儿童青少年等重点人群营养不足问题得到显著改善，因慢性病导致的劳动力损失不断减少，营养改善和慢性病防控工作取得积极进展和明显成效，主要体现在以下三点。

一是居民体格发育与营养不足问题持续改善，城乡差异逐步缩小。我国城乡居民膳食能量和蛋白质、脂肪、碳水化合物三大宏量营养素摄入充足。据2023年统计，18~44岁男性和女性的平均身高分别为173.8cm和161.0cm，与2015年发布结果相比分别增加5.3cm和3.8cm。居民贫血问题持续改善，成年人、6~17岁儿童和青少年、孕妇的贫血率均有不同程度的下降。

二是居民健康意识逐步增强，部分慢性病行为危险因素流行水平呈现下降趋势。近年来，居民吸烟率略有下降，非吸烟者的二手烟暴露率由72.4%下降到

68.1%。饮酒者中几乎每天饮酒的比例由 25.5% 下降到 19.9%。据 2022 年统计，家庭人均每日烹调用盐 9.3g，与 2015 年发布结果相比下降了 1.2g。居民对自己健康的关注程度也在不断提高，定期测量体重、血压血糖、血脂等健康指标的人群比例显著增加。

三是重大慢性病过早死亡率逐年下降，因慢性病导致的劳动力损失不断减少。2022 年，我国居民因心脑血管疾病、癌症、慢性呼吸系统疾病和糖尿病等四类重大慢性病导致的过早死亡率为 15.2%，与 2015 年的 18.5% 相比下降了 3 个百分点，降幅达 16.2%。

随着我国经济社会发展和卫生健康服务水平的不断提高，居民人均预期寿命不断增长，随着慢性病患者生存期的不断延长，加之人口老龄化、城镇化、工业化进程加快和行为危险因素流行对慢性病发病的影响，我国慢性病患者基数仍将不断扩大，防控工作仍面临巨大挑战。例如，居民不健康生活方式仍然普遍存在，居民超重肥胖问题不断凸显，慢性病患病、发病仍呈上升趋势。

1. 中国居民超重肥胖形势严峻

近年来，中国居民超重肥胖的形势严峻，能量摄入和能量支出不平衡是导致个体超重肥胖的直接原因。城乡各年龄组居民超重肥胖率持续上升。超重肥胖也是心脑血管疾病、糖尿病和多种癌症等慢性病的重要危险因素。高血压、糖尿病、高胆固醇血症、慢性阻塞性肺疾病患病率和癌症患病率均有所上升。

2. 不健康的生活方式

不健康的生活方式对超重肥胖发生的影响是巨大的。一方面，我国居民膳食结构不合理，脂肪供能比持续增加，高油高糖等能量密度高、营养素密度低的食物摄入较多，蔬菜、水果、豆及豆制品摄入不足，主食精细化等导致个体能量摄入增加。另一方面，各个年龄人群的职业劳动程度普遍降低，出行越来越方便，电子产品普及导致了居民静态生活时间普遍增加，也导致了能量消耗的减少。能量摄入和能量支出的不平衡是导致个体超重肥胖的直接原因。超重肥胖的控制必须坚持以预防为主，贯穿全生命周期，要从儿童时期、青少年时期抓起。

3. 膳食结构不合理

居民不健康生活方式仍然普遍存在，膳食结构不合理的问题突出，膳食脂肪供能比持续上升，食用油、食用盐摄入量远高于推荐值。而水果、豆类及豆制品、乳类消费量仍然偏低，膳食摄入的维生素 A、钙等依然不足。家庭人均每日烹调用盐与每日 5g 的推荐量相比差距仍然较大。家庭人均每日烹调用油达 43.2g，超过一半的居民高于 30g/天推荐值上限。同时，居民在外就餐比例不断上升，食堂、餐馆、加工食品中的油、盐也应引起关注。儿童、青少年经常饮用含糖饮料问题已经凸显，18.9% 的中小学生经常饮用含糖饮料，应重视其对儿童健康的影响。15 岁及以上居民吸烟率超过 1/4。

面对当前仍然严峻的慢性病防控形势，党中央、国务院高度重视，将实施慢性病综合防控战略纳入《"健康中国 2030"规划纲要》，将合理膳食和重大慢性病防治纳入健康中国行动，进一步聚焦当前国民面临的主要营养和慢性病问题，从政府、社会、个人（家庭）3 个层面协同推进，通过普及健康知识、参与健康行动、提供健康服务等措施，积极有效应对当前挑战，推进实现全民健康。

四、《健康中国行动（2019—2030 年）》

人民健康是民族昌盛和国家富强的重要标志。为积极应对当前突出的健康问题，努力使群众不生病、少生病，提高生活质量，延长健康寿命，特制定《健康中国行动（2019—2030 年）》。

1. 总体目标

到 2022 年，覆盖经济社会各相关领域的健康促进政策体系基本建立，全民健康素养水平稳步提高，健康生活方式加快推广，心脑血管疾病、癌症、慢性呼吸系统疾病、糖尿病等重大慢性病发病率上升趋势得到遏制，重点传染病、严重精神障碍、地方病、职业病得到有效防控，致残和死亡风险逐步降低，重点人群健康状况显著改善。

到 2030 年，全民健康素养水平大幅提升，健康生活方式基本普及，居民主要健康影响因素得到有效控制，因重大慢性病导致的过早死亡率明显降低，人均健康预期寿命得到较大提高，居民主要健康指标水平进入高收入国家行列，健康公平基本实现。

2. 基本路径

——普及健康知识。把提升健康素养作为增进全民健康的前提，根据不同人群特点有针对性地加强健康教育与促进，让健康知识、行为和技能成为全民普遍具备的素质和能力，实现健康素养人人有。

——参与健康行动。倡导每个人是自己健康第一责任人的理念，激发居民热爱健康、追求健康的热情，养成符合自身和家庭特点的健康生活方式，合理膳食、科学运动、戒烟限酒、心理平衡，实现健康生活少生病。

——提供健康服务。推动健康服务供给侧结构性改革，完善防治策略、制度安排和保障政策，加强医疗保障政策与公共卫生政策衔接，提供系统连续的预防、治疗、康复、健康促进一体化服务，提升健康服务的公平性、可及性、有效性，实现早诊早治早康复。

——延长健康寿命。强化跨部门协作，鼓励和引导单位、社区、家庭、居民个人行动起来，对主要健康问题及影响因素采取有效干预，形成政府积极主导、社会广泛参与、个人自主自律的良好局面，持续提高健康预期寿命。

模块一
健康知识

任务一
了解食物的消化与吸收

知识目标

1. 熟悉人体消化系统的组成与功能；
2. 熟悉食物在消化道内的消化与吸收过程。

能力目标

1. 能够准确说明消化管及消化腺的组成；
2. 能够正确解释食物的消化、吸收过程。

素质目标

1. 能养成良好的饮食、卫生习惯；
2. 确立积极、健康的生活态度。

一、消化系统

导入：俗话说，"美食不可多吃，贪食使人生病。"这话是有科学依据的。暴饮会冲淡胃酸，使其减弱或失去杀菌的能力，沾在食物上的细菌就会趁虚而入，引起人的各种肠道传染病。暴食还会增加胃肠道的负担，引起消化不良和其他胃肠道疾病。

消化系统

因此逢年过节，切忌暴饮暴食，平时饮食也应节制。

启发：食物中的成分是构成成年人体内成分的原料。那么食物中的成分是怎样转化为成年人体内的成分呢？

知识点1　消化管

消化管是一条粗细不等的、起自于口腔延续到肛门的肌性管小肠，包括口腔、咽、食管、胃、小肠（十二指肠、空肠和回肠）及大肠（阑尾、盲肠、结肠、直肠和肛管）。通常把十二指肠及其以上的部分称为上消化道，空肠及其以下的部分称为下消化道。

知识点2　消化腺

包括小消化腺和大消化腺。小消化腺分布于消化管管壁内，分泌的消化液直接进入消化管管腔内，如舌腺、胃腺和肠腺等；大消化腺位于消化管管壁外，为独立的器官，分泌的消化液经过导管输入消化管腔内，包括唾液腺、肝、胰。

二、食物消化与吸收

人体在新陈代谢过程中，不仅要从外界环境中摄取氧气，还必须摄取足够的营养物质作为新陈代谢的物质和能量来源。人体所需的营养物质主要来自食物，包括蛋白质、脂肪、糖类、维生素、水和无机盐等。其中水、无机盐和维生素可以直接被吸收利用，而蛋白质、脂肪和糖类属于结构复杂的大分子物质，必须先在消化管内加工、分解为结构简单的小分子物质，才能被机体吸收利用。食物在消化管内被分解成可吸收的小分子物质的过程就称为消化。消化方式有两种，一种是机械性消化，即通过消化管的运动将食物磨碎并使之与消化液充分混合，同时将食糜不断向消化管的远端推进；另一种是化学性消化，即通过消化液中的各种消化酶的化学作用将食物中的大分子物质分解为可吸收的小分子物质。食物经消化后，小分子物质透过消化管黏膜的上皮细胞进入血液和淋巴液的过程称为吸收。消化与吸收是两个相辅相成、紧密联系的过程。消化与吸收是消化系统的主要功能。此外，消化器官还能分泌多种胃肠激素，具有重要的内分泌功能以及免疫功能。

知识点1　口腔内消化

消化由口腔开始。食物在口腔内经过咀嚼被粉碎，并与唾液混合，形成食团，便于吞咽。

1. 咀嚼

咀嚼是咀嚼肌收缩和舒张引起的随意运动。咀嚼的作用是切割和磨碎食物，使食物与唾液充分混合形成食团，便于吞咽，为下一步消化做好准备。

2. 吞咽

吞咽是口腔内的食团经咽和食管进入胃的过程。食团由口腔被送到咽的过程是在大脑皮质控制下的随意动作；食团到咽后，整个吞咽动作就成为自动的过程。食团进入食管后，引起食管蠕动，将食团推送入胃。蠕动是整个消化管平滑肌按顺序收缩和舒张形成的一种向前推进的波形运动，它是各段消化管平滑肌共有的运动形式。

3. 唾液及其作用

唾液为无色无味、近于中性（pH 6.6~7.1）的低渗液体，成年人每天分泌量为1.0~1.5L，其中水分约占99%，有机物主要为黏蛋白、唾液淀粉酶及溶菌酶，无机物主要有钠、钾、钙、氨等。唾液的主要作用包括①湿润和溶解食物，以引起味觉并便于吞咽；②清洁和保护口腔，唾液中的溶菌酶有杀菌作用；③唾液淀粉酶可将淀粉分解为麦芽糖，此酶的最适pH为6.8；④排泄进入人体内的铅、汞及某些病毒，如狂犬病毒等。

知识点2　胃内消化

食物在胃内经过机械性和化学性消化后，成为半流体状的食糜，然后逐次通过幽门向十二指肠输送。

1. 胃的运动功能

容纳大量的食物；使食物与胃液充分混合；以适合小肠消化和吸收的速度向小肠输送食糜，使消化过程得以继续进行。

2. 胃液及其作用

胃液是由胃腺分泌的一种无色、酸性液体，pH 0.9~1.5，成年人每日分泌量为1.5~2.5L。胃液的主要成分有盐酸、胃蛋白酶原、黏液和内因子等。

①盐酸：可激活胃蛋白酶原，并为胃蛋白酶的作用提供酸性环境；杀死进入胃内的细菌；促进胰液和胆汁的分泌；有益于Ca^{2+}和Fe^{2+}的吸收。

②胃蛋白酶原：被激活为胃蛋白酶，其主要作用是初步消化蛋白质。

③黏液：保护胃黏膜免受机械和化学损伤。

④内因子：使维生素B_{12}免遭肠内水解酶的破坏，并促进维生素B_{12}在回肠末端被主动吸收。

知识点3　小肠内消化

小肠内消化是最重要的消化阶段，因为食物经过口腔和胃以后，其物理性质虽有较大的改变，但其化学性质的变化则较小，仍不能为机体所吸收和利用。在小肠内，食糜经过胰液、胆汁和小肠液的化学性消化以及小肠运动的机械性消化，消化过程基本完成；绝大部分消化产物被吸收入血，剩余的食物残渣由小肠进入大肠。食糜在小肠内的停留时间通常为3~8h。

知识点4　大肠内消化

大肠没有重要的消化功能。大肠的主要功能是吸收水分和无机盐；对食物残渣进行加工，形成、储存并排出粪便；结肠内正常菌群产生的B族维生素和维生素 K 等对人体正常生理功能的发挥有重要意义。

知识点 5　吸收

消化管不同部位的吸收能力存在很大差异，这主要取决于消化管各部位的组织结构、食物在各部位消化的程度及停留时间。口腔和食管基本上没有吸收功能，但有些药物如硝酸甘油通过舌下给药，可经黏膜吸收。胃黏膜只能吸收少量的水分、乙醇和某些易溶于水的药物（如阿司匹林）。小肠是营养物质吸收的主要部位，绝大部分糖、脂肪和蛋白质的消化产物以及水、维生素和无机盐等在小肠被吸收。大肠主要吸收食物残渣中的水分和盐类。

小肠是吸收的主要部位，这是因为①小肠的吸收面积大：成年人的小肠长 4~5m，其黏膜形成许多环行皱襞和大量绒毛伸向肠腔，绒毛表面的柱状上皮细胞顶端的细胞膜又形成许多突起，称微绒毛，环行皱襞、绒毛和微绒毛的存在使小肠黏膜的吸收面积增加约 600 倍，可达 200~250m^2；②绒毛内有丰富的毛细血管和毛细淋巴管：绒毛的伸缩和摆动可促进血液和淋巴的回流，有利于食物的吸收；③在小肠内，糖、蛋白质、脂肪已消化为可吸收的小分子物质；④食物在小肠内的停留时间较长，能被充分吸收。吸收主要在上段小肠进行。钙、镁、铁等主要在十二指肠内被吸收；糖、蛋白质和脂肪的消化产物及维生素、水和无机盐主要在十二指肠和空肠内吸收；回肠能主动吸收胆盐和维生素 B_{12} 等。

学习评价

学生完成学习，通过自评（20%）、小组互评（30%）、教师评价（50%）评估对本任务学习的掌握情况。将具体的检查与评估填入表 1-1。

表 1-1　　　　　了解食物消化与吸收学习评价表

评价项目	评价标准	满分	评价分值			得分
			自评	互评	师评	
知识目标	能熟记人体消化系统的组成与功能	10				
	能熟记食物在消化道内消化与吸收过程	20				
技能目标	能够根据消化知识简单判断消化问题	20				
素质目标	有良好的饮食、卫生习惯	20				
	有积极、健康的生活态度	20				
学习态度	能够按要求完成布置任务，课上认真听讲，主动思考问题	10				
	合计	100				

知识测评

1. 填空题

（1）消化系统由_____和_____两部分组成。

（2）大肠的主要功能是吸收_____和_____。

（3）胃液的主要成分有_____、_____、_____、_____。

（4）人体内最大的腺体是_____。

（5）大消化腺位于消化管_____，包括_____、_____、_____。

2. 选择题

（1）上消化道是指（　　）。

A. 从口腔到食管　　　　　　　　B. 从口腔到胃

C. 从口腔到空肠　　　　　　　　D. 从口腔到十二指肠

E. 从口腔到回肠

（2）小肠分为哪几部分（　　）？

A. 十二指肠、空肠和回肠　　　　B. 十二指肠、空肠和结肠

C. 十二指肠、阑尾和结肠　　　　D. 空肠、阑尾和结肠

E. 空肠、阑尾和回肠

（3）消化能力最强、最重要的消化液是（　　）。

A. 唾液　　　　　　　　　　　　B. 胰液

C. 胆汁　　　　　　　　　　　　D. 胃液

E. 小肠液

（4）激活胃蛋白酶原的物质是（　　）。

A. Cl^-　　　　　　　　　　　　B. HCl

C. Na^+　　　　　　　　　　　　D. K^+

E. 内因子

（5）胃液是由胃腺分泌的一种无色、酸性液体，pH 为（　　），成人每日分泌量为 1.5~2.5L。

A. 0.5~1.0　　　　　　　　　　B. 0.7~1.2

C. 0.8~1.5　　　　　　　　　　D. 1.5~2.5

3. 判断题

（1）胰岛素为内分泌激素，主要调节血糖浓度。（　　）

（2）小肠是消化管中最长的一段。（　　）

（3）小肠是人体吸收的主要部位。（　　）

（4）食物在消化管内被分解成可吸收的小分子物质的过程称为消化。
（　　）

(5) 小消化腺分布于消化管壁内，分泌的消化液不能直接进入消化管内。（　　）

任务二
认识食品营养素

知识目标

1. 熟悉食品中各营养素；
2. 掌握营养素的生理功能。

能力目标

1. 能够正确选择食物并科学摄入相关营养；
2. 能够分析营养素与人体健康的关系。

素质目标

1. 掌握适度原则，明白过犹不及的道理；
2. 养成科学的思维方法，树立辩证唯物主义世界观；
3. 培养学生关注社会热点和人民健康问题，增强职业素养。

一、碳水化合物

导入：国家卫生健康委员会发布的《健康口腔行动方案（2019—2025 年）》具体行动中要求开展"减糖"专项行动。结合健康校园建设，中小学校及托幼机构限制销售高糖饮料和零食，食堂减少含糖饮料和高糖食品供应。向居民传授健康食品选择和健康烹饪技巧，鼓励企业进行"低糖"或者"无糖"的声称，提高消费者正确认读食品营养标签中添加糖的能力。

启发："糖吃多了毁全身"？早餐鸡蛋配牛乳科学吗？

知识点 1　碳水化合物及其分类

碳水化合物是多羟基醛或多羟基酮及其衍生物的总称，是人类能量的主要来源，是自然界存在最多、分布最广的一类有机化合物。主要由碳、氢、氧组成，由于它所含的氢氧比例为 2∶1，和水一样，故称为碳水化合物。联合国粮食及农业组织/

优质碳水化合物

世界卫生组织（FAO/WHO）将碳水化合物分为糖、寡糖和多糖，如表 1-2 所示。

表 1-2　　　　　　　　　　　碳水化合物分类

糖分子聚合度（DP）	亚组	组成
糖（1~2）	单糖	葡萄糖、半乳糖、果糖
	双糖	蔗糖、乳糖、麦芽糖、海藻糖
	糖醇	山梨醇、甘露糖醇
寡糖（3~9）	异麦芽低聚寡糖	麦芽糊精
	其他寡糖	棉籽糖、水苏糖、低聚果糖
多糖≥10	淀粉	直链淀粉、支链淀粉、变性淀粉
	非淀粉多糖	纤维素、半纤维素、果胶、亲水胶质物

知识点 2　碳水化合物的生理功能

碳水化合物是生命细胞结构的主要成分及主要供能物质，并且有调节细胞活动的重要功能。

1. 供给和储存能量

膳食碳水化合物是人类获取能量最经济和最主要的来源，人体健康所需要的能量中，55%~65%由碳水化合物提供，每克葡萄糖在体内氧化可以产生 16.7kJ 的能量。糖原是肌肉和肝脏中碳水化合物的储存形式，肝脏约储存机体内 1/3 的糖原。一旦机体需要，肝脏中的糖原即分解为葡萄糖提供能量。碳水化合物在体内释放能量较快，供能也快，是神经系统和心肌的主要能源，也是肌肉活动时的主要燃料，对维持神经系统和心脏的正常供能、增强耐力、提高工作效率都有重要意义。

2. 构成组织的重要生命物质

碳水化合物是构成机体组织的重要物质，参与细胞的组成和多种活动。每个细胞都有碳水化合物，其含量约为 2%~10%，主要以糖脂、糖蛋白和蛋白多糖的形式存在。核糖核酸和脱氧核糖核酸两种重要生命物质均含有 D-核糖，即 5 碳醛糖；一些具有重要生理功能的物质，如抗体、酶和激素也需碳水化合物参与组成。

3. 节约蛋白质作用

机体需要的能量，主要由碳水化合物提供，当膳食中碳水化合物供应不足时，机体为了满足自身对葡萄糖的需要，通过糖原异生作用动用蛋白质，以产生葡萄糖供给能量；当机体摄入足够量的碳水化合物时则能降低体内或膳食蛋白质消耗，不需要动用蛋白质来供能，即碳水化合物具有节约蛋白质的作用。

4. 抗生酮作用

脂肪酸被分解所产生的乙酰基需要与草酰乙酸结合进入三羧酸循环，最终被彻底氧化和分解产生能量。当膳食中碳水化合物供应不足时，草酰乙酸供应相应减少，体内脂肪或食物脂肪被加速分解为脂肪酸来供应能量。这一代谢过程中，由于草酰乙酸不足，脂肪酸不能彻底氧化，从而产生过多酮体，酮体不能及时被氧化而在体内蓄积，以致产生酮血症和酮尿症。膳食中充足的碳水化合物可以防止上述现象的发生，被称为碳水化合物的抗生酮作用。

5. 解毒作用

经糖醛酸途径生成的葡萄糖醛酸，是体内一种重要的结合解毒剂，在肝脏中能与许多有害物质，如细菌毒素、酒精、砷等结合，以消除或减轻这些物质的毒性或生物活性，从而起到解毒作用。

6. 增强肠道功能

非淀粉多糖类如纤维素和果胶、抗性淀粉、功能性低聚糖等抗消化的碳水化合物，虽不能在小肠内消化吸收，但可以刺激肠道蠕动，促进结肠内的发酵，发酵产生的短链脂肪酸和肠道菌群增殖，有助于增加排便量，促进消化。

知识点 3　碳水化合物的食物选择

1. 推荐摄入量

《中国居民膳食指南（2022）》推荐控制添加糖摄入量为每天不超过 50g，最好控制在 25g 以下。建议每日摄入的碳水化合物占总热量的 50%~65%，《中国居民膳食营养素参考摄入量（2023 版）》建议 12~15 岁平均需要量（estimated average requirement，EAR）为 150g/d，>18 岁 EAR 为 120g/d。缺乏与过量碳水化合物摄入会影响蛋白质和脂肪代谢，造成生长发育迟缓，体重轻，易疲劳、头晕等。

2. 食物来源

碳水化合物的食物来源主要是植物性食物，如谷类（如大米、小米、面粉、玉米等）、薯类、根茎类等；动物性食物中只有肝脏含有糖原，乳中含有乳糖。粮谷类一般含碳水化合物 60%~80%，薯类中含量为 15%~29%，豆类中含量为 40%~60%。

知识点 4　膳食纤维及其分类

膳食纤维是指植物性食物中含有的不能被人体小肠消化吸收的、对人体有健康意义的碳水化合物，被营养学界补充认定为第七类营养素。

根据是否溶解于水，可将膳食纤维分为水溶性膳食纤维和水不溶性膳食纤维。纤维素、半纤维素和木质素是常见的水不溶性膳食纤维；果胶和树胶等属于水溶性膳食纤维。

知识点 5　膳食纤维的生理功能

1. 维持肠道健康

膳食纤维能够增大粪便体积，促进肠道蠕动，缩短粪便在肠道内的停留时间，从而利于排便；膳食纤维可促进有益菌的繁殖，维护肠道菌群平衡，预防便秘和肠道疾病的发生。

2. 控制血糖和血脂

膳食纤维能够降低食物的消化速度，延缓血糖的升高，有助于控制血糖水平；膳食纤维能结合胆固醇和胆汁酸，降低血脂水平，预防心血管疾病的发生。

3. 增强饱腹感

膳食纤维可以增加食物的体积，延缓胃的排空速度，从而增强饱腹感、减少进食量，有助于控制体重和减肥。

4. 促进矿物质吸收

水溶性膳食纤维对钙、铁等矿物质有促进吸收的作用，可预防骨质疏松、贫血等疾病；水不溶性膳食纤维可与植酸结合，减少植酸对矿物质的影响。

除了上述生理功能外，膳食纤维还具有抗癌、抗氧化、抗炎等作用，有益于人体健康的维护。

知识点 6　膳食纤维食物选择

1. 推荐摄入量

《中国居民膳食指南（2022）》推荐成年人每日膳食纤维摄入 25～30g。《中国居民膳食营养素参考摄入量（2023 版）》建议>15 岁适宜摄入量（adequate intakes，AI）为 25～30g/d，<15 岁 AI 适当降低。

2. 食物来源

膳食纤维主要来源于植物性食物，粮谷的麸皮和糠含有大量的纤维素、半纤维素和木质素；柑橘、苹果、香蕉、柠檬等水果和甘蓝、甜菜等蔬菜含有较多的果胶。谷物及其制品一般含膳食纤维 0.1%～10.8%，马铃薯、红薯等薯类的纤维素含量大约为 2%～3%，笋干的纤维素含量达到 30%～40%，干红辣椒（尖）超过 40%。坚果、种子类含 3%～14%，黑芝麻、松子、杏仁含 10% 以上。

学习评价

学生完成学习，通过自评（20%）、小组互评（30%）、教师评价（50%）评估对本任务学习的掌握情况。将具体的检查与评估填入表 1-3。

表 1-3　　　　　　　认识碳水化合物学习评价表

评价项目	评价标准	满分	评价分值			得分
			自评	互评	师评	
知识目标	能区分碳水化合物种类	10				
	能准确说出碳水化合物的生理功能	20				

续表

评价项目	评价标准	满分	评价分值 自评 互评 师评	得分
技能目标	能选择3款主要含有碳水化合物的食物	10		
	能分析碳水化合物与人体的关系	20		
素质目标	能用辩证法客观分析碳水化合物与人体的关系	10		
	关注营养与人体健康的热点问题,增强自身责任感	20		
学习态度	能够按要求完成布置的任务,课上认真听讲,主动思考问题	10		
	合计	100		

二、蛋白质

导入:分享你对"要实现中国的强国梦,我们每一位国民都应该从自身做起——'每天一斤奶,强壮中国人'"观点的理解。

启发:人的身体能不能离开蛋白质?蛋白质有哪些功能?你是不是科学摄入蛋白质?

知识点1 蛋白质及其分类

蛋白质是构成细胞的基本有机物,是人体的必需营养素,生命的产生、存在和消亡都与蛋白质有关,是生命活动的主要承担者,没有蛋白质就没有生命。按营养价值可将蛋白质分为完全蛋白质、半完全蛋白质和不完全蛋白质。

1. 完全蛋白质

完全蛋白质是指所含氨基酸种类齐全、数量充足、比例合理,既能维持动物生存,又能促其生长发育,如乳类中的酪蛋白、乳白蛋白,蛋类中的卵白蛋白、卵磷蛋白,肉类中的清蛋白、肌蛋白,大豆中的大豆蛋白,小麦中的麦谷蛋白,玉米中的谷蛋白。

2. 半完全蛋白质

半完全蛋白质是指所含必需氨基酸种类齐全,但有的氨基酸数量不足,比例不当,可以维持生命,但不能促进生长发育,如小麦中的麦胶蛋白。

3. 不完全蛋白质

不完全蛋白质是指所含必需氨基酸种类不全,既不能维持生命,也不能促进生长发育,如玉米中的玉米胶蛋白,动物结缔组织和肉皮中的胶质蛋白,豌豆中的豆球蛋白等。

知识点 2　氨基酸及其分类

氨基酸是蛋白质的基本组成单位。根据氨基酸的必需性可将其分为必需氨基酸、半必需氨基酸、非必需氨基酸（表 1-4）。

表 1-4　　　　　　　　　构成人体蛋白质的氨基酸

氨基酸		
必需氨基酸	非必需氨基酸	半必需氨基酸
异亮氨酸	丙氨酸	半胱氨酸
亮氨酸	精氨酸	酪氨酸
赖氨酸	天冬氨酸	
甲硫氨酸	天冬酰胺	
苯丙氨酸	谷氨酸	
苏氨酸	谷氨酰胺	
色氨酸	甘氨酸	
缬氨酸	脯氨酸	
组氨酸	丝氨酸	

1. 必需氨基酸

必需氨基酸是指人体需要但自身不能合成或合成速度不能满足机体的需要，必须由食物供给的氨基酸。对成年人来说必需氨基酸有 8 种：赖氨酸（Lys）、苏氨酸（Thr）、甲硫氨酸（Met）、亮氨酸（Leu）、异亮氨酸（Ile）、苯丙氨酸（Phe）、色氨酸（Try）、缬氨酸（Val）。组氨酸（His）对婴儿的成长起着重要的作用，对婴儿来说，组氨酸也是必需氨基酸，共 9 种。

2. 非必需氨基酸

非必需氨基酸是指人体需要，但人体可以自身合成或由其他的氨基酸转化得到的，不一定要由食物供给的氨基酸。通常有谷氨酸、甘氨酸、丙氨酸、天冬氨酸、天冬酰胺、丝氨酸、胱氨酸、精氨酸、脯氨酸和经脯氨酸。

3. 半必需氨基酸

半必需氨基酸也称条件必需氨基酸，是指在一定条件下能代替或节省部分必需氨基酸的氨基酸。主要指半胱氨酸和酪氨酸，它们在体内分别由甲硫氨酸和苯丙氨酸转化而成，当膳食中半胱氨酸和酪氨酸充足时，人体对甲硫氨酸和苯丙氨酸的需要量分别减少为 30% 和 50%。

4. 氨基酸模式及限制性氨基酸

氨基酸模式是指某种蛋白质中各种必需氨基酸的构成比例。计算方法是将该种蛋白质中的色氨酸含量定为1，分别计算出其他必需氨基酸的相应比值，这一系列的比值就是该种蛋白质的氨基酸模式。食物蛋白质必需氨基酸模式与人体蛋白质越接近，这种食物提供的必需氨基酸被机体消化吸收利用的程度就越高，食物蛋白质的营养价值也越高。如乳、鱼、大豆和鸡蛋中的蛋白质营养价值就很高。

限制性氨基酸是指食物蛋白质中一种或几种必需氨基酸相对含量较低，导致其他的必需氨基酸在体内不能被充分利用，造成其蛋白质营养价值降低，这些含量相对较低的必需氨基酸称为限制性氨基酸。按缺乏程度可称为第一、第二、第三限制性氨基酸。谷物蛋白质主要缺少赖氨酸，大豆中的主要蛋白质缺少甲硫氨酸，因此赖氨酸是谷物的第一限制性氨基酸，甲硫氨酸是大豆的第一限制性氨基酸。

知识点3 生理功能

1. 人体组织构成成分

蛋白质是构成机体组织、器官的重要成分。除水分外，蛋白质约占细胞内物质的80%，如肌肉组织和心、肝、肾等器官均含有大量蛋白质；骨骼、牙齿，乃至指、趾也含有大量蛋白质。

人体内各种组织细胞的蛋白质始终在不断更新。例如，人血浆蛋白质的半衰期约为10天，肝中大部分蛋白质的半衰期为1~8天，某些蛋白质的半衰期很短，只有数秒钟。只有摄入足够的蛋白质方能维持组织的更新。身体受伤后也需要蛋白质作为修复材料。

2. 调节生理功能

机体生命活动之所以能够有条不紊地进行，依赖于多种生理活性物质的调节。而蛋白质在体内是构成多种重要生理活性物质的成分，参与调节生理功能。如核蛋白构成细胞核并影响细胞功能；酶蛋白具有促进食物消化、吸收和利用的作用；免疫蛋白具有维持机体免疫功能的作用；收缩蛋白，如肌球蛋白具有调节肌肉收缩的功能；血液中的脂蛋白、运铁蛋白、视黄醇结合蛋白具有运送营养素的作用；血红蛋白具有携带、运送氧的功能；清蛋白具有调节渗透压、维持体液平衡的功能；由蛋白质或蛋白质衍生物构成的某些激素，如垂体激素、甲状腺素、胰岛素及肾上腺素等都是机体的重要调节物质。

3. 供给热能

蛋白质在体内降解成氨基酸后，经脱氨基作用生成的 α-酮酸，可以直接或间接经三羧酸循环氧化分解，同时释放能量，是人体能量来源之一，1g蛋白质产能16.7kJ。但是，蛋白质的这种功能可以由碳水化合物、脂肪所代替。因此，供给能量是蛋白质的次要功能。

知识点4 食物选择

1. 推荐摄入量

《中国居民膳食指南（2022）》推荐18~50岁的成年人，每日男性蛋白质摄入65g，女性蛋白质摄入55g。建议每日摄

蛋白质缺乏信号

入的蛋白质占总热量的 10%~15%，《中国居民膳食营养素参考摄入量（2023版）》建议>15岁男女 EAR 分别是为 60g/d、50g/d，<15岁 EAR 适当降低。

2. 食物来源

蛋白质的食物来源可分为植物性蛋白质和动物性蛋白质两大类。植物性蛋白质中，谷类含蛋白质10%左右，蛋白质含量不算高，但由于谷类是人们的主食，故其仍然是膳食蛋白质的主要来源。豆类含有丰富的蛋白质，特别是大豆蛋白质含量高达36%~40%，氨基酸组成也比较合理，在体内的利用率较高，是植物性蛋白质中非常好的蛋白质来源。蛋类含蛋白质11%~14%，是优质蛋白质的重要来源。牛乳一般含蛋白质3.0%~3.5%，是婴幼儿蛋白质的重要来源。新鲜肌肉含蛋白质15%~22%，动物性蛋白质营养价值优于植物性蛋白质，是人体蛋白质的重要来源。

为改善膳食蛋白质质量，在膳食中应保证有一定数量的优质蛋白质。一般要求动物性蛋白质和大豆蛋白质应占膳食蛋白质总量的30%~50%，常见食物中的蛋白质含量见表1-5。

表1-5　　　　　　　　常见食物中的蛋白质含量表　　　　　　　　单位:%

食物	蛋白质	食物	蛋白质
小麦粉（标准粉）	11.2	黄豆	35
粳米（标一）	7.7	绿豆	21.6
籼米（标一）	7.7	赤小豆	20.2
玉米（干）	8.7	花生仁	24.8
玉米面	8.1	猪肉（肥瘦）	13.2
小米	9	牛肉（肥瘦）	19.9
高粱米	10.4	羊肉（肥瘦）	19
马铃薯	2	鸡	19.3
甘薯	0.2	鸡蛋	13.3
蘑菇（干）	21.1	草鱼	16.6

学习评价

学生完成学习，通过自评（20%）、小组互评（30%）、教师评价（50%）评估对本任务学习的掌握情况。将具体的检查与评估填入表1-6。

表 1-6　　　　　　　　　认识蛋白质学习评价表

评价项目	评价标准	满分	评价分值 自评	评价分值 互评	评价分值 师评	得分
知识目标	能理解蛋白质的概念	10				
	能区分蛋白质的种类	5				
	能准确说出蛋白质的生理功能	15				
	能列举含有优质蛋白质的食物	10				
技能目标	能辩证分析蛋白质与人体的关系	10				
	能正确说明蛋白质的食物来源	10				
素质目标	能科学分析解读蛋白质的推荐摄入量	10				
	关注营养与人体健康的热点问题，增强自身责任感	20				
学习态度	能够按要求完成布置的任务，课上认真听讲，主动思考问题	10				
合计		100				

三、脂肪

导入：《健康中国行动（2019—2030年）》提出，2016年全球疾病负担研究结果显示，饮食因素导致的疾病负担占到15.9%，已成为影响人群健康的重要危险因素。2012年全国18岁及以上成年人超重率为30.1%，肥胖率为11.9%，与2002年相比分别增长了32.0%和67.6%；6~17岁儿童青少年超重率为9.6%，肥胖率为6.4%，与2002年相比分别增加了1倍和2倍。合理膳食，减少每日食用油、盐、糖的摄入量，有助于降低肥胖、糖尿病、高血压、脑卒中、冠心病等疾病的患病风险。该行动指出了行动目标：到2022年和2030年，成年人肥胖增长率持续减缓；成年人脂肪供能比下降到32%和30%；成年人人均每日食用油摄入量不高于25~30g；成年人维持健康体重，将体质指数控制在18.5~24kg/m²。

启发：肥胖和超重一样吗？哪些食物中脂肪含量比较高？一点脂肪不吃科学吗？

知识点 1　脂类及其分类

脂类是人体必需的一类营养素，是人体重要成分，包括脂肪和类脂。通常所说的脂肪包括脂和油，常温情况下呈固体状态的称"脂"，呈液体状态的称"油"。脂和油都是由碳、氢、氧三种元素组成的，先组成甘油和脂肪酸，再由甘油和脂肪酸组成甘油三酯，也称"中性脂肪"。日常食用的动、植物油，如

三减三健

猪油、菜油、豆油、芝麻油等均属于脂肪，也就是说，日常的食用油就是脂肪。类脂是与脂肪很类似的物质，种类很多，如卵磷脂、神经磷脂、胆固醇和脂蛋白等。

1. 脂肪

脂肪又称甘油三酯，由一分子甘油和三分子脂肪酸结合而成。膳食脂肪95%为甘油三酯，人体储存的脂类中甘油三酯高达99%。

2. 脂肪酸

脂肪酸的化学式为R—COOH，式中的R为由碳原子所组成的烷基链。

（1）按脂肪酸的必需性可分为必需脂肪酸和非必需脂肪酸。

必需脂肪酸：维持生命活动所必需的，体内不能合成或合成速度不能满足需要而必须从外界摄取的脂肪酸。必需脂肪酸主要包括两种，一种是 $\omega-3$ 系列的 α-亚麻酸（18∶3），一种是 $\omega-6$ 系列的亚油酸（18∶2）。

非必需脂肪酸：指人体可以自行合成的脂肪酸。

（2）按膳食脂肪中脂肪酸的饱和程度（碳链上相邻两个碳原子间无双键）可分为饱和脂肪酸、不饱和脂肪酸，不饱和脂肪酸又分为单不饱和脂肪酸和多不饱和脂肪酸。

饱和脂肪酸：不含不饱和双键、全部是饱和键的脂肪酸，通常 4~12 碳的脂肪酸都是饱和脂肪酸。

单不饱和脂肪酸：只含有一个不饱和双键的脂肪酸。

多不饱和脂肪酸：含有两个及以上不饱和双键的脂肪酸。

（3）按膳食脂肪中脂肪酸碳链的长度可分为短链脂肪酸（碳原子数 2~6）；中链脂肪酸（碳原子数 8~12）；长链脂肪酸（碳原子数大于 14）。

（4）按结构可分为顺式脂肪酸和反式脂肪酸。自然界存在的脂肪酸一般为顺式脂肪酸，但是在食品工业中，植物油经过氢化处理或高温反复加热会产生反式脂肪酸。氢化油具有耐高温、不易变质、存放久等优点，在蛋糕、饼干、速冻比萨饼、薯条、爆米花等食品中使用比较普遍。过多摄入反式脂肪酸会使血液胆固醇增高，从而增加心血管疾病发生的风险。另外，反式脂肪酸还能影响发育、降低记忆力、容易导致发胖和影响生育。

3. 类脂

类脂是一类在结构或性质上与脂肪相似的天然化合物，主要包括磷脂、糖脂和固醇等。类脂在体内含量相对稳定，一般不随外界环境的变化而变化，所以也称固定脂或定脂。

（1）磷脂　磷脂主要有卵磷脂、脑磷脂、肌醇磷脂，存在于人体所有细胞和组织中。按其组成结构磷脂可以分为两类，一类是磷酸甘油酯，包括磷脂酸、磷脂酰胆碱（卵磷脂）、磷脂酰乙醇胺（脑磷脂）、磷脂酰丝氨酸和磷脂酰肌醇；另一类是神经鞘脂，机体主要的神经鞘脂是神经鞘磷脂，其分子结构中不含甘油，但含有脂肪酰基、磷酸胆碱和神经鞘氨醇。

（2）糖脂　糖脂是含有碳水化合物、脂肪酸和氨基醇的化合物，是构成细胞膜的重要成分。

（3）固醇类　类固醇及固醇都是相对分子质量很大的化合物。按其来源可分为动物固醇和植物甾醇。动物固醇主要是胆固醇，植物甾醇主要是谷甾醇、豆甾醇等。

胆固醇是细胞膜的重要组成成分，对维持生物膜的正常结构和功能有重要作用。它大量存在于神经组织，尤其是脑中，并且还可转化为胆汁酸盐、肾上腺皮质激素、性激素和维生素 D_3 等许多具有重要生理功能的类固醇化合物。由于人体自身能够合成胆固醇，且其每天合成的总量远比食物中所提供的胆固醇要多，因此，一般不需要从食物中摄取胆固醇。

人体内的胆固醇有些已被酯化，即形成胆固醇酯。动物性食物所含的胆固醇有些也以胆固醇酯的形式存在，因此膳食中的总胆固醇是胆固醇和胆固醇酯的混合物。

胆固醇酯中的脂肪酸通常含有 16~20 个碳原子，且多属单烯酸或多烯酸。人体组织内最常见的胆固醇酯为胆固醇的油酸酯和胆固醇的亚油酸酯。这些酯类在血浆脂蛋白、肾上腺皮质和肝中都大量存在。低密度脂蛋白中约有 80% 的总胆固醇以胆固醇酯的形式存在；高密度脂蛋白中则含 90%。在动脉粥样硬化病灶中，堆积在动脉壁的脂类以胆固醇酯最多。胆固醇酯作为体内固醇类物质的一种储存形式，也是人体组织中非极性最大的脂类。胆固醇酯在细胞膜和血浆脂蛋白之间，或在各种血浆脂蛋白之间都不容易进行交换。

植物甾醇的环状结构和胆固醇完全一样，仅侧链有所不同。植物甾醇能够干扰食物中肠道吸收胆固醇（外源性）和胆汁所分泌的胆固醇的重吸收（内源性），促进胆固醇排泄，具有降低人体血清胆固醇，预防心、脑血管疾病的功能。

知识点2　生理功能

脂类是人体必需营养素之一，它与蛋白质、碳水化合物是产能的三大营养素，在供给人体能量方面起着重要作用。脂类也是构成年人体细胞的重要成分，如细胞膜、神经髓鞘膜都必须有脂类参与构成。其主要生理功能如下。

1. 供给能量

一般合理膳食的总能量 20%~30% 由脂肪提供，1g 脂肪在体内氧化可产能 37.56kJ。储存脂肪常处于分解（供能）与合成（储能）的动态平衡中。哺乳类动物一般含有两种脂肪组织，一种是含储存脂肪较多的白色脂肪组织，另一种是含线粒体、细胞色素较多的褐色脂肪组织，后者较前者更容易分解供能。初生婴儿上躯干和颈部含褐色脂肪组织较多，故呈褐色。由于婴儿体表面积与体脂的比值较高，体温散失较快，褐色脂肪组织即可及时分解生热以补偿体温的散失。随着体脂逐渐增加，白色脂肪组织也随之增多。

2. 构成身体成分

正常人按体重计算，含脂类为14%~19%，肥胖者达30%以上。绝大部分是以甘油三酯的形式储存于脂肪组织内。脂肪组织所含脂肪细胞多分布于腹腔、皮下、肌纤维间。这部分脂肪常称为储存脂肪，因受营养状况和机体活动的影响而增减，故又称为可变脂。一般储存脂肪在正常体温下多为液态或半液态。皮下脂肪因含不饱和脂肪酸较多，故熔点低而流动性强，有利于在较冷的体表温度下保持液态，从而进行各种代谢活动。机体深处储脂的熔点较高，常处于半固体状态，有利于保护内脏器官，防止体温丧失。类脂是组织结构的组成成分，约占总脂的5%，这类脂类比较稳定，不太受营养和机体活动状况影响，故称为定脂。类脂的组成因组织不同而有差异。

人体脂类的分布受年龄和性别影响较显著。例如，中枢神经系统的脂类含量，由胚胎时期到成年时期可增加一倍以上；女性的皮下脂类高于男性，而男性皮肤的总胆固醇含量则高于女性。

脂类，特别是磷脂和胆固醇，是生物膜的重要组成成分。生物膜按质量计，一般含蛋白质约20%，含磷脂50%~70%，含胆固醇20%~30%，糖脂和甘油三酯的含量很低或为零。由于功能不同，各种膜的脂类含量也有显著差异。亚细胞结构的膜含磷脂较高，因而胆固醇与磷脂比值较低，细胞膜及红细胞膜含胆固醇较高，故比值较高。神经髓鞘膜除含较多的胆固醇、磷脂和脑苷脂外，尚含一定量的糖脂。磷脂中的不饱和脂肪酸有利于膜的流动性，饱和脂肪酸和胆固醇则有利于膜的坚性。所有生物膜的结构和功能与所含脂类成分有密切关系，膜上许多酶蛋白均与脂类结合而存在并发挥作用。

3. 供给必需脂肪酸

必需脂肪酸是磷脂的重要成分，而磷脂又是细胞膜的主要结构成分，故必需脂肪酸与细胞的结构和功能密切相关；亚油酸是合成前列腺素的前体，前列腺素在体内有多种生理功能；必需脂肪酸还与胆固醇代谢有密切关系。必需脂肪酸缺乏，可引起发育迟缓、生殖障碍、皮肤受损（出现皮疹），还可引起肝脏、肾脏、神经和视觉等多种疾病。

此外，脂肪还可提供脂溶性维生素并促进其吸收；可以保护脏器和维持体温；作为节约蛋白质；增加膳食的美味和饱腹感；发挥内分泌作用，构成参与某些内分泌激素。

知识点3 食物选择

1. 推荐摄入量

《中国居民膳食指南（2022）》准则五推荐少盐少油，培养清淡饮食习惯，少吃高盐和油炸食品。推荐成年人平均每天摄入烹调油不超过25~30g，建议每日摄入的脂肪占总热量的20%~30%，饱和脂肪酸<10%。

2. 食物来源

人类膳食脂肪主要来源为食用油脂、动物类食物以及坚果类等。

学习评价

学生完成学习，通过自评（20%）、小组互评（30%）、教师评价（50%）评估对本任务学习的掌握情况。将具体的检查与评估填入表1-7。

表1-7 认识脂肪学习评价表

评价项目	评价标准	满分	评价分值			得分
			自评	互评	师评	
知识目标	能理解脂类的概念	10				
	能理解脂类的分类	5				
	能区分脂类和脂肪	5				
	能准确说出脂类的生理功能	10				
技能目标	能列举含有不同脂肪酸的食物	10				
	能辩证分析脂类与人体的关系	10				
	能正确说明脂肪的食物来源	10				
素质目标	能科学分析解读脂肪、脂肪酸的推荐摄入量	10				
	关注营养与人体健康的热点问题，增强自身责任感	20				
学习态度	能够按要求完成布置的任务，课上认真听讲，主动思考问题	10				
	合计	100				

四、维生素

导入：坏血病由维生素C缺乏引起。坏血病在历史上曾是严重威胁人类健康的一种疾病。过去几百年间曾在海员、探险家及军队中广为流行，特别是在远航海员中尤为严重，故有"水手的恐惧"和"海上凶神"之称。

启发：微量的维生素如何调节人体活动？如何科学补充维生素？

知识点1 维生素及其分类

维生素是维持机体正常生理功能及细胞内特异代谢反应所必需的一类微量低分子有机化合物。维生素的共同特点是以其本身或可被机体利用的前体形式存在于天然食物中；在体内既不参与构成组织又不能提供能量，但常以辅酶或辅基形式担负着特殊的代谢功能；机体需要量极少但不可缺少，缺乏到一定程度会引起相应的疾病；一般不能在体内合成（维生素D、维生素K例外）或合成数量很少，必须由食物供给。

根据其溶解性可将维生素分为脂溶性维生素和水溶性维生素两大类，脂溶性维生素包括维生素 A、维生素 D、维生素 E 和维生素 K；水溶性维生素包括 B 族维生素（维生素 B_1、维生素 B_2、烟酸、维生素 B_6、叶酸、维生素 B_{12}、泛酸、生物素等）和维生素 C。水溶性维生素缺乏时症状出现快，脂溶性维生素缺乏时症状出现慢。

知识点 2　脂溶性维生素

1. 维生素 A

维生素 A 的化学名为视黄醇或抗眼干燥症因子，包括只存在于动物性食物中的维生素 A 和植物性食物中的维生素 A 原——胡萝卜素。

维生素吸收与代谢

（1）生理功能　维生素 A 能促进视觉细胞内感光物质的合成与再生，以维持正常视觉；维持上皮正常生长与分化；促进生长发育；维持机体的正常免疫功能。

（2）缺乏与过量　维生素 A 缺乏的最早症状是暗适应能力下降，即在黑夜或暗光下看不清物体，在弱光下视力减退，暗适应时间延长，严重者可致夜盲症。维生素 A 缺乏最明显的结果是患眼干燥症，患者眼结膜和角膜上皮组织变性，泪腺分泌减少、发炎、疼痛等，发展下去可致失明；还会导致指甲出现凹陷线纹，皮肤瘙痒、脱皮、粗糙发干、脱发等；血红蛋白合成代谢障碍，免疫功能低下，儿童生长发育迟缓等。摄入大剂量维生素 A 可引起急性、慢性及致畸毒性；大量摄入胡萝卜素可出现高胡萝卜素血症，使皮肤发黄，但停止使用后症状可逐渐消失，未发现其他毒性。

（3）食物选择

①推荐摄入量：《中国居民膳食营养素参考摄入量（2023 版）》建议推荐摄入量（recommended nutrient intake，RNI）成年男性为 770μg RAE/d，成年女性为 660μg RAE/d，建议 12~15 岁 RNI 分别为男性 780μg RAE/d、810μg RAE/d，女性 730μg RAE/d、670μg RAE/d，<15 岁适当降低。视黄醇活性当量（retionl activity equivalents，RAE）是表示膳食或食物中具有视黄醇活性物质含量的单位。

②食物来源：维生素 A 最丰富的食物来源是各种动物肝脏、鱼肝油、鱼卵、全乳、奶油、禽蛋等。维生素 A 原的良好来源是深色蔬菜和水果，如菠菜、空心菜、莴笋叶、芹菜叶、胡萝卜、豌豆苗、红心红薯、辣椒、杏及柿子等。

2. 维生素 D

维生素 D 为类固醇衍生物，其中胆钙化醇（维生素 D_3）和麦角骨化醇（维生素 D_2）具有生物活性的形式。维生素 D_2 是植物中麦角固醇在日光或紫外线照射下转化而成的，维生素 D_3 是人体皮下的 7-脱氢胆固醇在日光或紫外线照射下转变而成的。

（1）生理功能　维生素 D 的主要功能是调节体内的钙、磷代谢，促进钙、磷的吸收和利用，以构成健全的骨骼和牙齿。维生素 D 还具有免疫调节作用。

（2）缺乏与过量　维生素 D 缺乏或不足，钙、磷代谢紊乱，血中钙、磷含量降低，可致使骨组织钙化发生障碍，从而在婴幼儿期出现佝偻病；成年人发生骨软化症，多见于孕妇、乳母和老年人。过量摄入维生素 D 可引起维生素 D 过多症，多见于长期大量给儿童浓缩的维生素 D，从而出现食欲缺乏、体重减轻、恶心、呕吐、腹泻、头痛等症状。

（3）食物选择

①推荐摄入量：《中国居民膳食营养素参考摄入量（2023 版）》建议 1～50 岁 RNI 为 10μg/d，65 岁以上 RNI 为 15μg/d。

②食物来源：维生素 D 有两个来源，一个外源性，依靠食物来源；另一个内源性，通过阳光（紫外线）照射由人体皮肤产生。

维生素 D 主要存在于动物性食品包括海水鱼（如沙丁鱼）、动物肝脏、蛋黄及鱼肝油制剂中。

3. 维生素 E

维生素 E 又称为生育酚，为黄色油状液体，溶于脂肪，对热、酸稳定，遇碱易被氧化，在酸败的油脂中易被破坏，一般的食物烹调方法对其影响不大。

（1）生理功能　维生素 E 具有抗氧化作用，可促进蛋白质的更新、合成，预防衰老，与动物的生殖功能和精子生成有关，具有调节血小板的黏附力及聚集作用。

（2）缺乏与过量　不能正常吸收脂肪的患者会出现维生素 E 缺乏，导致红细胞膜受损，出现溶血性贫血，但给予维生素 E 治疗有望治愈。在脂溶性维生素中，维生素 E 毒性相对较低，口服维生素 E 是相对无毒的。有学者建议其摄入量不应超过 1000mg/d。

（3）食物选择

①推荐摄入量：《中国居民膳食营养素参考摄入量（2023 版）》建议>15 岁适宜摄入量（adequate intakes，AI）为 14mg α-TE/d，<15 岁适当降低，α-TE 表示 α-生育酚当量。

②食物来源：维生素 E 主要存在于植物性食物中，植物的叶子和其他绿色部分均含有维生素 E，绿色植物中的维生素 E 含量高于黄色植物。麦胚、向日葵及其油富含 RRR-α-生育酚，而玉米和大豆中主要含 γ-生育酚。各种植物油、坚果、豆类及海产品是维生素 E 的良好食物来源。

4. 维生素 K

维生素 K 又称凝血维生素，天然存在的维生素 K 是黄色油状物，人工合成的则是黄色结晶粉末。维生素 K 耐热、不溶于水，但易被酸、碱、氧化剂和光（特别是紫外线）破坏。由于天然食物中维生素 K 对热稳定，并且不是水溶性的，因此在正常的烹调过程中只损失少部分。人体内维生素 K 的储存很少，更新很快，肝脏储存一部分维生素 K。在细胞内，维生素 K 主要存在于膜上，尤其是内质网和线粒体膜上。

（1）生理功能　维生素 K 的生理作用是促进肝脏生成凝血酶原，从而具有促进凝血的作用。肝脏中存在的凝血酶原前体并无凝血作用。维生素 K 的作用在于将此凝血酶原前体转变成凝血酶原。

（2）缺乏与过量　当人体缺乏维生素 K 时，会出现紫癜，一旦出血，凝固时间就会延长，造成止血困难。

天然形式的维生素 K 不产生毒性，甚至大量服用也无毒。维生素 K 的前体 2-甲基萘醌（维生素 K_3），由于与巯基反应而有毒性，它能引起婴儿溶血性贫血、高胆红素血症和核黄疸症，因此 2-甲基萘醌不应用于治疗维生素 K 缺乏。

（3）食物选择

①推荐摄入量：《中国居民膳食营养素参考摄入量（2023 版）》建议成年人维生素 K 的膳食 AI 为 80μg/d，<18 岁适当降低。

②食物来源：叶绿醌广泛分布于动物性和植物性食物中，柑橘类水果中含量少于 0.1μg/100g，牛乳中含量为 1μg/100g，菠菜、甘蓝、香菜等绿叶菜中含量为 400μg/100g。肝中含量为 131μg/100g，干酪中含 2.8μg/100g。因为人体对维生素 K 的膳食需要量低，所以大多数食物基本可以满足需要。但母乳例外，母乳中的维生素 K 含量低至无法满足 6 个月以内的婴儿的需要。

知识点 3　水溶性维生素

1. 维生素 B_1

维生素 B_1 因其分子中含有硫和胺，又称硫胺素，也称抗脚气病因子、抗神经炎因子等，是维生素中最早发现的。

（1）生理功能　维生素 B_1 的生理功能是构成脱羧酶的辅酶，参加碳水化合物代谢，与能量代谢有关；维持神经、肌肉特别是心肌的正常功能；维持正常食欲和胃肠蠕动等。

（2）缺乏与过量　维生素 B_1 缺乏可导致消化、神经和心血管系统的功能紊乱，主要表现为疲乏无力、肌肉酸痛、头痛、失眠、食欲不佳、心动过速、多发性神经炎，水肿及浆液渗出等。维生素 B_1 缺乏引起的典型性疾病称为脚气病，临床上可将其分为干性脚气病、湿性脚气病和混合性脚气病 3 种类型，主要发生于以精白米、精白面为主食的人群和胃肠道及消耗性疾病患者。

由于摄入过量的维生素 B_1 很容易从肾脏排出，故罕见人体维生素 B_1 中毒的报告。有研究表明，每日口服 500mg 维生素 B_1，持续 1 个月，未有毒性反应。但也有资料显示，如摄入量超过推荐量的 100 倍，会产生头痛、抽搐、衰弱、麻痹、心律失常和过敏反应等症状。

（3）食物选择

①推荐摄入量：《中国居民膳食营养素参考摄入量（2023 版）》建议 15 岁男女 RNI 分别为 1.6mg/d、1.3mg/d，建议成年人男女维生素 B_1 的 RNI 分别为

1.4mg/d 和 1.2mg/d，<15 岁适当降低。

②食物来源：维生素 B_1 广泛存在于天然食物中，但含量随食物种类而异，且受收获、储存、烹调、加工等条件影响。最为丰富的来源是葵花子仁、花生、大豆粉、瘦猪肉；其次为粗粮、小麦粉、小米、玉米、大米等谷类食物；鱼类、蔬菜和水果中含量较少。

2. 维生素 B_2

维生素 B_2 又称核黄素，以黄素单核苷酸和黄素腺嘌呤二核苷酸的形式作为多种黄素酶类辅酶。

（1）生理功能　维生素 B_2 以辅酶形式参与许多代谢中的氧化还原反应，在细胞呼吸链的能量产生中发挥作用，或直接参与氧化反应，或参与复杂的电子传递系统。

（2）缺乏与过量　维生素 B_2 是我国饮食容易缺乏的营养素之一。维生素 B_2 缺乏症主要表现为口角炎、口唇炎、舌炎、阴囊炎、脂溢性皮炎、眼部的睑缘炎，临床上称为口腔-生殖综合征。从膳食中摄取高量维生素 B_2 的情况未见报道。有人一次性服用 60mg 并同时静脉注射 11.6mg 的维生素 B_2 未出现不良反应。这可能与人体对维生素 B_2 的吸收率低有关，机体对维生素 B_2 的吸收有上限，大剂量摄入并不能无限增加机体对维生素 B_2 的吸收。此外，过量吸收的维生素 B_2 也很快从尿中排出体外。

（3）食物选择

①推荐摄入量：《中国居民膳食营养素参考摄入量（2023 版）》建议 15 岁男女 RNI（推荐摄入量）分别为 1.6mg/d、1.2mg/d，建议成年人男女 RNI 分别为 1.4mg/d、1.2mg/d，<15 岁适当降低。

②食物来源：维生素 B_2 的良好食物来源主要是动物性食物，以肝、肾、心、蛋黄、乳类含量尤为丰富。植物性食物中则以绿叶蔬菜类含量较多，如菠菜、韭菜、油菜及豆类；而粮谷类中含量较低，尤其是研磨过于精细的粮谷类食物。

3. 维生素 B_6

维生素 B_6 又称吡哆素，包括吡哆醛、吡哆醇和吡哆胺。这 3 种形式性质相似，均具有维生素 B_6 的活性，每种成分的生物学活性取决于其代谢成辅酶形式的磷酸吡哆醛程度。

（1）生理功能　维生素 B_6 以其活性形式磷酸吡哆醛作为许多酶的辅酶。维生素 B_6 除参与神经递质、糖原、神经鞘磷脂、血红素、类固醇和核酸的代谢外，还参与所有氨基酸代谢。磷酸吡哆醛为氨基酸代谢中需要的 100 多种酶的辅酶。维生素 B_6 对于许多种氨基酸的转氨酶、脱羧酶、脱水酶、消旋酶和异构酶而言，是必需的。

（2）缺乏与过量　维生素 B_6 在动植物性食物中分布相当广泛，原发性缺乏并不常见。人类维生素 B_6 缺乏的临床症状通过给予维生素 B_6 即可迅速纠正，这些症状包括虚弱、失眠、周围神经病、唇干裂、口炎等。

维生素 B_6 的毒性相对较低，通过食物摄入大量维生素 B_6 没有不良反应。补充剂中的高剂量维生素 B_6 可引起严重不良反应，主要表现为感觉神经异常。

（3）食物选择

①推荐摄入量：《中国居民膳食营养素参考摄入量（2023版）》建议 15~30 岁 RNI 为 1.4mg/d，建议>50 岁 RNI 分别为 1.6mg/d，<15 岁适当降低。

②食物来源：维生素 B_6 的食物来源很广泛，动植物性食物中均含有，通常肉类、全谷类产品（特别是小麦）、蔬菜类和坚果类中较高。

4. 烟酸

烟酸又称维生素 PP、尼克酸、抗癞皮病因子，烟酸和烟酰胺都是吡啶的衍生物。

（1）生理功能　烟酸是一系列以烟酰胺腺嘌呤二核苷酸和烟酰胺腺嘌呤二核苷酸磷酸为辅基的脱氢酶类的必需成分，在细胞的生理氧化过程中起着重要的递氢作用，并参与碳水化合物、脂肪、蛋白质的能量代谢。烟酸还是葡萄糖耐量因子的重要成分，具有增强胰岛素效能的作用。

（2）缺乏与过量　烟酸缺乏可引起癞皮病。此病起病缓慢，常有前驱症状，如体重减轻、疲劳乏力、记忆力差、失眠等。如不及时治疗，则可出现皮炎、腹泻和痴呆。由于此三系统症状英文名词的首字母均为"D"，故又称为癞皮病"3D"症状。

目前尚未见到因食源性烟酸摄入过多而引起中毒的报告。也有报告指出，大剂量服用烟酸能引起葡萄糖耐量变化、视觉模糊、血清尿酸浓度升高、诱发痛风发作等。

（3）食物选择

①推荐摄入量：《中国居民膳食营养素参考摄入量（2023版）》建议 15 岁以上男女 RNI 分别为 15mg NE/d 与 12mg NE/d，<15 岁适当降低。NE 表示烟酸当量。

②食物来源：烟酸广泛存在于动植物食物中，良好的来源为肝、肾、瘦肉、全谷类、豆类等，乳类、绿叶蔬菜中也含有。玉米中所含的烟酸是结合型的，不能被人体直接吸收，故长期以玉米为主食的地区的人易患癞皮病。

5. 叶酸

叶酸即蝶酰谷氨酸，由一个蝶啶通过亚甲基桥与对氨基苯甲酸相连接成为蝶酸（蝶呤酰），再与谷氨酸结合而成。

（1）生理功能　叶酸作为辅酶成分，对蛋白质、核酸的合成和各种氨基酸的代谢有重要作用。有助于胎儿大脑和神经系统的正常发育，有助于红细胞形成。

（2）缺乏与过量　饮食摄入不足、酗酒、抗惊厥和避孕药物等均会妨碍叶酸的吸收和利用，从而导致叶酸缺乏。叶酸缺乏时，临床表现为恶性巨幼细胞贫血或高同型半胱氨酸血症。孕妇摄入叶酸不足时胎儿易发生先天性神经管畸形。

叶酸是水溶性维生素，一般超出成年人最低需要量20倍也不会引起中毒，因为凡超出血清与组织中和多肽结合量的叶酸均会从尿中排出。但服用大剂量叶酸也可能产生毒性作用。

（3）食物选择

①推荐摄入量：《中国居民膳食营养素参考摄入量（2023版）》推荐>15岁RNI为400μg DFE/d；<15岁适当降低。DFE表示叶酸当量。

②食物来源：叶酸广泛存在于动植物食物中，其良好来源为动物的肝、肾、鸡蛋、豆类、酵母、绿叶蔬菜、水果及坚果等食物。

叶酸补充剂比单纯来源于食物的叶酸利用度高1.7倍，因此DFE的计算公式为

$$DFE（\mu g）= 膳食叶酸（\mu g）+ [1.7 \times 叶酸补充剂（\mu g）] \quad (1-1)$$

6. 维生素 B_{12}

维生素 B_{12} 又称氰钴胺素，是一组含钴的类咕啉化合物。氰钴胺素的化学全名为5,6-二甲基苯并咪唑一氰钴酰胺，如分子式中的氰基由其他基团代替，则成为不同类型的钴胺素。

（1）生理功能 维生素 B_{12} 以甲基 B_{12} 和辅酶 B_{12}（腺苷基钴胺素）两种辅酶的形式发挥生理作用，参与体内的生化反应。

（2）缺乏与过量 维生素 B_{12} 的缺乏表现为巨幼红细胞贫血、高同型半胱氨酸血症，同型半胱氨酸过高是心血管病的危险因素。膳食维生素 B_{12} 缺乏较少见，多数缺乏症是由于吸收不良引起。膳食缺乏见于素食者，由于不吃肉食而可发生维生素 B_{12} 缺乏。老年人和胃切除患者胃酸过少可引起维生素 B_{12} 的吸收不良。

据报道每日口服100μg维生素 B_{12} 未见明显反应。

（3）食物选择

①推荐摄入量：《中国居民膳食营养素参考摄入量（2023版）》推荐>18岁维生素 B_{12} 的RNI值为2.4μg/d，15岁RNI为2.5μg/d，<15岁适当降低。

②食物来源：膳食中的维生素 B_{12} 主要来源于动物性食品，如肉类、动物内脏、鱼、禽、贝壳类及蛋类，乳及乳制品中含量较少，植物性食品基本不含维生素 B_{12}。

7. 维生素 C

维生素C又称抗坏血酸，是一种含有6个碳原子的酸性多羟基化合物，维生素C虽然不含有羧基，仍具有有机酸的性质。天然存在的维生素C有L与D两种异构体，后者无生物活性。

（1）生理功能 维生素C是一种生理活性很强的物质，在人体内具有多种

生理功能。

①构成体内的氧化还原体系，参与氧化还原反应。

②促进组织中胶原蛋白的合成，维持结缔组织及细胞间质结构的完整性，促进创伤愈合，防止微血管脆弱引起的出血。

③参与胆固醇代谢，降低血浆胆固醇水平。

④可作为还原剂将铁传递蛋白中的三价铁还原为二价铁，与铁蛋白结合组成血红蛋白，因而对贫血有一定的治疗作用。

⑤具有广泛的解毒作用，如铅、苯、砷等化学毒物进入人体时，给予大量的维生素 C 可增强体内的解毒功能。

⑥阻断致癌物质 N-亚硝基化合物的形成，从而降低肿瘤的形成风险。

（2）缺乏与过量　维生素 C 严重摄入不足可致坏血病。坏血病的临床症状早期表现为疲劳、倦怠、皮肤出现瘀点或瘀斑、毛囊过度角化，继而出现牙龈肿胀出血、球结膜出血，机体抵抗力下降，伤口愈合迟缓，关节疼痛及关节腔积液等。

尽管维生素 C 的毒性很小，但过量服用会产生一些不良反应。有报告指出，当摄入量超过 1g 时，尿酸排出明显增加，摄入量超过 2g，可引起渗透性腹泻。

（3）食物选择

①推荐摄入量：《中国居民膳食营养素参考摄入量（2023 版）》建议>15 岁维生素 C 的 RNI 为 100mg/d，<15 岁适当降低。

②食物来源：人体内不能合成维生素 C，因此人体所需要的维生素 C 要靠食物提供。维生素 C 的主要食物来源是新鲜蔬菜与水果，蔬菜中辣椒、茼蒿、苦瓜、豆角、菠菜、马铃薯、韭菜等含维生素 C 丰富；水果中酸枣、鲜枣、草莓、柑橘、柠檬等中含维生素 C 丰富；动物的内脏中也含有少量的维生素 C。

学习评价

学生完成学习，通过自评（20%）、小组互评（30%）、教师评价（50%）评估对本任务学习的掌握情况。将具体的检查与评估填入表 1-8。

表 1-8　　　　　　　　维生素学习评价表

评价项目	评价标准	满分	评价分值			得分
			自评	互评	师评	
知识目标	能熟记维生素的分类	10				
	能熟记维生素的食物来源	20				
技能目标	能根据症状简单判断缺乏哪种维生素	20				
	能通过食物正确补充维生素	20				

续表

评价项目	评价标准	满分	评价分值 自评	互评	师评	得分
素质目标	能应用适度原则保持事物质和量的限度	10				
	能应用适度原则把握做事的分寸	10				
学习态度	能够按要求完成布置的任务，课上认真听讲，主动思考问题	10				
	合计	100				

五、矿物质

导入：《食品安全国家标准 食品营养强化剂使用标准》（GB 14880—2012）将食盐分为2类，调味盐和特殊工艺盐。但在此国家标准出台前，还有一类强化营养盐，即添加营养强化剂的强化营养盐，如添加碘、钙、锌、铁、硒等矿物质的强化营养盐。

矿物质吸收与代谢

启发：为什么在食品中强化矿物质？任何年龄都需要补充矿物质吗？

知识点1 矿物质及其分类

矿物质是人体内无机盐的总称。人体组织中几乎含有自然界存在的各种矿物元素。矿物质与维生素一样，是人体必需的营养素，无法自身产生、合成。矿物质每天的摄入量也是基本确定的，但随着年龄、性别、身体状况等因素有所不同。人体内有60多种矿物质，矿物质是构成机体组织如骨骼、牙齿等的重要材料，也是维持机体酸碱平衡和正常渗透压的必要条件，参与生理活性物质，如血红蛋白、甲状腺素的合成。

含量大于体重0.01%的元素称为常量元素或宏量元素，如钙、磷、钠、钾、氯、镁等；含量小于体重0.01%并有一定生理功能的元素称为微量元素，其中必需微量元素有铁、碘、锌、铜、硒、钴、钼及铬，可能必需微量元素有锰、硅、硼、钒及镍。

知识点2 常量元素

1. 钙

钙是人体含量最多的无机元素，正常成年人含钙总量为1000~1200g，相当于体重的1.5%~2.0%，其中99%集中在骨骼和牙齿中，剩余约1%以游离或结合状态存在于软组织、细胞外液及血液中。

（1）生理功能 形成骨骼和牙齿的结构；参与凝血过程；维持肌肉和神经的正常活动，如血清钙离子浓度降低，肌肉、神经的兴奋性增高，手足抽搐；调节或激活脂肪酶、蛋白质分解酶等多种酶的活性。

（2）缺乏症　钙缺乏症是较常见的营养性疾病。人体长期缺钙会导致骨骼、牙齿发育不良，血凝不正常，甲状腺机能减退。儿童缺钙会出现佝偻病，易患龋齿；成年人膳食缺钙时，骨骼逐渐脱钙，可发生骨质软化，随年龄增加钙质丢失现象逐渐严重；老年人及绝经后妇女缺钙较易发生骨质疏松症。

（3）食物选择

①推荐摄入量：《中国居民膳食营养素参考摄入量（2023版）》建议9~15岁RNI为1000mg/d，>18岁RNI为800mg，<17岁适当降低。

②食物来源：营养调查表明，我国居民每日钙的实际摄入量仅为推荐摄入量的50%左右。增加膳食中钙的摄入量和对特定人群的适当补钙，是不容忽视的营养问题。

乳及乳制品中钙含量丰富，是钙的理想食物来源。豆类、坚果类也是钙的良好来源。虾皮、鱼、海带含钙量较多。

2. 磷

磷是人体必需的常量元素，约占人体体重的1%。约85%的磷存在于骨骼和牙齿中，14%分布在软组织及体液中，其余1%在细胞外液。

（1）生理功能　磷是构成骨骼和牙齿的成分，是机体组织细胞的重要成分，如核酸、蛋白质、磷脂、辅酶等。参与糖类和脂肪的吸收与代谢，对能量的转移和酸碱平衡的维持有重要作用，磷以高能磷酸键的形式储存能量，磷酸盐缓冲系统可维持机体酸碱平衡。

（2）缺乏与过量　很少有磷的缺乏，除非是早产儿喂养不当，会出现佝偻病样骨骼异常。摄入磷过多时，细胞外液磷浓度过高，能出现高磷血症，对机体产生损害，影响骨骼发育。

（3）食物选择

①推荐摄入量：《中国居民膳食营养素参考摄入量（2023版）》建议12~50岁RNI为700mg/d，65岁以上RNI为800mg/d，<12岁适当降低。

②食物来源：磷广泛存在于食品中，很少有人缺磷。含磷较高的食物有瘦肉、蛋、鱼、动物肝脏、海带、芝麻酱、花生、坚果等。

3. 钠

钠是人体不可缺少的常量元素，是细胞外液的主要阳离子。钠约占体重的0.15%。

（1）生理功能　钠的主要生理功能是调节体内水分与渗透压，维持酸碱平衡，增强神经肌肉的兴奋性，调节钠泵，维持血压正常。研究发现，膳食钠摄入与血压有关，为防止高血压，世界卫生组织建议每日钠的摄入量少于2.3g，大约相当于6g食盐。

（2）缺乏与过量　人体一般情况下不易缺钠，体内钠低于正常值时，细胞水分、渗透压、应激性、分泌及排泄能力将受到影响。钠摄入量过多是导致高血压的重要因素，还可导致水肿、血清胆固醇升高等，会减少肾小管对钙的重吸收，从而增加钙的排泄，故高钠膳食会增加骨中钙的丢失。

（3）食物选择

①推荐摄入量：《中国居民膳食营养素参考摄入量（2023版）》建议15岁AI为1600mg/d，18~50岁AI为1500mg/d，65岁以上AI为1400mg/d，<15岁适当降低。《中国居民膳食指南（2022）》建议成年人每天摄入食盐不超过5g。

②食物来源：钠普遍存在于各种食物中，一般动物性食物中的钠含量高于植物性食物，但人体钠的来源主要是食盐，其次是含盐的加工食物如酱油、腌制品、发酵豆制品或咸味膨胀食品等。

4. 钾

钾为人体重要的阳离子之一，正常人血浆中钾的浓度为3.5~5.3mmol/L，肾是维持钾平衡的主要调节器官，摄入人体的钾约90%由肾脏排出。

（1）生理功能　参与细胞新陈代谢和酶促反应。维持渗透压和酸碱平衡。维持跨膜电位，保持细胞应激功能。钾对水和体液平衡起调节作用，当体内需要钠和水时，肾小管就排出K^+换回Na^+。钾与钠相对抗，适当比例的钠与钾摄入量可减轻因高钠摄入产生的不良影响。钾也有扩张血管的作用，因此钾能对抗食盐引起的高血压，对轻症高血压及有高血压因素的某些正常血压者有降压作用。钾还具有使胰岛素释放的作用。

（2）缺乏与过量　正常进食一般不易发生钾摄入不足，由于疾病或其他原因长期禁食或少食，静脉补液内少钾或无钾时，易发生钾不足。体内的钾总量减少可出现肌肉无力、瘫痪、心律失常、横纹肌裂解症及肾功能障碍等。当钾摄入过多或排出困难时，体内钾浓度增高，血钾浓度达到5.5mmol/L时可出现高钾血症，表现为极度疲乏软弱、四肢无力、心率缓慢、心音减弱。

（3）食物选择

①推荐摄入量：《中国居民膳食营养素参考摄入量（2023版）》建议>15岁AI为2000mg/d，<15岁适当降低。

②食物来源：大部分食物都含有钾，但蔬菜和水果是钾最好的来源。每100g紫菜、黄豆、冬菇、小豆等食物中钾含量高于800mg。

5. 镁

镁是人体细胞内的主要阳离子，成年人体内镁的总含量为20~38g，主要存在于细胞内，细胞外液不超过1%。

（1）生理功能　镁作为多种酶的激活剂，参与300余种酶促反应。维护骨骼生长和神经肌肉的兴奋性，极度低镁时，甲状腺功能低下而引起低血钙，使骨吸收降低；血中镁过低，神经肌肉兴奋性增高。镁离子在肠道中吸收缓慢，促使水分滞留，具有导泻作用。低浓度镁可减少肠壁张力和蠕动，有解痉作用，并有对抗毒扁豆碱的作用。

（2）缺乏与过量　引起镁缺乏的原因很多，主要包括镁摄入不足、吸收障碍、丢失过多以及多种临床疾病等。镁缺乏可致血清钙下降，神经肌肉兴奋性亢进；对血管功能可能有潜在的影响，有研究报告低镁血症患者可有房室性早搏、房颤以及室速与室颤，半数有血压升高；镁对骨矿物质的内稳态有重要作用，镁缺乏可能是绝经后骨质疏松症的一种危险因素；少数研究表明镁耗竭可以导致胰岛素抵抗。

血清镁浓度过高，会出现恶心、胃痉挛、嗜睡、肌无力、肌麻痹等反应，严重者会发生随意肌或呼吸肌麻痹，心脏完全传导阻滞或心搏停止。

（3）食物选择

①推荐摄入量：《中国居民膳食营养素参考摄入量（2023版）》建议15~18岁RNI为330mg/d，<15岁、>18岁适当降低。

②食物来源：镁虽然普遍存在于食物中，但食物中的镁含量差别很大。由于叶绿素是镁卟啉的螯合物，因此绿叶蔬菜是富含镁的食物。食物中例如糙粮、坚果也含有丰富的镁。

知识点3　微量元素

1. 铁

铁是人体必需微量元素中含量最多的元素，总量为4~5g。

（1）生理功能　铁的主要生理功能主要包括作为血红蛋白与肌红蛋白、细胞色素A及某些呼吸酶的成分，参与体内氧与二氧化碳的转运、交换和组织呼吸过程；参与红细胞的形成和成熟；促进胶原蛋白的合成等。

（2）缺乏与过量　缺铁性贫血是常见的铁缺乏病，婴幼儿、孕妇及乳母更易发生。缺铁会影响儿童生长发育，智力发育迟缓，损害儿童的认知能力，降低抗感染能力等。

（3）食物选择

①推荐摄入量：《中国居民膳食营养素参考摄入量（2023版）》建议12~15岁RNI男女分别为16mg/d、18mg/d，18~50岁RNI男女分别为12mg/d、18mg/d，65岁以上RNI男女分别为12mg/d、10mg/d，<12岁适当降低。

②食物来源：动物血、肝脏、鸡胗、牛肾、大豆、黑木耳和芝麻酱都是铁的丰富来源，瘦肉、红糖、蛋黄、猪肾和干果是铁的良好来源，鱼类、谷物、菠菜、扁豆、豌豆和芥菜是铁的一般来源。

缺铁性贫血是一个世界范围的营养问题，对于易发生缺铁性贫血的人群，如青少年、育龄妇女、孕妇，必须额外补充亚硫酸铁、葡萄糖酸亚铁等铁剂。

2. 锌

人体内含锌量为2~2.5g，锌主要存在于肌肉、骨骼、皮肤中。

（1）生理功能　锌是人体很多金属酶的组成成分或酶激活剂，在组织呼吸和物质代谢中起很重要的作用。锌与DNA、RNA、蛋白质的生物合成密切相关，能促进机体的生长发育，并可加速创伤组织的愈合。锌不但影响味觉和食欲，还与性机能有关。锌参与胰岛素合成，并影响肾上腺皮质激素。锌还具有能使细胞膜或机体膜稳定化的重要作用。

（2）缺乏与过量　锌缺乏表现为生长发育迟缓、身材矮小、性器官发育不良、食欲缺乏、味觉异常、异食癖及厌食，创伤难愈合。成年人一次性摄入2g以上的锌可导致锌中毒，表现为上腹疼痛、腹泻、恶心、呕吐。

（3）食物选择

①推荐摄入量：《中国居民膳食营养素参考摄入量（2023版）》建议>18岁RNI男女分别为12mg/d、8.5mg/d，<18岁适当降低。

②食物来源：贝类海产品、红色肉类、肝脏、海鱼及蛋类含锌丰富。植物性食品如谷类胚芽和麦麸、豆类、花生等含锌也丰富，但吸收率低。

3. 碘

碘是人类首批确认的必需微量元素之一。人体内含碘20～25mg，其中70%～80%存在于甲状腺中。

（1）生理功能　碘在组织中主要以有机碘形式存在。碘在人体中的作用主要是构成甲状腺素，甲状腺素具有调节人体能量代谢和物质代谢的作用，促进机体生长发育。碘是胎儿神经发育的必需物质。

（2）缺乏与过量　机体因缺碘所导致的系列障碍统称为碘缺乏病，成年人碘长期不足可引起甲状腺肿，孕妇、乳母缺碘使胎儿、新生儿缺碘，严重者可引起克汀病，儿童缺碘会影响智力发育。较长时间高碘摄入可导致高碘甲状腺肿。碘过量通常发生于摄入含碘量高的食物及在治疗甲状腺肿等疾病中使用过量碘剂时。

（3）食物选择

①推荐摄入量：《中国居民膳食营养素参考摄入量（2023版）》建议>15岁RNI为120μg/d，12～15岁RNI为110～120μg/d，<12岁RNI为90μg/d。

②食物来源：海产品含碘丰富，是碘的良好来源，海带和紫菜中含量最高。沿海地区食物含碘高，边远地区食物含碘低，所以这些地区的碘缺乏发病率也较高。

4. 硒

硒在人体内总量为14～20mg，广泛分布于各个组织和器官中，肝、胰、肾、心、脾、牙釉质及指甲中的硒含量较高，脂肪组织中硒含量最低。

（1）生理功能　硒是人体谷胱甘肽过氧化物酶的重要组成部分，这种酶具有抗氧化作用，可以保护细胞膜，能清除体内的自由基，具有抗衰老的功能。硒可增强人体免疫系统的功能，可预防脑血管疾病和某些癌症。硒可参与甲状腺素的代谢，硒是重金属的天然解毒剂。

（2）缺乏与过量　缺硒可导致克山病，主要症状有心脏扩大，心功能失代偿，发生心源性休克或心力衰竭、心律失常等。缺硒还可引起大骨节病，主要发生于青少年，严重影响骨发育。硒摄入过多可致中毒，主要表现为毛发变干、变脆、易断裂及脱落，如眉毛、胡须及腋毛，并有指甲变形，肢端麻木，抽搐，甚至偏瘫等症状，严重者可致死亡。

（3）食物选择

①推荐摄入量：《中国居民膳食营养素参考摄入量（2023版）》建议>12岁RNI为60μg/d，<12岁适当降低。

②食物来源：动物的肝、肾，肉类及海产品都是硒的良好食物来源。但食物中的硒含量受当地水土中硒含量的影响很大。

5. 氟

正常人体内含氟总量为2~3g，约有96%积存于骨及牙齿中，少量存于内脏、软组织及体液中。

（1）生理功能　氟的主要功能是增强骨与牙齿的结构稳定性，保护骨骼健康，防止龋齿发生。

（2）缺乏与过量　摄入氟不足时，骨骼和牙齿发育不全，龋齿发病率高。如果长期摄入过多氟可引起人体代谢障碍，出现氟中毒症状。地方性氟中毒症状主要有氟斑牙、氟骨症等。

（3）食物选择

①推荐摄入量：《中国居民膳食营养素参考摄入量（2023版）》建议>15岁RNI为1.5mg/d，<15岁适当降低。

②食物来源：饮用水是氟的重要来源，但受地球化学环境影响较大。含氟量高的食物有茶叶、鱼、海带和紫菜等。

学习评价

学生完成学习，通过自评（20%）、小组互评（30%）、教师评价（50%）评估对本任务学习的掌握情况。将具体的检查与评估填入表1-9。

表1-9　　　　　　　　　矿物质学习评价表

评价项目	评价标准	满分	评价分值			得分
			自评	互评	师评	
知识目标	能解释人体内主要矿物质及其功能	20				
	能解释强化食品	10				
技能目标	能结合症状简单分析矿物质缺乏症	20				
	能根据每日摄入量要求合理选择食物	10				

续表

评价项目	评价标准	满分	评价分值 自评	评价分值 互评	评价分值 师评	得分
素质目标	具有自主自律的健康行为	10				
	能关注食品营养健康问题,增强职业素养	20				
学习态度	能够按要求完成布置的任务,课上认真听讲,主动思考问题	10				
	合计	100				

六、水

导入:曾有报道称,某男子因一天内过量饮水导致水中毒住进 ICU。水中毒又称稀释性低钠血症,指当机体所摄入水总量大大超过了排出水量,以致水分在体内潴留,引起血浆渗透压下降和循环血量增多。可分为急性水中毒和慢性水中毒两类。程度较轻者,停止水分摄入,排除体内多余水分后,即可纠正,严重者可导致神经系统永久性损伤或死亡。

水与健康

启发:正常情况下,每日应摄入多少水?什么时间喝水更健康?

知识点1 水在体内的分布

水分是机体中含量最大的组成成分,占成人体重的60%~70%,主要分布于细胞内和细胞外。人体组织器官的含水量相差很大,血液中最多,达83%,脂肪组织较少,仅10%。人体内水的含量,因年龄、性别、体形、职业不同而不同,一般来讲,随年龄增加,水的含量降低。新生儿含水量约为体重的80%,成年男子约为60%,成年女子约为50%~55%。这也就是说,体重中的60%是由水分和溶解在水分中的电解质、低分子化合物和蛋白质所组成的。

知识点2 生理功能

水在维持机体生命过程中起着非常重要的作用,而这种作用是没有任何其他物质可以替代的。

(1)水是机体的重要组成成分 水用以维持生命、保持细胞外形、构成各种体液。例如体内缺水,则消化液分泌减少,食物消化受到影响,食欲下降,血流减缓,体内废物积累,代谢活动降低,导致体力衰竭致病,并加重病情。

(2)水参与人体新陈代谢全过程 营养物质的吸收、运输、代谢、废物的排出都需要溶解在水中才能进行,可以说,水是人体循环系统、消化系统、呼吸系统、泌尿系统正常工作的必要物质保证。

(3)水对于调节人体体温起着重要作用 水的比热数值高,在调节体温方面效率很高。如外界环境温度高，体热可随水分经皮肤蒸发散热，以维持人体体温的恒定。

（4）水具有润滑作用　在关节、胸腔、腹腔和胃肠道等部位，都存在一定量的水，对器官、关节、肌肉、组织起到缓冲、润滑、保护的作用。

知识点3　缺乏或过量

在正常情况下，人体排出的水和摄入的水是平衡的，水的摄入和排出量维持在每天2000~2500mL。体内不储存多余的水，但也不能缺少水分。

1. 水缺乏

水摄入不足或丢失过多，可引起机体失水。一般情况下，失水达体重的2%，可感到口渴、食欲降低、消化功能减弱、少尿；失水达体重10%以上，可出现烦躁、眼球内陷、皮肤失去弹性、全身无力、体温脉搏增加、血压下降；失水超过20%时，可引起死亡。

2. 水过量

水摄入量超过肾脏排出的能力，可引起体内水过量或水中毒。这种情况多见于疾病，如肾脏疾病、肝脏病、充血性心力衰竭等。正常人极少见水中毒，但严重脱水且补水方法不当也可发生。

知识点4　食物选择

（1）推荐摄入量　《中国居民膳食指南（2022）》建议成年男性每日饮水1700mL，成年女性1500mL。水的需要量受年龄、体重、气候、劳动条件、疾病和损伤等方面的影响。年龄越大，每千克体重需要的水相对较少。正常人每日每千克体重需水量约为40mL，即60kg体重的成年人每天需水2500mL。婴儿的需水量为成年人的3~4倍。

（2）食物来源　饮水是人体获取水分最主要的方式，包括白开水、茶等。食物也含有一定量的水分，如水果、蔬菜、肉类、谷类等，它们在消化过程中也为人体提供水分。

学习评价

学生完成学习，通过自评（20%）、小组互评（30%）、教师评价（50%）评估对本任务学习的掌握情况。将具体的检查与评估填入表1-10。

表1-10　　　　　　　　　　水的学习评价表

评价项目	评价标准	满分	评价分值			得分
			自评	互评	师评	
知识目标	能解释水在人体中的重要作用	20				
	能正确解释水代谢	10				

续表

评价项目	评价标准	满分	评价分值 自评 互评 师评	得分
技能目标	能根据实际情况合理饮用水	20		
	能正确分析水的来源	10		
素质目标	时刻具有食品安全意识，增强职业素养	10		
	有良好的沟通协调能力，高效的执行力	20		
学习态度	能够按要求完成布置的任务，课上认真听讲，主动思考问题	10		
	合计	100		

知识测评

1. 填空题

（1）《中国居民膳食指南（2022）》推荐每人每天添加糖摄入量不超过＿＿＿＿，最好控制在＿＿＿＿以下。

（2）碳水化合物的生理功能有＿＿＿、＿＿＿、＿＿＿、＿＿＿、＿＿＿、＿＿＿。

（3）必需氨基酸是指＿＿＿或＿＿＿，必须从食物中直接获得的氨基酸。

（4）蛋白质的食物来源可分为＿＿＿和＿＿＿两大类。

（5）脂类与蛋白质、碳水化合物是＿＿＿的三大营养素，在供给人体能量方面起着重要作用；脂类也是构成＿＿＿的重要成分，如细胞膜、神经髓鞘膜都必须有脂类参与构成。

2. 选择题

（1）膳食纤维属于（　　）。

A. 单糖　　　　　　　　　　B. 双糖

C. 低聚糖　　　　　　　　　D. 多糖

（2）碳水化合物一般供能约占全日总能的（　　）。

A. 50%～85%　　　　　　　B. 50%～65%

C. 40%～70%　　　　　　　D. 30%～45%

（3）下列不属于必需氨基酸的是（　　）。

A. 赖氨酸　　　　　　　　　B. 苏氨酸

C. 甘氨酸　　　　　　　　　D. 甲硫氨酸

（4）维生素 C 缺乏易引起（　　）。

A. 夜盲症　　　　　　　　　B. 骨软化症
C. 溶血性贫血　　　　　　　D. 脚气病
E. 坏血病

（5）人体内含量最多的无机元素（　　）。
A. 钙　　　　　　　　　　　B. 钠
C. 钾　　　　　　　　　　　D. 铁

3. 判断题

（1）葡萄糖是人类空腹时唯一存在的单糖。（　　）

（2）当食物蛋白质的氨基酸模式与人体蛋白质的氨基酸模式越接近，这类食物提供的必需氨基酸被机体消化吸收利用的程度越高，食物蛋白质的营养价值越高。（　　）

（3）玉米中的蛋白质属于完全蛋白质。（　　）

（4）钙的缺乏症有佝偻病、骨质疏松症和骨质软化症。（　　）

（5）谷物的限制性氨基酸是苏氨酸。（　　）

> 任务三

分析各类食物的营养价值

知识目标

1. 掌握各类食物的主要营养成分及组成特点；
2. 掌握各类食物的营养价值。

能力目标

1. 能够合理、正确、适量地选择各类食物；
2. 能够对各类食物进行营养评价。

素质目标

1. 培养学生珍惜食物资源，继承和发扬勤俭节约、艰苦奋斗的传统美德；
2. 引导学生传承中华民族优秀传统美德，引导学生热爱劳动、尊重劳动、热爱劳动人民。

一、植物性食物营养

导入：通过观看植物性营养与饮食的相关视频和新闻（如中国食品工业协会

发布的"《豆奶营养健康与消费共识》助力国民膳食均衡"),学习相关知识,分析植物性食物主要营养成分及组成特点。

启发:"植物油好,动物油香,到底选哪一个?"

植物性食物
营养素

知识点 1 谷类的营养价值

谷类属于单子叶植物纲禾本科植物,主要有稻谷、小麦、玉米、高粱、粟、大麦、燕麦、荞麦等。

1. 谷类的主要营养成分及组成特点

谷类的碳水化合物主要为淀粉,集中在胚乳的淀粉细胞中,含量在70%以上,是我国膳食能量供给的主要来源。在谷物的米糠、麸皮中还含有较多的膳食纤维。

谷类蛋白质含量一般为8%~10%,主要由谷蛋白、清蛋白、醇溶蛋白和球蛋白组成。谷类蛋白质氨基酸组成中赖氨酸含量相对较低,因此谷类蛋白质的生物学价值不及动物性蛋白质。谷类蛋白质的生物学价值:大米77、小麦67、小米57、玉米60、高粱56。

谷类脂肪含量较低,一般含有1%~2%,玉米和小米可达3%,谷类脂肪主要含不饱和脂肪酸,不饱和脂肪酸具有降低血清胆固醇、防止动脉粥样硬化的作用。从玉米和小麦胚芽中提取的胚芽油,80%为不饱和脂肪酸,其中亚油酸为60%。

谷类含矿物质约1.5%~3%,主要是磷、钙,分布在谷皮和糊粉层中。因其多以植酸盐的形式存在,生物利用率较低。

谷类是膳食中B族维生素的重要来源,如维生素B_1、维生素B_2、烟酸、泛酸、吡哆醇等,主要分布在糊粉层和谷胚中。因此,谷类加工越细,上述维生素损失越多。玉米含烟酸较多,但主要为结合型,不易被人体吸收利用,故以玉米为主食的地区居民容易发生烟酸缺乏病(癞皮病)。

2. 谷类的合理利用

谷类加工有利于食用和消化吸收。但由于蛋白质、脂肪、矿物质和维生素主要存在于谷粒表层和谷胚中,故加工精度越高,营养素损失就越多。影响最大的是维生素和矿物质。加工精度和营养素存留量见表1-11。

表1-11 　　　　　不同出粉率面粉营养素含量变化

营养素	出粉率/(g/100g)					
	50	72	75	80	85	95~100
蛋白质/g	10	11	11.2	11.4	11.6	12
铁/mg	0.9	1	1.1	1.8	2.2	2.7
钙/mg	15	18	22	27	50	—

续表

营养素	出粉率/（g/100g）					
	50	72	75	80	85	95~100
维生素 B_1/mg	0.08	0.11	0.15	0.26	0.31	0.04
维生素 B_2/mg	0.03	0.035	0.04	0.05	0.07	0.12
烟酸/mg	0.7	0.72	0.77	1.2	1.6	6
泛酸/mg	0.4	0.6	0.75	0.9	1.1	1.5
维生素 C/mg	0.1	0.15	0.2	0.25	0.3	0.5

烹调过程可使一些营养素损失。如大米淘洗过程中，维生素 B_1 可损失 30%~60%，维生素 B_2 和烟酸可损失 20%~25%，矿物质损失 70%。淘洗次数越多、浸泡时间越长、水温越高，损失越多。米、面在蒸煮过程中，B 族维生素有不同程度的损失，烹调方法不当时，如加碱蒸煮、油炸等，则损失更为严重。

谷类在一定条件下可以储存很长时间，而质量不会发生变化。但当环境条件发生改变，如水分含量高、环境湿度大、温度较高时，谷粒内酶的活性增大，呼吸作用加强，使谷粒发热，促进霉菌生长，导致蛋白质、脂肪分解产物积聚，酸度升高，最后霉烂变质，失去食用价值。故粮谷类食物应保持在避光、通风、阴凉和干燥的环境中储存。

知识点2　豆类及其制品的营养价值

豆类可分为大豆类和杂豆类。大豆类按种皮的颜色可分为黄、青、黑、褐和双色大豆五种。杂豆类包括蚕豆、豌豆、绿豆、小豆等。豆制品是由大豆或绿豆等原料制作的半成品食物，如豆浆、豆腐、豆腐干等。

1. 大豆的主要营养成分及组成特点

大豆中蛋白质含量较高，一般为 35% 左右，其中黑豆的含量最高，达 36%。大豆蛋白质由球蛋白、清蛋白、谷蛋白及醇溶蛋白组成，其中球蛋白含量最高。大豆蛋白质中含有人体需要的全部氨基酸，属于完全蛋白质，其中赖氨酸含量较多，与谷类食物混合食用，可较好地发挥蛋白质的互补作用。

大豆中脂肪含量为 15%~20%，以不饱和脂肪酸居多，其中油酸占 32%~36%，亚油酸占 51.7%~57.0%，亚麻酸 2%~10%，磷脂 1.64% 左右。由于大豆富含不饱和脂肪酸，因此是高血压、动脉粥样硬化等疾病患者的理想食物。

大豆中碳水化合物的含量为 20%~30%，多为纤维素和可溶性糖，几乎完全不含淀粉或含量极微，在体内较难消化。有些在大肠内成为细菌的营养素来源，细菌在肠道内生长繁殖过程中会产生过多的气体从而引起肠胀气。

此外，大豆还含有丰富的维生素和矿物质，其中 B 族维生素，铁和钙等的含量较高，但由于大豆中植酸含量较高，会影响矿物元素的生物利用。干豆类几乎不含维生素 C，经发芽做成豆芽后，其含量可明显提高。

2. 豆类及其制品的合理利用

不同加工和烹调方法，对大豆蛋白质的消化率有明显的影响。整粒熟大豆的蛋白质消化率仅为 65.3%，但加工成豆浆可达 84.9%，豆腐可提高到 92%~96%。

大豆中含有抗胰蛋白酶的因子，它能抑制胰蛋白酶的消化作用，使大豆蛋白质难以分解为人体可吸收利用的各种氨基酸。经过加热煮熟后，这种因子即被破坏，消化率随之提高，所以大豆及其制品须经充分加热煮熟后再食用。

豆类中膳食纤维含量较高，特别是豆皮。因此国外有人将豆皮经过处理后磨成粉，作为高纤维用于烘焙食物。据报道，食用含纤维的豆类食物可以明显降低血清胆固醇，对冠心病、糖尿病及肠癌也有一定的预防作用。提取的豆类纤维加到缺少纤维的食物中，不仅改善食物的松软性，还有保健作用。

豆类储存应注意避光、防潮、避免虫蛀霉变，密封保存。

知识点 3　坚果的营养价值

坚果是以种仁为食用部分，因外覆木质或革质硬壳，故称坚果。按照脂肪含量的不同，坚果可以分为油脂类坚果和淀粉类坚果，前者富含油脂，包括核桃、榛子、杏仁、松子、香榧、腰果、花生、葵花子、西瓜子、南瓜子等；后者淀粉含量高而脂肪很少，包括栗子、银杏、莲子、芡实等。按照其植物学来源的不同，又可以分为木本坚果和草本坚果两类，前者包括核桃、榛子、杏仁、松子、香榧、腰果、银杏、栗子、澳洲坚果，后者包括花生、葵花子、西瓜子、南瓜子、莲子等。

1. 坚果的主要营养成分及组成特点

坚果是一类营养价值较高的食物，其共同特点是低水分含量和高能量，富含各种矿物质和 B 族维生素。从营养素含量而言，富含脂肪的坚果优于淀粉类坚果，然而因为坚果类所含能量较高，虽为营养佳品，也不可过量食用，以免导致肥胖。

富含油脂的坚果蛋白质含量多在 12%~22%，其中有些蛋白质含量更高，如西瓜子和南瓜子蛋白质含量达 30%以上。淀粉类干果中以栗子的蛋白质含量最低（4%~5%），芡实为 8%左右，而银杏和莲子都在 12%以上，与其他含油坚果相当。

坚果类的蛋白质氨基酸组成各有特点，如澳洲坚果不含色氨酸，花生、榛子和杏仁缺乏含硫氨基酸，核桃缺乏甲硫氨酸和赖氨酸。巴西坚果则富含甲硫氨酸，葵花子含硫氨基酸丰富，但赖氨酸稍低，芝麻赖氨酸不足。栗子虽然蛋白质含量低，但营养价值较高。总的来说，坚果类是植物性蛋白质的重要补充来源，但其生物效价较低，需要与其他食物营养互补后方能发挥最佳的营养作用。

脂肪是富含油脂的坚果类食物中极其重要的成分。这些坚果的脂肪含量通常达40%以上，其中澳洲坚果更高达70%以上，故绝大多数坚果类食物所含能量很高，可达2092~2929kJ/100g。坚果类当中的脂肪多为不饱和脂肪酸，富含必需脂肪酸，是优质的植物性脂肪。

富含油脂的坚果中可消化碳水化合物含量较少，多在15%以下。如花生为5.2%，榛子为4.9%。富含淀粉的坚果则是碳水化合物的好来源，如银杏含淀粉为72.6%，干栗子为77.2%，莲子为64.2%。栗子、莲子、芡实等虽然富含淀粉，但由于其淀粉结构与大米、面粉不同，其血糖生成指数也远较精致米面低，如栗子粉的血糖生成指数为65。

坚果类的膳食纤维含量也较高，例如花生膳食纤维含量达6.3%，榛子为9.6%，中国杏仁更高达19.2%。此外，坚果类还含有低聚糖和多糖类物质。

坚果类是维生素E和B族维生素的良好来源，包括维生素B_1、维生素B_2、烟酸和叶酸。富含油脂的坚果含有大量的维生素E，淀粉坚果含量低一些，然而它们同样含有较为丰富的水溶性维生素。杏仁中的维生素B_2含量特别突出，无论是美国大杏仁还是中国小杏仁，均是维生素B_1的极好来源。一些坚果中含有相当数量的维生素C，如栗子和杏仁为25mg/100g左右，可以作为膳食中维生素C的补充来源。

一般富含淀粉的坚果矿物质含量略低，而富含油脂的坚果矿物质含量更为丰富。

2. 坚果的合理利用

坚果一般经炒熟后食用，可与蔬菜、谷物、酸乳等混合食用。

多数坚果水分含量低，较耐贮藏，但含油坚果含不饱和脂肪酸的比例较高，易氧化酸败变质，故应当保存于干燥阴凉处，并尽量隔绝空气。

知识点4 蔬菜、水果的营养价值

1. 蔬菜

蔬菜按其结构及可食部分不同，可分为叶菜类、根茎类、瓜茄类和鲜豆类，所含的营养成分因其种类不同，差异较大。

蔬菜是维生素和矿物质的主要来源。此外还含有较多的纤维素、果胶和有机酸，能刺激胃肠蠕动和消化液的分泌，因此能促进食欲、帮助消化。蔬菜在体内的最终代谢产物呈碱性，故为"碱性食物"，对维持体内的酸碱平衡起重要作用。

（1）蔬菜的主要营养成分及组成特点

①叶菜类：主要包括白菜、菠菜、油菜、韭菜、苋菜等，是胡萝卜素、维生素B_2、维生素C、矿物质和膳食纤维的良好来源。绿叶蔬菜和橙色蔬菜营养素含量较为丰富，特别是胡萝卜素的含量较高，维生素B_2含量虽然不是很丰富，但在我国人民膳食中仍是维生素B_2的主要来源。国内一些营养调查报告表明，维生素B_2缺乏症的发生，往往同食用绿叶蔬菜不足有关。叶菜类蛋白质含量较低，

一般为1%～2%，脂肪含量不足1%，碳水化合物含量为2%～4%，膳食纤维约1.5%。

②根茎类：主要包括萝卜、胡萝卜、荸荠、藕、山药、芋头、葱、蒜、竹笋等。根茎类蛋白质含量为1%～2%，脂肪含量不足0.5%，碳水化合物含量相差较大，低者5%左右，高者可达20%以上。膳食纤维的含量较叶菜类低，约1%。胡萝卜中含胡萝卜素最高，每100g中可达4130μg。硒的含量在大蒜、芋头、洋葱、马铃薯中较高。

③瓜茄类：包括冬瓜、南瓜、丝瓜、黄瓜、茄子、番茄、辣椒等。瓜茄类因水分含量高，营养素含量相对较低。蛋白质含量为0.4%～1.3%，脂肪微量，碳水化合物0.5%～3.0%，膳食纤维含量1%左右，胡萝卜含量以南瓜、番茄和辣椒中较高，维生素C含量以辣椒、苦瓜中较高，辣椒中还含有丰富的硒、铁和锌，是一种营养价值较高的植物。

④鲜豆类：包括毛豆、豇豆、四季豆、扁豆、豌豆等。与其他蔬菜相比，鲜豆类营养素含量相对较高。蛋白质含量为2%～14%，平均4%左右，其中毛豆可达12%以上，脂肪含量不高，除毛豆外，均在0.5%以下，碳水化合物为4%左右，膳食纤维为1%～3%。鲜豆类胡萝卜素含量普遍较高，每100g含量大多在200μg左右，其中以甘肃出产的龙豆和广东出产的玉豆较高，达500μg/100g以上。此外，还含有丰富的钾、钙、铁、锌、硒等。铁的含量以发芽豆、刀豆、蚕豆、毛豆较高，每100g含量在3mg以上。锌的含量以蚕豆、豌豆和芸豆中含量较高，每100g含量均超过1mg，硒的含量以玉豆、龙豆、毛豆、豆角和蚕豆较高，每100g含量在2μg以上。维生素B_2含量与绿叶蔬菜相似。

⑤菌藻类：菌藻类食物包括食用菌和藻类食物。食用菌是指供人类食用的真菌，有500多个品种，常见的有蘑菇、香菇、银耳、木耳等品种。藻类是无胚、自养、以孢子进行繁殖的低等植物，供人类食用的有海带、紫菜、发菜等。

菌藻类食物富含蛋白质、膳食纤维、碳水化合物、维生素和微量元素。蛋白质含量以发菜、香菇和蘑菇最为丰富，在20%以上。蛋白质氨基酸组成比较均衡，必需氨基酸含量占蛋白质总量的60%以上。脂肪含量低，约1.0%。碳水化合物含量为20%～35%，银耳和发菜中的含量较高，达35%左右。胡萝卜素含量差别较大，在紫菜和蘑菇中含量丰富，其他菌藻中较低。维生素B_1和维生素B_2含量也比较高。微量元素含量丰富，尤其是铁、锌和硒，其含量约是其他食物的数倍甚至十余倍。在海产植物中，如海带、紫菜等中还含有丰富的碘，每100g海带（干）碘含量可达36mg。

(2) 蔬菜的合理利用　蔬菜含丰富的维生素，除维生素C外，一般叶部维生素含量比根茎部高，嫩叶比枯叶高，深色的菜叶比浅色的高。因此在选择时，应注意选择新鲜、色泽深的蔬菜。

蔬菜所含的维生素和矿物质易溶于水，宜先洗后切，以减少蔬菜与水和空气的接触面积，避免损失。洗好的蔬菜放置时间不宜过长，以避免维生素氧化破坏，尤其要避免将切碎的蔬菜长时间地浸泡在水中。烹调时要尽可能做到急火快炒。有实验表明，蔬菜煮3min，其中维生素C损失5%，煮10min损失达30%。为了减少损失，烹调时加少量淀粉可有效减少维生素C的破坏。

蔬菜应存放在通风、阴凉处，避免阳光直射和潮湿，以及防止因过度储存导致营养流失。

菌藻类食物除了提供丰富的营养素外，还具有明显的保健作用。研究发现，蘑菇、香菇和银耳中含有多糖物质，多糖类物质具有提高人体免疫功能和抗肿瘤的作用。香菇中所含的香菇嘌呤，可抑制体内胆固醇的形成和吸收，促进胆固醇的分解和排泄，有降血脂作用。黑木耳能抗血小板聚集，减少血液凝块，防止血栓形成，有助于改善动脉粥样硬化。海带因含有大量的碘，临床上常用来辅助治疗缺碘性甲状腺肿。海带中的褐藻酸钠盐，有预防白血病和骨癌的作用。

此外，在食用菌藻类食物时，还应注意食物卫生，防止食物中毒。例如银耳易被酵米面黄杆菌污染，食用被污染的银耳，会导致食物中毒。食用海带时，应注意用水洗泡，因海带中含砷较高，可达35~50mg/kg，大大超过国家食物卫生标准（0.5mg/kg）。

2. 水果

水果类可分为鲜果和干果。水果与蔬菜一样，主要提供维生素和矿物质，也属于碱性食物。

（1）水果的主要营养成分及组成特点　鲜果种类很多，主要有苹果、橘子、桃、梨、杏、葡萄、香蕉和菠萝等。新鲜水果的水分含量较高，蛋白质、脂肪含量均不超过1%，碳水化合物含量差异较大，低者为6%，高者可达28%。矿物质含量除个别水果外，相差不大。维生素B_1和维生素B_2含量也不高，胡萝卜素和维生素C含量因品种不同而异，其中含胡萝卜素较高的水果为柑、橘、杏和鲜枣；含维生素C丰富的水果为鲜枣、草莓、橙、柑、柿等。水果中的碳水化合物主要以双糖或单糖形式存在，因此食用起来很甘甜。

干果是新鲜水果经过加工晒干制成，如葡萄干、杏干、蜜枣和柿饼等。与新鲜水果相比，干果便于储运且别具风味，但由于加工的影响，维生素损失较多，尤其是维生素C。

（2）水果的合理利用　水果除含有丰富的维生素和矿物质外，还含有大量的非营养素的生物活性物质，可以防病和辅助治病，但也可致病，食用时应注意。如梨有清热降火、润肺去燥等功能，对于肺结核、急性或慢性气管炎和上呼吸道感染患者出现的咽干、喉疼、痰多而稠等有辅助疗效，但对产妇、胃寒及脾虚泄泻者不宜食用；红枣可增加机体抵抗力，对体虚乏力、贫血者适用，但龋齿疼痛、下腹胀满、大便秘结者不宜食用；在杏仁中含有杏仁苷、柿子中含有柿胶酚，食用不当，可引起溶血性贫血、消化性贫血、消化不良、柿结石等疾病。鲜果类水分含量高,易于腐烂,宜冷藏。

学习评价

学生完成学习,通过自评(20%)、小组互评(30%)、教师评价(50%)评估对本任务学习的掌握情况。将具体的检查与评估填入表1–12。

表1–12 植物性食物营养价值学习评价表

评价项目	评价标准	满分	自评	互评	师评	得分
知识目标	能区分谷类、豆类、蔬菜水果类食物在加工、烹饪、储存时的营养损失	10				
	能准确说出谷类、豆类、蔬菜水果类食物的营养价值	20				
技能目标	能合理地选择谷类、豆类、蔬菜水果类食物	10				
	能辩证地对谷类、豆类、蔬菜水果类食物进行营养评价	20				
素质目标	继承和发扬勤俭节约、艰苦奋斗的传统美德	10				
	热爱劳动、尊重劳动、热爱劳动人民	20				
学习态度	能够按要求完成布置的任务,课上认真听讲,主动思考问题	10				
	合计	100				

二、动物性食物营养

导入:通过"应该买什么肉""坚持早晨吃一个水煮鸡蛋,一段时间后会发生怎样的变化"等相关新闻的学习,分析动物性食物营养素种类和特点。

启发:"鸡蛋黄胆固醇含量高,就只吃鸡蛋清不吃鸡蛋黄吗"?

动物性食物营养素

知识点1 畜禽肉类食物的营养价值

从食物角度讲,肉类是指来源于热血动物且适合人类食用的所有部分的总称,畜禽肉则是指畜类和禽类的肌肉、内脏及其制品。

(1)畜禽肉的主要营养成分及组成特点

①畜类的营养价值及组成特点:畜肉富含蛋白质、脂类、维生素A、B族维

生素及铁、锌等矿物质。因畜类动物的种类、年龄、肥瘦程度及部位不同，其营养成分差别很大。畜肉蛋白质主要存在于肌肉和结缔组织中，含量为 10%～20%，其氨基酸组成与人体需要较接近，营养价值较高。牛羊肉蛋白质含量一般为 20%，猪肉为 13.2%。猪肉的脂肪含量平均为 18%，含量最高，羊肉次之，牛肉最低。牛羊肉的脂肪组成以棕榈酸和硬脂酸等饱和脂肪酸为主。畜肉的脂肪含量因牲畜的肥瘦程度和部位不同有较大差异。

畜类肝脏的维生素 A、B 族维生素和铁的含量也很高。畜类内脏都含有较高水平的胆固醇，以脑为最高，每 100g 脑中含 2400mg 以上胆固醇，其他脏器在 300mg 左右，是瘦肉的 2～3 倍；畜肉中铁主要以血红素形式存在，有较高的生物利用率。

②禽类的营养价值及组成特点：禽类是一类食用价值很高的食物。禽肉蛋白质含量为 16%～20%，其中鸡肉的蛋白质含量较高，约达 20%；鹅肉约 18%，鸭肉相对较低，约 16%。禽类蛋白质的氨基酸组成与鱼类相似，利用率较高。禽肉脂肪含量差别较大，火鸡的脂肪含量在 3% 左右，鸡和鸽子的在 9%～14%，鸭和鹅可达 20% 左右。不饱和脂肪酸中以单不饱和脂肪酸为主，多不饱和脂肪酸比例较低。肝中胆固醇含量较高，一般每 100g 为 350mg 左右，约是肌肉中含量的 3 倍。禽类提供的维生素主要以维生素 A 和 B 族维生素为主。内脏含量比肌肉中多，肝脏中含量最多。禽类含有多种矿物质，内脏含量普遍高于肌肉，其中铁主要以血红素形式存在，消化吸收率很高。

（2）畜禽肉的合理利用　畜禽肉蛋白质营养价值较高，含有较多的赖氨酸，宜与谷类食物搭配食用，以发挥蛋白质的互补作用。为了充分发挥畜禽肉营养作用，还应注意将畜禽肉分散到每餐膳食中，防止集中食用。

畜肉的脂肪和胆固醇含量较高，脂肪主要由饱和脂肪酸组成，食用过多易引起肥胖和高脂血症等疾病，因此膳食中的比例不宜过多。禽肉的脂肪含不饱和脂肪酸较多，因此老年人及心血管疾病患者宜选用禽肉。内脏含有较多的维生素、铁、锌、硒、钙，特别是肝脏，维生素 B_2 和维生素 A 的含量丰富，因此宜经常食用。

优先选择蒸、炖、炒等健康的烹饪方法，尽量减少煎炸等高温烹饪，以减少油脂摄入并避免破坏肉类中的营养成分。

购买和储存肉类时应注意保鲜，及时放入冰箱冷冻或冷藏，避免腐败变质。解冻肉类时，应提前移至冷藏室缓慢解冻，或者使用微波炉的解冻功能，避免反复冷冻解冻，减少营养流失和微生物繁殖。

知识点 2　鱼类的营养价值

按鱼类生活的环境，可以把鱼分为海水鱼（如鲱鱼、鳕鱼等）和淡水鱼（如鲤鱼、鲑鱼）；按生活的海水深度，可以把海水鱼再分为深水鱼和浅水鱼。

按体形可以把鱼简单地分为圆形（如鳕鱼、狭鳕鱼）和扁形（普鳎、大菱鲆、太平洋鲽鱼）两种。

（1）鱼类主要营养成分及组成特点　鱼类蛋白质含量约为15%~20%，平均18%左右，蛋白质氨基酸组成一般较为平衡，利用率较高。

脂肪含量约为1%~10%，呈不均匀分布，多由亚油酸、亚麻酸、二十碳五烯酸、二十二碳六烯酸等不饱和脂肪酸组成，一般占脂肪的60%以上，熔点较低，消化率为95%左右。

鱼类矿物质含量为1%~2%，高于畜禽类，其中锌的含量极为丰富，钙、钠、氯、钾、镁等含量也较多，海产鱼类富含碘。

鱼肉中维生素A、维生素D、维生素E、维生素B_2等含量也较高。鱼油和鱼肝油是维生素A和维生素D的重要来源，也是维生素E（生育酚）的一般来源。

碳水化合物的含量较低，约1.5%。主要存在形式是糖原。

（2）鱼类的合理利用　鱼类因水分和蛋白质含量高，结缔组织少，较畜禽肉更易腐败变质，因此打捞的鱼类需及时保存或加工处理。保存处理一般采用低温或食盐来抑制组织蛋白酶的作用和微生物的生长繁殖。低温处理有冷却和冻结两种方式。冷却是用冰冷却鱼体使温度降到-1℃左右，一般可保存5~15天。冻结是使鱼体在-40~-25℃的环境中冷冻，此时各组织酶和微生物均处于休眠状态，保藏期可达半年以上。以食盐保藏的海鱼，用食盐不应低于15%。

有些鱼含有极强的毒素，如河豚，虽其肉质细嫩、味道鲜美，但其卵、卵巢、肝脏和血液中含有极毒的河豚毒素，若不会加工处理，可引起急性中毒而死亡。故无经验的人，千万不要"拼死吃河豚"。

知识点3　乳类营养价值

乳类是指动物的乳汁，经常食用的是牛乳和羊乳。乳类经浓缩、发酵等工艺可制成乳制品，如乳粉、酸乳、炼乳等乳制品。

（1）乳类的营养成分及组成特点　乳类几乎含有人体需要的所有营养素，除维生素C含量较低外，其他营养素含量都比较丰富。某些乳制品加工时除去了大量水分，故其营养素含量比鲜乳的要高，但某些营养素受加工的影响，相对含量会有所下降。

牛乳中的蛋白质含量比较恒定，约为3.0%。牛乳蛋白质划分为酪蛋白和乳清蛋白两类。酪蛋白约占牛乳总蛋白质的80%，乳清蛋白约占总蛋白质的20%。牛乳蛋白质为优质蛋白质，生物价为85，容易被人体消化吸收。

牛乳含脂肪2.8%~4.0%。乳中磷脂含量约为20~50mg/100mL，胆固醇含量约为13mg/100mL。必需脂肪酸含量并不高，占3%左右。

乳类碳水化合物主要为乳糖，含量为3.4%~7.4%，由于乳糖可促进钙等矿物质的吸收，为婴儿肠道内双歧杆菌的生长所必需，对于幼小动物的生长发育具有特殊的意义。但对于部分不经常饮乳的成年人来说，体内乳糖酶活性过低，大量食用乳制品可能引起乳糖不耐受的发生。

牛乳中富含钙、磷、钾等矿物质，且容易被人体吸收，是膳食中钙的最佳来源。但牛乳中铁的含量不高，不能满足人体需要。

牛乳中含有几乎所有种类的维生素，其含量因季节、饲养条件及加工方式不同而变化。

（2）乳类的合理利用　选择新鲜、保质期内的乳制品，避免长时间暴露在室温下，应冷藏保存。加工乳制品（如酸乳、干酪）要注意生产日期和储存条件，避免食用已过期或变质的产品。尽量避免过度高温加热，以免破坏乳制品中的营养成分，如维生素 B_1、维生素 C 和部分蛋白质。简单的加热如微波加热或小火慢煮更利于营养保持。

乳制品可以与谷物、果蔬等搭配食用，如早餐时牛乳配燕麦、全麦面包，或是用酸乳拌水果等，这样能提升整体膳食的营养价值。

知识点4　蛋和蛋制品的营养价值

蛋类包括鸡蛋、鸭蛋、鹅蛋、鹌鹑蛋、鸽蛋、鸵鸟蛋、火鸡蛋、海鸥蛋及其加工制成的咸蛋、松花蛋等。蛋类的营养素含量丰富，质量高，是一类营养价值较高的食品。

（1）蛋类的主要营养成分及组成特点　蛋的微量营养成分受到品种、饲料、季节等多方面因素的影响，但蛋中大量营养素含量总体上基本稳定，各种蛋的营养成分有共同之处。

蛋类蛋白质含量相近，一般为12%左右，加工成咸蛋或松花蛋后变化不大。

鸡蛋脂肪含量为10%~15%，蛋清中含脂肪极少，98%的脂肪存在于蛋黄当中。蛋黄中的脂肪几乎全部以与蛋白质结合的良好乳化形式存在，消化吸收率高。胆固醇主要集中在蛋黄，其中鹅蛋黄含量最高，达1696mg/100g，是猪肝的7倍、肥猪肉的17倍，加工成咸蛋或松花蛋后，胆固醇含量无明显变化。

蛋中的矿物质主要存在于蛋黄部分，蛋清部分含量较低。蛋黄中含矿物质1.0%~1.5%，其中磷最为丰富，为240mg/100g，钙为112mg/100g。蛋中所含铁元素数量较高，由于卵黄高磷蛋白对铁的吸收具有干扰作用，故铁的生物利用率较低，仅为3%左右。

蛋黄中维生素含量十分丰富，且种类较为完全，包括所有的 B 族维生素、维生素 A、维生素 D、维生素 E、维生素 K 和微量的维生素 C。鸭蛋和鹅蛋的维生素含量总体而言高于鸡蛋。

鸡蛋当中碳水化合物含量极低，大约为1%。

蛋黄是胆碱和甜菜碱的良好来源，甜菜碱具有降低血脂和预防动脉硬化的功效。

（2）蛋类的合理利用　生鸡蛋蛋清中含有抗生物素蛋白和抗胰蛋白酶。抗生物素蛋白能与生物素在肠道内结合，影响生物素的吸收，可引起食用者食欲不振、全身无力、毛发脱落、皮肤发黄、肌肉疼痛等生物素缺乏的症状；抗胰蛋白酶能抑制胰蛋白酶的活力，妨碍蛋白质消化吸收，故不可生食蛋清。烹调加热可破坏这两种物质，消除它们的不良影响。但是不宜过度加热，否则会使蛋白质过分凝固，甚至变硬变韧，形成硬块，反而影响食欲及消化吸收。

蛋黄中的胆固醇含量很高，大量食用能引起高脂血症，是动脉粥样硬化、冠心病等疾病的危险因素，但蛋黄中含有大量的卵磷脂，对心血管疾病有防治作用。

因此，吃鸡蛋要适量。据研究，每人每日吃1~2个鸡蛋，对血清胆固醇水平既无明显影响，又可发挥禽蛋的营养成分。

学习评价

学生完成学习，通过自评（20%）、小组互评（30%）、教师评价（50%）评估对本任务学习的掌握情况。将具体的检查与评估填入表1-13。

表1-13　　　　　　　动物性食物营养价值学习评价表

评价项目	评价标准	满分	评价分值			得分
			自评	互评	师评	
知识目标	能合理地利用不同的动物性食物	10				
	能准确说出畜禽类、鱼类、乳类和蛋类食物的营养价值	20				
技能目标	能合理地选择动物类食物	10				
	能辩证地对畜禽类、鱼类、乳类和蛋类食物进行营养评价	20				
素质目标	继承和发扬勤俭节约、艰苦奋斗的传统美德	10				
	热爱劳动、尊重劳动、热爱劳动人民	20				
学习态度	能够按要求完成布置的任务，课上认真听讲，主动思考问题	10				
合计		100				

三、强化食品、保健食品营养

导入：通过营养强化食品、保健食品相关视频与知识学习，分析营养强化食品、保健食品与人体健康的关系。

启发：食品营养强化剂、食品添加剂、营养补充剂三者的区别是什么？

保健食品原辅料

知识点1 营养强化食品及其分类

1. 营养强化食品

根据不同人群的需要，为保持食品原有的营养成分，或者为了补充食品中所缺乏的营养素，向食品中添加一定量的食品营养强化剂，以提高其营养价值，这样的食品称为营养强化食品。食品营养强化不需要改变人们的饮食习惯就可以增加人群对某些营养素的摄入量，从而达到纠正或预防人群微量营养素缺乏的目的。食品营养强化的主要目的有以下几点。

（1）弥补食品在正常加工、储存时造成的营养素损失，如向出粉率低的面粉中添加维生素等。

（2）在一定的地域范围内，有相当规模的人群出现某些营养摄入水平低或缺乏，通过强化可以改善其摄入水平低或缺乏导致的健康影响，如向谷类食品中添加赖氨酸。

（3）某些人群由于饮食习惯和（或）其他原因可能出现某些营养素摄入水平低或缺乏，通过强化可以改善其摄入水平低或缺乏导致的健康影响，如向婴儿配方乳粉中添加维生素，向孕妇、乳母食品中添加叶酸。

（4）补充和调整特殊膳食用食品中营养素和（或）其他营养成分的含量。特殊膳食用食品是为满足特殊的身体或生理状况和（或）满足疾病、紊乱等状态下的特殊膳食需求，专门加工或配方的食品。这类食品的营养素和（或）其他营养成分的含量与可类比的普通食品有显著不同。

2. 强化食品的种类

强化食品种类繁多，可进一步按食用对象、食用情况、强化剂种类以及富含营养素的天然食物不同等来分类。

①按食用对象分类：普通食品，儿童食品，孕妇、乳母食品，老年人食品以及其他各种特殊需要的食品等。

②按食用情况分类：主食品和副食品等。

③按强化剂种类分类：维生素强化食品、矿物质强化食品、蛋白质和氨基酸强化食品等。

④按富含营养素的天然食物分类：酵母（富含B族维生素）、脱脂乳粉和大豆粉（富含蛋白质）等。

通常，应用较多的是作为强化主食用的强化谷类及其制品，如即食早餐谷类食品、婴幼儿食品、婴幼儿配方食品、乳制品、饮液及乳饮料等。

知识点2 保健食品

1. 保健食品

《食品安全国家标准 保健食品》（GB 16740—2014）给出的保健（功能）食品的定义是"保健食品是指声称并具有特定保健功能或者以补充维生素、矿物质为目的的食品。即适宜于特定人群食用，具有调节机体功能，不以治疗疾病为目的，并且对人体不会产生任何急性、亚急性或者慢性危害的食品"。

保健食品是食品的一个特殊种类，界于其他食品和药品之间。保健食品与普通食品的区别主要如下。

（1）保健食品强调具有特定保健功能，而其他食品强调提供营养成分。

（2）保健食品具有规定的食用量，而其他食品一般没有服用量的要求。

（3）保健食品根据其保健功能的不同，具有特定适宜人群和不适宜人群，而其他食品一般不进行区分。

保健食品与药品的主要区别如下。

（1）使用目的不同　保健食品是用于调节机体机能，提高人体抵御疾病的能力，改善亚健康状态，降低疾病发生的风险，不以预防、治疗疾病为目的。药品是指用于预防、治疗、诊断人的疾病，有目的地调节人的生理机能并规定有适应证或者功能主治、用法和用量的物质。

（2）保健食品按照规定的食用量食用　保健食品不能给人体带来任何急性、亚急性和慢性危害。药品可以有毒副作用。

（3）使用方法不同　保健食品仅口服使用，药品可以采用涂抹、注射等方法。

（4）可以使用的原料种类不同　有毒有害物质不得作为保健食品原料。

2. 保健食品的分类

保健食品的原料和功能因子多种多样，对人体生理机能的调节作用以及产品的生产工艺和产品形态也各不相同，因此，市场上保健食品琳琅满目，种类繁多。保健食品可从不同角度对其进行分类。

①按所选用的原料分类：保健食品在宏观上可分为植物类、动物类和微生物（益生菌）类。目前可选用的原料主要是原卫生部先后公布的"既是食品又是药品""允许在保健食品添加的物品"和"益生菌保健食品用菌"。

②按功能性因子的种类分类：保健食品可分为多糖类、功能性甜味剂类、功能性低聚糖、功能性油脂、自由基清除剂类、功能性肽和蛋白质类、益生菌类、维生素类、微量元素类以及其他（如二十八烷醇、植物甾醇、皂苷等）类。

③按调节人体机能的作用分类：保健食品可分为以下27种类型，增强免疫力功能、辅助降血脂功能、辅助降血糖功能、抗氧化功能、辅助改善记忆功能、缓解视疲劳功能、促进排铅功能、清咽功能、辅助降血压功能、改善睡眠功能、促进泌乳功能、缓解体力疲劳、提高缺氧耐受力功能、增加骨密度功能、减肥功能、防辐射功能、改善生长发育功能、祛痤疮功能、改善营养性贫血、祛黄褐斑功能、通便功能、抵抗化学肝损伤功能、改善皮肤水分功能、改善皮肤油分功能、调节肠道菌群功能、促进消化功能、抵抗胃黏膜损伤功能。

④按产品的形态分类：保健食品可分为饮料类、口服液类、酒类、冲剂类、片剂类、胶囊类和微胶囊类。

3. 保健食品使用原则

为了有效地发挥保健食品的作用，保健食品使用中应遵守以下原则。

（1）饮食为主原则　正常情况下，人们应该遵从平衡膳食的理论，科学地安排自己的饮食生活，这是维持人们良好营养水平和健康状态的基础。做到这一点的人，就不需要摄入保健食品。

（2）有的放矢原则　保健食品并不是针对全民使用的，而是针对某些特殊的人群而采取的保健措施。不同的保健食品有不同的适应对象，绝不能不管对象，一概服用。这样不仅造成浪费，也会给机体带来一定的损害。

（3）预防为主原则　保健食品是针对某些营养问题所采取的措施，更多情况下是为预防某些疾病发生所采取的对策。

（4）经济允许原则　保健食品一般价格比较昂贵，对一些收入较低的人群来讲，应该考虑经济的承受能力，不能一概地追求高消费，应根据自己的条件选择不同的保健食品。

（5）长期服用原则　某些功能保健食品的保健功能食用效果是很难短期直接看出来的，因为保健食品不是药品，保健食品的效果，有时要长期服用才能体现出来。

（6）区别药物原则　保健食品维持人体的某些生理功能正常，对人体的健康有促进作用。但保健食品不是药品，不能当成药物或宣传成药物或代替药物。

4. 正确选择和食用保健食品

（1）检查保健食品包装上是否有保健食品标志及保健食品批准文号。

（2）检查保健食品包装上是否注明生产企业名称及其生产许可证号，生产许可证号可到企业所在地省级主管部门网站查询确认其合法性。

（3）食用保健食品要依据其功能有针对性地选择，切忌盲目使用。

（4）保健食品不能代替药品，不能将保健食品作为灵丹妙药。

（5）保健食品应按标签说明书的要求食用。

（6）保健食品不含全面的营养素，不能代替其他食品，要坚持正常饮食。

（7）不能食用超过所标示有效期和变质的保健食品。

学习评价

学生完成学习，通过自评（20%）、小组互评（30%）、教师评价（50%）评估对本任务学习的掌握情况。将具体的检查与评估填入表1-14。

表 1-14　　　　　　　　认识食品营养强化学习评价表

评价项目	评价标准	满分	评价分值 自评　互评　师评	得分
知识目标	能正确解析强化食品和保健食品	10		
	能说明营养强化的要求	20		
技能目标	能合理选择营养强化食品	15		
	能辩证分析食品保健作用	15		
素质目标	能辩证客观分析问题	15		
	关注营养与人体健康相关的热点问题	15		
学习态度	能够按要求完成布置的任务，课上认真听讲，主动思考问题	10		
	合计	100		

知识测评

1. 填空题

（1）谷类加工有利于食用和消化吸收，加工精度_____，营养素损失就_____，影响最大的营养成分是_____和_____。

（2）大豆中含有_____，它能抑制_____的消化作用，使大豆蛋白质难以分解为人体可吸收利用的各种氨基酸。

（3）蔬菜含丰富的维生素，除维生素 C 外，一般_____含量比根茎部高，_____比枯叶高，_____的菜叶比浅色的高。

（4）保健食品与药品不同于_____、_____、_____、_____。

（5）鱼油和鱼肝油是_____和_____的重要来源。

2. 选择题

（1）玉米含（　　）较多，但主要为结合型，不易被人体吸收利用。

A. 叶酸　　　　B. 维生素 A　　　　C. 维生素 C　　　　D. 烟酸

（2）蔬菜在体内的最终代谢产物呈碱性，故称（　　），对维持体内的酸碱平衡起重要作用。

A. "酸性食物"　B. "中性食物"　　　C. "碱性食物"

（3）下列不属于根茎类的是（　　）。

A. 萝卜　　　　B. 胡萝卜　　　　　C. 藕　　　　　　　D. 菠菜

（4）研究发现，蘑菇、香菇和银耳中含有（　　），具有提高人体免疫功能和抗肿瘤作用。

A. 碳水化合物　　B. 脂肪　　　　　　C. 维生素　　　　　D. 多糖物质

(5) 牛乳中的蛋白质含量比较恒定，在（　　）左右。

A. 2.0%　　　　B. 3.0%　　　　　　C. 2.5%　　　　　　D. 4.0%

3. 判断题

(1) 豆制品较大豆的消化吸收率高。（　　）

(2) 牛乳中的碳水化合物主要为乳糖。（　　）

(3) 保健食品就是普通食品。（　　）

(4) 具有抗氧化功能的营养素包括维生素C、维生素E、茶多酚、大豆异黄酮。（　　）

(5) 婴幼儿食品不允许食品强化。（　　）

> 任务四

分析各类人群营养需要

> 知识目标

1. 了解孕妇、乳母、婴幼儿、儿童、青少年、中老年人的膳食原则；
2. 掌握孕妇、乳母、婴幼儿、儿童、青少年、中老年人的营养需求；
3. 熟悉孕妇、乳母、婴幼儿、儿童、青少年、中老年人的主要营养问题。

> 能力目标

1. 能够分析不同年龄段人群的营养需要；
2. 能够根据不同年龄段人群的生理特点进行膳食指导。

> 素质目标

1. 培养科学思维，增强思辨能力；
2. 关爱特殊群体健康，敢于主动承担社会责任。

一、孕妇乳母营养需要

导入：《中国居民膳食指南（2022）》中指出，为保证孕育质量，夫妻双方都应做好充分的孕前准备，使健康和营养状况尽可能达到最佳后再怀孕。孕前应将体重调整至正常范围，

孕妇母乳膳食指南

即 BMI 为 18.5~23.9kg/m²，并确保身体健康和营养状况良好，特别关注叶酸、碘、铁等重要营养素的储备。同时，强调早孕反应不明显的孕早期妇女可继续维持孕前平衡膳食，早孕反应严重影响进食者，不必强调平衡膳食和规律进餐，应保证每天摄入至少含 130g 碳水化合物的食物；孕中期开始，应适当增加食物的摄入量，特别是富含优质蛋白质、钙、铁、碘等营养素的食物。

启发：不同妊娠期的孕妇营养需要是否相同？如何进行孕期膳食指导？

知识点 1　孕妇的生理特点

十月怀胎是受精卵经过 10 个妊娠月形成约 3.2kg 胎儿的过程，1 个妊娠月为 4 周，因此，十月怀胎历时 40 周（280 天）。妊娠期一般分为早、中、晚三期。孕期划分见表 1-15 所示。

表 1-15　　　　　　　　　　孕期划分

妊娠分期	月份	周数	胎儿生长发育特点
孕早期	1~3	1~12	胚胎发育初期，体重增长较少
孕中期	4~6	13~28	胎儿迅速发育时期，体重迅速增加
孕晚期	7~10	29~40	胎儿生长最快的阶段，并进行营养储备

妊娠是一个复杂的生理过程，为适应胚胎、胎儿生长发育的需要，孕妇体内的各个系统会发生一系列的适应性改变。

1. 代谢改变

基础代谢率除孕早期稍下降外，孕中期开始增高，孕晚期可增高 20%，对能量的需要增加，对糖类、脂肪和蛋白质等营养素的吸收利用也有所改变。

2. 消化系统功能改变

孕早期常有恶心、呕吐、食欲下降等早孕反应，影响某些营养素的摄入。孕中、晚期，胃排空时间延长，肠蠕动减弱，消化液分泌减少，可造成胃肠胀气及便秘。但胃肠道对钙、铁、维生素 B_2 和叶酸等营养素的吸收能力随着妊娠的进展逐渐增强，与母体对这些营养素的需要量增加相适应。

3. 血容量及血液成分变化

正常妇女血浆容量约为 2.6L，孕妇的循环血容量于妊娠 6~8 周开始增加，整个孕期增加 40%~45%，红细胞数和血红蛋白量也增加。由于血液稀释了，孕妇可出现生理性贫血。

4. 泌尿系统改变

妊娠期间，孕妇需排出胎儿和母体所产生的代谢废物，因此肾脏负担加重。蛋白质代谢产物尿酸、尿素、肌酐排出增加，但肾小管对葡萄糖的重吸收能力不能相应增加，故约 15% 的孕妇餐后出现生理性糖尿。

5. 体重增长

在整个孕期，孕妇的体重平均增加 12.5kg。孕期体重增加的部分包括胎儿、胎盘、羊水、子宫、乳房、血液、组织间液及脂肪储备等。孕期体重增加过高或过低对胎儿和母体均不利，过高容易诱发妊娠期高血压疾病、娩出巨大儿，过低则容易发生早产、宫内发育迟缓和增加围生期死亡危险。

知识点 2　孕期的营养需要

1. 能量

为满足孕妇基础代谢与活动负荷增加、胎儿生长与母体组织增长及胎儿与母体营养储备所需，自孕中期开始，孕妇能量的需要量增加，在非孕期基础上，RNI 在孕中期、孕晚期分别增加 1046kJ/d、1674kJ/d。可以通过观察孕妇的体重增长情况来判定能量的摄入是否适宜。一般妊娠全程孕妇的体重平均增重 12kg，其中孕早期增重 1~1.5kg，孕中期增重 4~5kg，孕晚期增重约 5kg。可根据孕前体重、是否哺乳或双胎来控制孕期增重。不同情况孕期增重推荐值见表 1-16 所示。

表 1-16　　　　　　　　　　孕期增重推荐值

孕期体重、妊娠、哺乳情况	孕期增重/kg	孕后 20 周每周增重/g
孕前体重大于标准体重的 120%者	7~8	不超过 300
孕前体重为标准体重的 90%~110%，不计划哺乳者	10	350
孕前体重为标准体重的 90%~110%，计划哺乳者	12	400
孕前体重低于标准体重的 90%	14~15	500
双胎妊娠者	18	650

2. 蛋白质

蛋白质用于构成胎儿和母体组织，蛋白质摄入不足可使胎儿体重下降，细胞减少，各脏器质量降低、功能下降。孕中期、孕晚期 RNI 在非孕期基础上分别增加为 15g/d、30g/d。

3. 脂类

必需脂肪酸、磷脂可促进脑细胞分裂增殖，饱和脂肪酸为髓鞘化所必需，磷脂、长链多不饱和脂肪酸可促进胎儿大脑、视网膜的发育。孕妇膳食脂肪提供的能量应占总能量的 20%~30%，饱和脂肪酸、单不饱和脂肪酸、多不饱和脂肪酸的比例约为 1∶1∶1。建议总脂肪孕期与非孕期一样。

4. 碳水化合物

胎儿耗用母体葡萄糖较多，母体摄入碳水化合物不足时，动用氧化脂肪及蛋白质以供能，这容易引起酮体在体内的积聚，酮体会对胎儿早期脑发育产生不良影响。在非孕期基础上，孕早期、孕中期、孕晚期 EAR 在非孕期基础上分别增加为 10g/d、20g/d、35g/d。

5. 矿物质

孕期妇女对矿物质的需要量增加，其主要用途与参考摄入量见表 1-17 所示。

表 1-17　　　　　　　　孕妇矿物质的用途与参考摄入量

矿物质	主要用途	RNI 或 AI			
		非孕	早	中	晚
钙/（mg/d）	①促进胎儿骨骼、牙齿发育 ②满足母体自身储备，降低母体发生骨软化症、妊娠高血压综合征和先兆子痫的危险	800	800	800	800
铁/（mg/d）	①满足胎儿造血及储备的需要 ②满足母体自身储备的需要，补偿分娩损失	18	18	25	29
锌/（mg/d）	①促进胎儿生长发育 ②预防胎儿先天性畸形	8.5	10.5	10.5	10.5
碘/（μg/d）	①合成甲状腺素 ②预防因缺碘导致的子代克汀病 ③增强母体的新陈代谢	120	230	230	230

6. 维生素

孕妇对各种维生素的需要量增加，其主要用途与参考摄入量见表 1-18 所示。

表 1-18　　　　　　　　孕妇维生素的用途与参考摄入量

维生素	主要用途	RNI 或 AI			
		非孕	早	中	晚
维生素 A/（μg RAE/d）	①促进胎儿生长发育，缺乏时可致早产、胎儿宫内发育迟缓及婴儿低出生体重 ②过多或过少均可致畸	660	660	730	730
维生素 D/（μg/d）	①促进母体和子代的钙代谢，预防新生儿低钙血症、手足搐搦、婴儿牙釉质发育不良及母体骨质软化症 ②过量可导致婴儿高钙血症	10	10	10	10
叶酸/（μg DFE/d）	①预防孕妇巨幼细胞贫血 ②降低胎儿神经管畸形、低体重儿的发生率	400	600	600	600
维生素 C/（mg/d）	①增强孕妇抵抗力及胎儿活力 ②缺乏易致早产、流产、胎膜早破、死胎	100	100	115	115

续表

维生素	主要用途	RNI 或 AI			
		非孕	早	中	晚
维生素 B_1/（mg/d）	①促进胎儿生长发育 ②预防婴儿急性脚气病	1.2	1.2	1.4	1.5
维生素 B_2/（mg/d）	①促进胎儿生长发育 ②缺乏可致胎儿生长发育迟缓	1.2	1.2	1.3	1.4
维生素 B_6/（mg/d）	①辅助治疗早孕反应 ②预防妊娠高血压综合征	1.4	2.2	2.2	2.2
维生素 B_{12}/（μg/d）	①预防妊娠高血压综合征 ②缺乏易引发贫血和早产	2.4	2.9	2.9	2.9

知识点 3　哺乳期的生理特点

乳母一方面要逐步补偿妊娠、分娩时所损耗的营养素储备，促进各器官、系统功能的恢复；另一方面还要分泌乳汁、哺育婴儿。如果乳母长期营养不良，将会影响到乳汁的质和量，从而不能满足婴儿生长发育的需要，影响母婴健康。

1. 泌乳

乳母一般平均每日可分泌 800~1000mL 乳汁，产后 2 个月泌乳量逐渐增加，9 个月后逐渐减少。母乳量的多少与乳母的营养状况有直接关系，因此产妇必须摄入营养丰富的食物，不宜限制产妇的饮食。

2. 动用机体储备补充乳汁

为保证乳汁质量，乳母除了从饮食中补充营养外，还会动用在肝、骨骼及其他器官中所储存的营养素。当营养供应不足时，就会破坏乳母本身的组织来满足婴儿对乳汁的需要，因此为了保证乳母的健康和满足分泌乳汁的需要，必须供给乳母充足的营养。研究显示，乳母每日泌乳要损失约 300g 钙，如此时钙膳食供应不足，则要从乳母的牙齿、骨骼等组织储备中摄取，以维持乳汁分泌的平衡，这样 3 个月就需要动用母体钙储存量的 2%，将会造成乳母骨痛、牙齿松动、骨软化症等。

3. 基础代谢率增高

哺乳期处于基础代谢的活跃阶段，哺乳妇女比普通未哺乳妇女的基础代谢率要高出 20%。每日泌乳活动所消耗的热能约为 2928.8kJ。

知识点 4　乳母的营养需要

乳母必须摄取足够的能量、优质蛋白质、脂肪、无机盐、维生素以及充足的水分，才能满足分泌优质乳汁、促进乳母健康的需要。

1. 能量

乳母因分泌乳汁、哺育婴儿等需要，对能量的需求增高。由母体能量转变为乳汁能量时其效率只有80%。在非孕期基础上，乳母的RNI增加1674kJ/d。

2. 蛋白质

母乳蛋白质含量平均为1.2%，乳母需要增加蛋白质的摄入量，保证乳母每日通过乳汁向婴儿提供10~15g蛋白质。在非孕期基础上，乳母的RNI增加25g/d。

3. 脂类

乳汁中的脂肪含量与乳母膳食脂肪的摄入量密切相关。脂类有利于神经系统的发育及脂溶性维生素的吸收，必需脂肪酸有促进乳汁分泌的作用。乳母膳食脂肪供能比占总能量的20%~30%。乳母的RNI与非孕期一样。

4. 矿物质

乳母对钙、铁等矿物质的需求增加，其主要用途与参考摄入量见表1-19所示。

表1-19　　　　　　乳母矿物质的主要用途与参考摄入量

矿物质	主要用途	RNI
钙/（mg·d）	补充乳母通过乳汁分泌损失的钙（每日约200mg）	800
铁/（mg·d）	①弥补孕期胎儿铁储备所消耗的铁 ②补充产时出血、产后恶露及月经恢复后丢失的铁	18

5. 维生素

乳母对维生素的需要量增加，其主要用途与参考摄入量见表1-20所示。

表1-20　　　　　　乳母维生素的主要用途与参考摄入量

维生素	主要用途	RNI 或 AI
维生素A/（μg RAE·d）	提供乳汁中的维生素A，促进婴儿的生长发育，使其维持健康状况	1260
维生素D/（μg·d）	促进膳食钙的吸收，弥补孕期母体骨钙的丢失	10
维生素B_1/（mg·d）	①增进乳母食欲，促进乳汁分泌 ②预防婴儿急性脚气病	1.5

6. 水

乳母每日摄入水量与乳汁分泌量有密切关系，水分摄入不足时，乳汁分泌将明显减少。建议乳母饮水量为2100mL/d。

学习评价

学生完成学习，通过自评（20%）、小组互评（30%）、教师评价（50%）评估对本任务学习的掌握情况。将具体的检查与评估填入表1-21。

表 1-21　　孕妇及乳母营养与膳食学习评价表

评价项目	评价标准	满分	评价分值 自评	评价分值 互评	评价分值 师评	得分
知识目标	能准确说明孕期的营养需要	15				
	能准确说明乳母的营养需要	15				
技能目标	能帮助孕妇建立正确饮食	15				
	能帮助乳母建立正确饮食	15				
素质目标	有一定的科学思辨能力	15				
	关爱特殊群体健康，主动承担责任	15				
学习态度	能够按要求完成布置的任务，课上认真听讲，主动思考问题	10				
	合计	100				

二、婴幼儿营养需要

导入：2022 年，在六一国际儿童节来临之际，中国营养学会发布了《中国婴幼儿膳食指南（2022）》，对不同年龄的婴幼儿膳食都提出了非常明确的准则和核心推荐，对母乳喂养等提供了支持和帮助。新版的《中国婴幼儿膳食指南》按照不同的年龄分为《0-6 月龄婴儿母乳喂养指南》《7-24 月龄婴幼儿喂养指南》《学龄前儿童膳食指南》三个部分。根据婴幼儿不同年龄生长发育的特点，充分考虑当前婴幼儿喂养存在的突出问题，提出准则和推荐。

婴幼儿膳食指南

启发：不同年龄阶段的婴幼儿营养需要是否相同？如何对婴幼儿进行膳食指导？

知识点 1　婴儿的生理特点

婴儿期（出生~1 岁）是人一生中生长发育最旺盛的阶段。婴儿 1 周岁时，体重将增至出生时的 3 倍，身长为出生时的 1.5 倍左右。婴儿期也是大脑的快速发育期，至 1 周岁时，脑质量达 900~1000g。此期婴儿的消化器官尚未发育成熟。胃容量很小，消化功能也不完善，3 月龄以下婴儿唾液中淀粉酶含量较少，不宜喂食淀粉类的食物。

知识点 2　婴儿的营养需要

1. 能量

婴儿的能量需要量较高，婴儿生长发育对热能的需要量与生长速度成正比，在最初几个月，这部分热能占总摄入热能的 1/4~1/3。初生~6 月龄婴儿的能量需要量（EER）为 0.38MJ/（kg·d），6~12 月龄婴儿的能量需要量为 0.31MJ/

(kg·d)。

2. 蛋白质

婴儿对蛋白质的相对需要量高于成年人,优质蛋白质应占总蛋白质的 1/2 以上。婴儿所需必需氨基酸的比例也比成年人大。婴儿早期,除成年人所必需的 8 种必需氨基酸外,还需由食物提供组氨酸、半胱氨酸、酪氨酸及牛磺酸。人乳中的必需氨基酸最适合婴儿的生长需要。0~6 月龄婴儿的蛋白质 AI 为 9~17g/d。

3. 脂肪

脂肪是婴儿最重要的能量来源,也是脑、神经组织形成和发育所必需的。初生~6 月龄的婴儿按每日摄入人乳 800mL 计,可获得脂肪 27.7g,其提供的能量占总能量的 47%,其中不饱和脂肪酸的含量高达 55%。建议初生~6 月龄婴儿脂肪供能占总能量的适宜比为 45%~50%,每 0.4184MJ 的婴儿食品含脂肪 3.8~6g(能量比为 30%~54%)。6 月龄后虽然添加一些辅助食品,但还是以乳类食品为主,6~12 月龄婴儿脂肪提供的能量应占总能量的 35%~40%。

4. 碳水化合物

人乳中的碳水化合物主要是乳糖,人乳喂养的婴儿碳水化合物的平均摄入量约为 12g/(kg·d)(供能比约为 37%),人工喂养婴儿略高(供能比为 40%~50%)。因为婴儿 3 月龄以后体内才产生淀粉酶且其活性逐渐提高,4 月龄以下的婴儿消化淀粉的能力并未成熟,所以多糖类食物应在 4~6 月龄后才能开始慢慢添加。婴儿食物中含碳水化合物过多时,碳水化合物在肠内经细菌发酵,产酸、产气并刺激肠蠕动,可引起腹泻。

5. 矿物质

婴儿必需而又容易缺乏的矿物质主要有钙、铁、锌。内陆地区,甚至部分沿海地区碘缺乏病也比较常见。

(1) 钙 婴儿生长发育过程中需大量的钙。婴儿所需的钙主要来源于乳汁,每 100mL 人乳中的钙含量为 30~35mg。人乳中的钙吸收率高,钙营养良好的乳母所分泌的乳汁基本能满足婴儿钙的需要。牛乳中钙含量是人乳的 2~3 倍,但钙磷比例不适合婴儿的需要,钙吸收率较人乳低。6 月龄以下的 AI 为 200mg/d,6 月龄以上 AI 为 350mg/d。

(2) 铁 足月新生儿体内有 300mg 左右的铁储备,可以满足婴儿出生后 4~6 月龄的需要。早产儿及低出生体重儿的铁储备相对不足,在婴儿期容易出现铁缺乏。由于乳汁中的铁含量低,母乳哺养的足月婴儿在 6 月龄后应添加含铁的辅助食品。人工喂养儿 3 月龄后,早产儿和低出生体重儿 2 月龄后应补充含铁的辅助食品。6 月龄以下婴儿铁的 AI 为 0.3mg/d,6 月龄以上 RNI 为 10mg/d。

(3) 锌 锌摄入不足可引起婴儿生长发育迟缓、食欲缺乏、味觉异常、伤口愈合缓慢、智力发育受损等。6 月龄以下婴儿锌的 AI 为 1.5mg/d,6 月龄以上 AI 为 3.2mg/d。

6. 维生素

正常母乳中含有婴儿所需要的各种维生素,只是维生素 D 含量稍低。婴儿维生素 D 的 AI 为 10μg/d。如果母乳不足或出现维生素 D 的早期缺乏现象,可考虑每日额外补充 5~10μg 的维生素 D。其他维生素如维生素 B_1、维生素 B_2 和维生素 C 等,婴儿较成年人容易缺乏,应注意补充。

知识点 3　幼儿的生理特点

幼儿(1~3 岁)的生长发育虽不及婴儿迅速,但也非常旺盛。幼儿胃容量增加,牙齿处于生长过程,数目有限,咀嚼功能尚未发育完善,胃肠道消化酶的分泌及胃肠道蠕动的能力还远不如成年人,因此,幼儿容易发生消化不良及某些营养缺乏病。

知识点 4　幼儿的营养现状和常见营养问题

1. 幼儿的营养现状

幼儿期营养物质的获得需从以母乳为主过渡到以谷类等食物为主。因受传统饮食习惯、生活观念及文化层次的影响,我国幼儿膳食中还存在着明显的不合理因素和误区,如用鸡蛋代替主食、果汁代替水果、葡萄糖和白糖代替多糖等,造成孩子偏食、厌食、挑食等现象。

2. 幼儿的生理特点

(1) 能量　幼儿的生长速度较婴儿期缓慢,但活动相对增加。每日能量供给为 3.35~5.23MJ。能量摄入应充足,以保证幼儿的正常生长发育及蛋白质的充分利用。

(2) 蛋白质　幼儿生长、更新和修补所需蛋白质较高,因而需要维持较高的正氮平衡,蛋白质摄入不足会明显制约幼儿的生长发育。幼儿对每种必需氨基酸的需要量均高于成人。为确保幼儿的膳食蛋白质质量,优质蛋白质需要占半数以上。幼儿蛋白质的 RNI 为 25~30g/d。

(3) 脂肪　脑及神经系统的发育除了需要蛋白质外,还需要不饱和脂肪酸及磷脂,因此幼儿应摄入足够的脂肪以满足不饱和脂肪酸和磷脂的需要。脂肪摄入量应占总能量的 35%。

(4) 碳水化合物　幼儿的生长速度相比婴儿减慢,但对能量的总的需要量仍逐渐增加,同时食物种类和膳食构成逐渐成人化,碳水化合物成为能量的最主要来源。幼儿碳水化合物的 EAR 为 120g/d。

(5) 矿物质　幼儿的饮食逐渐多样化,考虑加入谷类食物时会增加磷的比例使钙较难吸收,因而每天可以给孩子补充 100~200mg 钙以增加钙的摄入量。在此期间也应注意多摄入含铁和锌较高的食物,以防止发生缺铁性贫血和锌缺乏引起的体格生长、免疫、中枢神经系统发育问题。幼儿钙的 RNI 为 500mg/d,锌的 RNI 为 4.0mg/d,铁的 RNI 为 10mg/d。

(6) 维生素　幼儿与婴儿一样仍需补充各种维生素。

学习评价

学生完成学习，通过自评（20%）、小组互评（30%）、教师评价（50%）评估对本任务学习的掌握情况。将具体的检查与评估填入表1-22。

表1-22　　　　　　　婴幼儿生长发育及营养需要学习评价表

评价项目	评价标准	满分	评价分值			得分
			自评	互评	师评	
知识目标	能正确说明婴儿的营养需要	15				
	能正确说明幼儿的营养需要	15				
技能目标	能根据不同阶段正确选择婴幼儿食品	15				
	能正确指导添加婴幼儿辅食	15				
素质目标	具有一定思辨能力	15				
	关爱特殊群体健康，主动承担社会责任	15				
学习态度	能够按要求完成布置的任务，课上认真听讲，主动思考问题	10				
	合计	100				

三、儿童、青少年营养需要

导入：儿童青少年的身心健康，关系着中华民族整体素质的提升和国家的长久发展。2021年5月29~30日，在中国学生营养与健康促进会学生健康教育分会和中国营养学会青年工作委员会主办的"第一届中国学生营养教育论坛"上，与会专家指出，近年来，我国儿童青少年营养健康状况有了很大的提升，但仍面临"营养不足、微量营养素缺乏和超重肥胖"三大挑战，新时期营养健康工作亟需深入推动儿童营养教育。

儿童、青少年
膳食指南

启发：儿童青少年生理特点是什么呢？

知识点1　学龄前儿童生理特点

学龄前儿童（3~6岁）活动能力和范围增加，除了遵循幼儿膳食原则外，食物的分量要增加并逐渐让孩子进食一些粗粮类食物，引导孩子养成良好、卫生的饮食习惯。

学龄前儿童的身体发育速度相对减缓，身长年增长4~7cm，体重年增加4kg左右，新陈代谢比较旺盛。学龄前儿童的乳牙出齐，咀嚼能力增强，但消化吸收能力、生理功能发育依然尚未成熟，对外界环境的适应能力及对疾病的抵抗能力都还较弱。良好的饮食、卫生习惯尚未养成，依然易出现营养不良，钙、铁、锌、维生素 A、维生素 B_2 等营养素缺乏问题影响其生长发育，需高度重视。

知识点 2　学龄前儿童的营养需要

1. 能量

学龄前儿童新陈代谢仍比较旺盛，活动能力逐渐增强，活动量逐渐增大，能量的需要量较高，个体之间的差异逐渐明显，既要避免能量摄入量不足影响生长发育，又要避免能量摄入量过多导致肥胖。学龄前儿童的能量需要量为 4.81~6.69MJ/（kg·d）。

2. 蛋白质

学龄前儿童因生长发育的需要，蛋白质的需要量较高。学龄前儿童蛋白质的 RNI 为 30g/d。

3. 矿物质

矿物质为学龄前儿童生长发育所必需。学龄前儿童钙的 RNI 为 600~800mg/d，铁的 RNI 为 10~12mg/d。

4. 维生素

维生素有利于维护身体健康、促进生长发育、提高免疫力，应供给充足的维生素。

知识点 3　学龄儿童生理特点

学龄儿童（6~12 岁）新陈代谢旺盛，生长发育较快，体力活动增大，智力迅速发育，并要为即将到来的青春期迅猛生长发育储备所需的营养。因此对热能营养素的需求相对或绝对高于成年人，但消化能力依然尚未成熟，要加以注意这种矛盾。

知识点 4　学龄儿童的营养需要

学龄儿童生长发育较快，进入青春期后，生长速度加快，对各种营养素的需要增加。

1. 能量

学龄儿童能量需要量为 6.07~10.88 MJ/d。如 7 岁男童体重平均 22kg，约为成年人的 1/3，热能供给量却为 7.5MJ，相当成年人的 3/4。尽管学龄儿童的生长发育速度及活动量存在个体差异，但热能需求比成年人高的这种倾向性是一致的。一般学龄儿童的消化能力仍未成熟，对热能的浓缩性要适当给予照顾。注意热能摄入过多可能是童年甚至成年后肥胖的因素，但如摄入过低，儿童会减少活动量，由此影响其生长发育和学习能力。

2. 蛋白质

学龄儿童蛋白质 RNI 为 35~70g/d。12 岁男童为 70g/d，比成年人需求量还高。

3. 矿物质

学龄儿童钙的 RNI 为每天 800~1000mg/d，铁的 AI 为 8mg/d 左右。由于饮食关系，小学生缺铁性贫血也多见，此外在青春期前也须储备一些铁，并注意铁的吸收利用率的提高。

4. 维生素

儿童的新陈代谢旺盛，对维生素的需要量增加，尤其是 B 族维生素和维生素 C、维生素 D 等，B 族维生素中硫胺素、核黄素和尼克酸的需要量均随热能摄入增加而增高。

知识点 5 青少年生理特点

青少年时期（12~18 岁）是生长发育的第二个高峰期，各个器官逐渐发育成熟，身长、体重、肩宽、胸围发生非常明显的变化，其中身长的快速增加是这个时期身体变化最明显的特征。据统计，青少年在发育期内，平均每年长高 6~10cm。青少年时期的另一个重要特征是"性"的发育和成熟，这标志着人体生理发育完成。一般女性青春发育期出现较早（11~12 岁），男性稍迟。由于青春期开始的早晚、生长发育的速度和持续的时间有很大的个体差异，因此，13 岁以后的男、女青少年在某些营养素供给上应有所区别。

知识点 6 青少年的营养需要

1. 能量

青少年生长发育极为迅速，表现为身长和体重猛增，生长发育需要的能量占总能量的 25%~30%，青少年能量需要量为 10.88~10.67MJ/d。

2. 蛋白质

青少年肌肉组织发育迅速，学习任务繁重，蛋白质的需要量增加，青少年蛋白质 RNI 为 55~75g/d。优质蛋白质应占 1/3~1/2。

3. 矿物质

青少年的骨骼生长达到高峰，钙的需求量较高，青少年钙的 RNI 为 800~1000mg/d。由于血容量的增加，青少年铁的供给量高于成年人，男性铁的 RNI 为 12~16mg/d，女性铁的 RNI 为 18mg/d。青春期甲状腺功能加强，若碘供给不足容易引起甲状腺肿。

4. 维生素

青少年的新陈代谢旺盛，对维生素的需要量增加，尤其是 B 族维生素、维生素 C、维生素 D 等，膳食供给应充足。

学习评价

学生完成学习，通过自评（20%）、小组互评（30%）、教师评价（50%）评估对本任务学习的掌握情况。将具体的检查与评估填入表 1-23。

表 1-23　　儿童青少年营养需要学习评价表

评价项目	评价标准	满分	评价分值			得分
			自评	互评	师评	
知识目标	能准确说明儿童的营养需要	15				
	能准确说明青少年的营养需要	15				
技能目标	能帮助儿童建立正确饮食	15				
	能帮助青少年建立正确饮食	15				
素质目标	有一定的科学思辨能力	15				
	关爱特殊群体健康，主动承担责任	15				
学习态度	能够按要求完成布置的任务，课上认真听讲，主动思考问题	10				
	合计	100				

四、中老年人营养需要

导入：《中国老年人营养与健康报告》显示，近半数老年人营养状况不佳。调查表明，老年人对膳食指南的知晓率为41.4%，中国居民平衡膳食宝塔的知晓率为23.4%，控盐知晓率为57.5%，控油知晓率为54.1%，且仅有11.5%的老年人了解每日食盐摄入指标，0.92%的老年人了解每日摄油量指标。只有20%的老年人知道，水果蔬菜吃得太少、缺乏锻炼易患慢性病。

启发：中老年人如何健康饮食？

知识点 1　中年人生理特点

根据世界卫生组织的年龄划分标准，45~59岁为中年期。中年期既是生理功能全盛时期，也是开始进入衰老的过渡阶段。此期如果不注意饮食与营养的科学性，不仅会导致疾病，影响中年人能力的发挥，而且会加速衰老。

1. 基础代谢

30岁以后，人体基础代谢率平均每年下降0.5%，而进食量仍较高，容易使脂肪堆积，引起肥胖，发生高血压、冠心病、糖尿病等慢性病的风险增加。

2. 胃肠功能

中年期胃黏膜变薄，肌纤维弹性减弱，胃酸和消化酶分泌减少，消化功能下降。肠蠕动减弱，易发生便秘。

3. 心、肺功能

中年期心脏自律性逐渐降低，循环系统功能减弱，心输出血液量减少，常伴有动脉硬化、血压升高。肺张力减弱，肺活量降低，供氧量不足，体力活动能力下降。

4. 大脑

中年期通过大脑的血液减少，神经传导速度减慢，机械记忆力下降。中枢神经抑制过程逐渐减弱，睡眠时间变短，睡眠质量下降，表现为入睡困难且易醒。

知识点2 中年人的营养需求

1. 碳水化合物

每日主食能满足机体的标准需要即可，即占能量供给的60%~70%。主食制作宜粗、细粮搭配，适当食用粗粮，以有效吸收、利用谷物中的B族维生素、烟酸和膳食纤维。宜多吃蔬菜和水果，因其富含的纤维素既可饱腹又可预防心血管疾病、肿瘤、便秘等疾病的发生。

2. 脂肪

中年人对脂肪的消化、吸收和分解的能力日趋降低，对脂肪的摄入应控制在总能量的20%~25%，每日摄取的脂肪量限制在50g左右为宜。

3. 蛋白质

中年人对食物中蛋白质的利用率逐渐下降，因此中年人的蛋白质供给量应充足，其供能应占总能量的12%~14%，总量不宜少于60g，且优质蛋白质应达50%以上。多摄入富含赖氨酸的蛋白质，对中年人的健康十分有益。

4. 维生素

中年人由于消化、吸收功能减退，对各种维生素的利用率降低，可出现眼花、溃疡、皮皱、衰老等各种维生素缺乏的症状，应摄入充足的维生素，尤其是具有抗氧化、抗衰老作用的维生素A（或胡萝卜素）、维生素C、维生素E等。

5. 无机盐和微量元素

中年人对钙的吸收能力下降，排出量增加，容易发生骨质疏松症，出现腰背痛、腿痛、肌肉抽搐等症状，应注意补钙。每日食盐摄入量不宜超过5g，以预防高血压。

6. 水

应注意多饮水，促进体内代谢产物的排出。

知识点3 老年人生理特点

老年人生理功能的退行性变化，影响老年人对食物的选择、消化、吸收功能和对营养素的利用能力。老年人极易发生各种营养问题。

老年人膳食指南

1. 机体形态

老年人内分泌和代谢等发生变化，肌肉的紧张度下降，肌肉萎缩、松弛，脂肪逐年增加，体内水分减少。骨的矿物质含量减少，骨密度降低，骨质疏松，易发生骨折。绝经期妇女的这些问题更严重。随着年龄的增长，基础代谢率逐渐降低。

2. 器官功能

随着年龄的增长,机体各器官的生理功能不同程度减退,表现为新陈代谢减慢,食欲下降,消化功能减弱,胃肠蠕动减慢,对营养素的吸收利用能力降低。

知识点4 老年人的营养需求

1. 能量

老年人的基础代谢率下降,体力活动减少,能量消耗量下降。一般说来,能量的摄入量以能维持较理想的体重为宜,老年人摄入能量为 7.32~9.62MJ/d 即可。

2. 蛋白质

老年人体内分解代谢增加,合成代谢减少,蛋白质合成能力降低,所以老年人要适当多摄取富含蛋白质的食物,但摄入量不宜过多。因老年人的肝、肾功能逐渐减弱,清除毒物的能力较差,故蛋白质的摄入量不宜过多,一般 RNI 为 62g/d。应注重乳类、蛋类、鱼类、瘦肉和豆类蛋白质等优质蛋白质的供给,优质蛋白质应占蛋白质总量的 1/3 以上。

3. 脂肪

老年人由于胆汁酸减少,脂肪酶活性降低,对脂肪的消化能力下降,故脂肪的摄入量不宜过多,以占总能量的 20%~25% 为宜,饱和脂肪酸的供能不超过 10%。应控制猪油、牛羊油及奶油等动物性脂肪的摄入,烹调用油应以富含多不饱和脂肪酸的植物油为主。食物中的胆固醇含量每日不宜超过 300mg。

4. 碳水化合物

老年人由于胰岛素分泌减少、糖耐量降低、血糖调节功能减弱,易引起血糖升高。过多的糖在体内可转变为脂肪,使血脂升高,因此老年人应少食精制糖或含精制糖高的食品。果糖易被老年人吸收、利用,不易转变成脂肪,老年人宜适当多吃水果、蜂蜜等果糖丰富的食物。老年人多吃富含膳食纤维的蔬菜,增加肠蠕动,防止便秘,有利于降低血脂水平、预防结肠癌。

5. 矿物质

(1) 钙　年龄越大,机体对钙的利用及储存能力就越差,容易出现负钙平衡,发生骨质疏松。中老年人钙的 RNI 为 800mg/d。乳及乳制品是最佳的钙来源,其次是大豆及其制品。

(2) 铁　老年人对铁的吸收利用能力下降,造血功能减退,血红蛋白含量减少,胃酸缺乏,维生素 B_{12}、维生素 B_6 及叶酸等摄入不足,常出现缺铁性贫血。推荐老年人铁的 RNI 为 10~12mg/d。应选择富含血红素铁的动物肝脏、动物全血、瘦肉、牛肉等食物。多食用富含维生素 C 的蔬菜、水果以利于铁的吸收。

6. 维生素

老年人吸收不良,易出现维生素缺乏,尤其是维生素 A、维生素 D、维生素 E。

7. 水

老年人对脱水反应较迟钝，对水分的需求量高于中青年人。老年人水的摄入量应达到 1500~1700mL/d。

学习评价

学生完成学习，通过自评（20%）、小组互评（30%）、教师评价（50%）评估对本任务学习的掌握情况。将具体的检查与评估填入表 1-24。

表 1-24　　　　　　　　中老年人营养需要学习评价表

评价项目	评价标准	满分	评价分值 自评	互评	师评	得分
知识目标	能准确说明中年人的营养需要	15				
	能准确说明老年人的营养需要	15				
技能目标	能帮助中年人建立正确饮食	15				
	能帮助老年人建立正确饮食	15				
素质目标	有一定的科学思辨能力	15				
	关爱特殊群体健康，主动承担责任	15				
学习态度	能够按要求完成布置的任务，课上认真听讲，主动思考问题	10				
	合计	100				

知识测评

1. 填空题

（1）一般妊娠全程孕妇的体重平均增重_____。

（2）婴儿必需而又容易缺乏的矿物质主要有_____、_____、_____。

（3）_____是婴儿最重要的能量来源。

（4）_____岁为中年期。

（5）30 岁以后，人体基础代谢率平均每年下降_____。

2. 选择题

（1）母乳蛋白质含量平均为（　　）。

A. 1.2%　　　B. 2%　　　　　C. 2.3%　　　　　D. 4%

（2）由母体能量转变为乳汁能量时其效率只有（　　）。

A. 300% B. 40% C. 80% D. 60%

（3）青少年时期是生长发育的（ ）高峰期。
A. 第一个 B. 第二个 C. 第三个 D. 第四个

（4）老年人体内（ ）增加，合成代谢减少。
A. 基础代谢 B. 分解代谢 C. 能量 D. 血液循环

（5）学龄儿童的生理特点是（ ）。
A. 生长发育快 B. 生长发育慢
C. 代谢缓慢 D. 消化慢

3. 判断题

（1）给 6 个月大婴儿制作辅食时可添加少量食用油，尽可能少糖、不放盐、不加调味品。（ ）

（2）幼儿及学龄前儿童患锌缺乏症的较多，多为边缘性缺乏。对幼儿的膳食应增加富含锌的各种植物性食物等。（ ）

（3）中年人对钙的吸收能力增强，排出量减少。（ ）

（4）孕早期基础代谢开始增高。（ ）

（5）青少年时期是指 0～15 岁。（ ）

任务五

解读公共营养基础理论

知识目标

1. 了解营养调查的目的、内容与步骤；
2. 掌握膳食调查的方法及人体测量方法；
3. 掌握中国居民膳食营养素参考摄入量的内容。

能力目标

1. 能够根据中国居民膳食指南准则进行膳食指导；
2. 能够传播膳食知识。

素质目标

1. 培养忠于职守、爱岗敬业的工作态度；
2. 融入敬业、精益求精、诚信等元素，提高食品专业学生的职业素养。

一、营养调查与评价

导入：最近 10 年，公共营养针对国民当前的营养问题和社会需求，积极践行《健康中国行动（2019—2030 年）》的合理膳食行动和《国民营养计划（2017—2030 年）》等国家战略，推进营养健康政策标准制定，编制适合广大居民的膳食营养指南，开展人群营养调查监测和评估等工作，创新学科研究方法，探索膳食营养相关疾病的主要影响因素，在专业领域和社会服务方面取得了较为突出的收获。随着 5G 通信技术的推广应用，数据采集和应用将更加快速和便利，这也为营养调查提供了新的可能。

启发：如何把 5G 通信技术应用在营养调查与评价工作中？

知识点 1　营养调查

1. 营养调查的目的

营养调查的目的包括：①了解不同地区、年龄和性别人群的能量和营养素摄入情况；②了解与能量和营养素摄入不足、过剩有关营养问题的分布和严重程度；③分析营养相关疾病的病因、影响因素；④监测膳食结构变迁及其发展趋势；⑤提供居民营养与健康状况数据；⑥为国家或地区制定干预策略，提供信息。

2. 营养调查的内容

营养调查一般由 4 部分组成：①膳食调查；②人体测量；③人体营养水平的生化检验；④营养相关疾病临床体征及症状检查。上述 4 部分内容互相联系、相互验证，一般应同时进行全面的营养调查应与健康检查，可以综合地分析人群营养与健康的关系，找出其原因和影响因素，提高营养干预的针对性和有效性。

3. 营养调查的步骤

营养调查一般包括下列步骤：①确定营养调查的目的；②根据调查目的确定调查对象和人群；③确定抽样方法；④制订调查工作内容、方法和质量控制措施；⑤调查前人员准备，包括组织动员调查对象以及调查员的培训；⑥现场调查、体格检查、样本采集及指标检测；⑦数据管理、统计分析及结果反馈；⑧形成调查报告。在营养调查工作中，调查计划的科学性、严谨性和可行性是保证调查质量的前提，调查对象的配合程度、调查人员的专业知识技能水平和工作态度以及各级领导的支持也是影响调查质量的重要因素。

知识点 2　营养调查方法

1. 膳食调查

了解被调查对象在一定时间内通过膳食摄取的能量、各种营养素的数量和质量，据此来评价被调查对象能量和营养素需求获得满足的程度。膳食调查方法有称重法、记账法、回顾法、食物频数法和化学分析法等。

（1）称重法　称重法可用于个人、家庭或集体单位。该方法细致准确，但比较耗费人力、物力。调查期间需要对每餐所吃主副食的生重、熟重及剩余食物称重，并根据实际用餐人数，计算出平均每人用餐的生食物质量。将一天各餐的结果加在一起，得出每人每天摄入的各种食物生重，参照《中国食物成分表》来计算能量和各种营养素摄入量。称重法膳食调查一般可调查 3~7 天。如果被调查对象在年龄、性别、劳动强度上差别较大，则必须折算成相应标准人（指轻体力劳动的 60kg 成年男子）的每人每日各种食物的摄入量。

（2）记账法　记账法适用于有详细账目的集体单位，过程相对简便，节省人力物力。该法通过查账或记录本单位一定时间内各种食物消耗总量和用餐人日数，计算出平均每人每日的食物消耗量，一般可统计 1 个月，一年四季各进行一次。如果被调查对象在年龄、性别、劳动强度上差别较大时，与称重法一样，也要折算成"标准人"的每人每日各种食物摄入量。

（3）回顾法　回顾法又称询问法，即对被调查者连续 3 天各种主副食物摄入情况进行回顾调查（包括在外就餐），获得个人每日各种食物摄入量，根据《中国食物成分表》计算出能量和营养素的摄入量。成年人在 24h 内对所摄入的食物有较好的记忆，一般认为 24h 膳食的回顾调查最易取得可靠的资料，简称 24h 回顾法。该方法简便易行，但所得资料比较粗略，有时需要借助食物模具或食物图谱来提高其准确性。

（4）食物频数法　该法收集被调查对象过去一段时间（数周、数月或数年）内各种食物消费频率及消费量从而获得个人长期食物和营养素平均摄入量。食物频率法可快速得到平时各种食物摄入的种类和数量，反映长期膳食行为，其结果可作为研究慢性病与膳食模式关系的依据，也可供膳食咨询指导。

（5）化学分析法　收集调查对象一日膳食中所摄入的全部主副食品，通过实验室化学分析方法来测定其营养素含量。根据样品的收集方法不同分为双份饭法和双份原料法两种。

2. 体格检查

（1）身体测量

体格检查包括身体测量与营养缺乏症检查两方面。目的在于评价膳食营养状况与生长发育和某些生理功能的关系，以及有无营养素缺乏症。

评价指标有标准体重、体质指数、皮褶厚度、上臂肌围。

（2）营养缺乏病体征检查

营养缺乏的发生是一个渐进的过程，各种营养缺乏病的症状和体征也因发展阶段的不同有所区别，每一种营养素长期摄入不足都会引起相应的特征性改变，但对某一个体来说，可能会同时存在一种或多种营养素摄入不足引起的症状和体征变化。

3. 生化检查

营养生化指标检测借助于生物化学检测手段以发现临床营养不足、营养储备低下或营养过剩,以掌握营养失调的早期变化,可以即使采取措施,予以防治。

蛋白质营养状况的检验与评价:常用指标有血清蛋白质含量、血红蛋白、转铁蛋白、肌酐、身长指数。

维生素 A 营养状况检验:常用指标有血清维生素 A 含量、视觉暗适应功能测定、血浆中的视黄醇结合蛋白。

维生素 D 及钙营养状况检验:常用指标有血清钙含量、血钙和磷乘积、血清碱性磷酸酶活性。

知识点3 营养调查结果的分析评价

1. 膳食模式

膳食模式与食物的分类有关,可根据研究目的和需要来划分食物的分类。实际应用中常以"中国居民平衡膳食宝塔(2022)"为依据,对被调查人群的膳食模式进行评价。

2. 能量和营养素摄入

依据 DRIs 将调查人群的能量和各种营养素的摄入量与其推荐值比较以评价其满足程度。但对某个体而言,其摄入量和参考值都是估算值,为确定其能量和营养素的摄入量是否适宜,一方面需准确描述摄入量和恰当选择推荐值,另一方面需结合该个体的人体测量、临床检查、生化检测结果进行综合评价。

3. 能量、蛋白质的食物来源

着重评价三大供能营养素所提供的能量占总能量的构成比和豆类、动物性食物提供的优质蛋白质占总蛋白质的比例。

4. 各餐能量分配比例

一般人群就餐应定时和定量,三餐能量比约为 3∶4∶3,儿童和老年人可以在三餐之外适当加餐。除此之外,应坚持每天吃早餐并保证其营养充足,午餐要吃好,晚餐要适量。不暴饮暴食,不经常在外就餐。零食作为一日餐之外的营养补充,可以合理选用,尽量选择一些营养素含量高而能量含量低的食物,如新鲜水果和乳类,注意来自零食的能量应计入全天能量摄入之中。

5. 其他

判断被调查者是否存在动物性食品过多所致的肥胖症;评价营养素摄入不足或过剩与营养相关疾病的因果关系;分析是否存在过多摄取方便食品、快餐食品等;评价食物来源、储存条件、烹调加工方法、就餐方式等饮食习惯与营养状况的关系。

学习评价

学生完成学习,通过自评(20%)、小组互评(30%)、教师评价(50%)评估对本任务学习的掌握情况。将具体的检查与评估填入表 1-25。

表 1-25　　　　　　　　　膳食调查与评价学习评价表

评价项目	评价标准	满分	评价分值 自评	评价分值 互评	评价分值 师评	得分
知识目标	掌握不同膳食调查方法	15				
	准确说出人体测量的方法	15				
技能目标	能根据不同群体合理选择膳食调查方法	15				
	能根据调查对象的年龄、性别选用适当的人体测量指标，可以较好地反映调查对象的营养状况	15				
素质目标	忠于职守、爱岗敬业、精益求精，聚焦大学生的职业素养	10				
	从我做起践行健康中国行动	20				
学习态度	能够按要求完成布置的任务，课上认真听讲，主动思考问题	10				
	合计	100				

二、《中国居民膳食指南（2022）》

导入：北京大学临床研究所武阳丰教授与王燕芳研究员共同领导的最新研究发现，高血压患者食用"中国心脏健康膳食"四周后，收缩压和舒张压平均可显著下降 1333.22Pa、506.62Pa。"健康中国"离不开健康膳食，合理膳食行动和心血管疾病防治行动是"健康中国"行动的两项重要内容。"中国健康膳食"的开发成功，无疑为"健康中国"行动提供了有力的科学手段。

膳食指南变化

启发：膳食数量和膳食结构哪个因素对居民健康膳食的影响更大？

知识点 1　《中国居民膳食指南（2022）》

《中国居民膳食指南（2022）》是中国人健康教育和公共政策的基础性文件，是国家实施《健康中国行动（2019—2030 年）》和推动《国民营养计划（2017—2030 年）》的重要技术支撑。2022 年 4 月 26 日上午，《中国居民膳食指南（2022）》发布会在北京举行。中国营养学会历时三年，形成《中国居民膳食指南研究报告》，并在此基础上顺利完成《中国居民膳食指南（2022）》。《中国居民膳食指南（2022）》包括 2 岁以上大众膳食指南以及 9 个特定人群指南。

与 2016 版相比，2022 版修订的主要内容变化有以下 5 点。

（1）增加了健康饮食方式的建议，包括规律进餐、足量饮水、会烹会选、会看标签、公筷分餐、杜绝浪费、饮食卫生等内容。

（2）增加了针对高龄老年人的膳食指南，高龄老年人指的是大于 80 岁的老年人。

（3）提出了东方健康膳食模式，目的在于挖掘和传承中国健康饮食文化，接近于中国居民平衡膳食宝塔（2022）推荐的平衡模式。

（4）提出了认识食物、科学规划膳食，引导和鼓励家庭实践膳食营养科学的健康行为。

（5）修订完善了中国居民平衡膳食宝塔（2022）图形，让消费者更加容易接受和看懂。

准则一：食物多样，合理搭配
①坚持谷类为主的平衡膳食模式。
②每天的膳食应包括谷薯类、蔬菜水果、畜禽鱼蛋奶和豆类食物。
③平均每天摄入12种以上食物，每周25种以上，合理搭配。
④每天摄入谷类食物200~300g，其中包含全谷物和杂豆类50~150g；薯类50~100g。

准则二：吃动平衡，健康体重
①各年龄段人群都应天天进行身体活动，保持健康体重。
②食不过量，保持能量平衡。
③坚持日常身体活动，每周至少进行5天中等强度身体活动，累计150分钟以上；主动身体活动最好每天6000步。
④鼓励适当进行高强度有氧运动，加强抗阻运动，每周2~3天。
⑤ 减少久坐时间，每小时起来动一动。

准则三：多吃蔬果、奶类、全谷、大豆
①蔬菜水果、全谷物和奶制品是平衡膳食的重要组成部分。
②餐餐有蔬菜，保证每天摄入不少于300g的新鲜蔬菜，深色蔬菜应占1/2。
③天天吃水果，保证每天摄入200~350g的新鲜水果，果汁不能代替鲜果。
④吃各种各样的奶制品，摄入量相当于每天300mL以上液态奶。
⑤经常吃全谷物、大豆制品，适量吃坚果。

准则四：适量吃鱼、禽、蛋、瘦肉
①鱼、禽、蛋类和瘦肉摄入要适量，平均每天120~200g。
②每周最好吃鱼2次或300~500g，蛋300~350g，畜禽肉300~500g。
③少吃深加工肉制品。
④鸡蛋营养丰富，吃鸡蛋不弃蛋黄。
⑤优先选择鱼，少吃肥肉、烟熏和腌制肉制品。

准则五：少盐少油，控糖限酒
①培养清淡饮食习惯，少吃高盐和油炸食品。成年人每天摄入食盐不超过5g，烹调油25~30g。
②控制添加糖的摄入量，每天不超过50g，最好控制在25g以下。

③反式脂肪酸每天摄入量不超过 **2g**。

④不喝或少喝含糖饮料。

⑤儿童青少年、孕妇、乳母以及慢性病患者不应饮酒。成年人如饮酒，一天饮用的酒精量不超过 **15g**。

准则六：规律进餐，足量饮水

①合理安排一日三餐，定时定量，不漏餐，每天吃早餐。

②规律进餐、饮食适度，不暴饮暴食、不偏食挑食、不过度节食。

③足量饮水，少量多次。在温和气候条件下，低身体活动水平成年男性每天喝水 **1700mL**，成年女性每天喝水 **1500mL**。

④推荐喝白水或茶水，少喝或不喝含糖饮料，不用饮料代替白水。

准则七：会烹会选，会看标签

①在生命的各个阶段都应做好健康膳食规划。

②认识食物，选择新鲜的、营养素密度高的食物。

③学会阅读食品标签，合理选择预包装食品。

④学习烹饪、传承传统饮食，享受食物天然美味。

⑤在外就餐，不忘适量与平衡。

准则八：公筷分餐，杜绝浪费

①选择新鲜卫生的食物，不食用野生动物。

②食物制备生熟分开，熟食二次加热要热透。

③讲究卫生，从分餐公筷做起。

④珍惜食物，按需备餐，提倡分餐不浪费。

⑤做可持续食物系统发展的践行者。

饮食文化是健康素质、信仰、情感、习惯等的重要体现。讲究卫生、公筷公勺和分餐、尊重食物、拒绝食用"野味"，既是健康素养的体现，也是文明礼仪的一种象征，对于公共卫生建设和疫情防控具有重大意义。

勤俭节约是中华民族和家庭文化的取向，尊重劳动、珍惜食物、避免浪费是每个人应遵守的原则。一个民族的饮食状况不仅承载了营养，也反映了文化传承和生活状态。在家吃饭、尊老爱幼是中华民族的优良传统。在家烹饪，有助于食物多样选择、提高平衡膳食的可及性；在家吃饭有利于在享受营养美味食物的同时，享受愉悦进餐的氛围和亲情。

知识点2 中国居民平衡膳食宝塔（2022）

中国居民平衡膳食宝塔（2022）是根据《中国居民膳食指南（2022）》的准则和核心推荐，把平衡膳食原则转化为各类食物的数量和所占比例的图形化表示，如图 1-1 所示。

中国居民平衡膳食宝塔（2022）形象化的组合，遵循了平衡膳食的原则，体现了在营养上比较理想的基本食物构成。

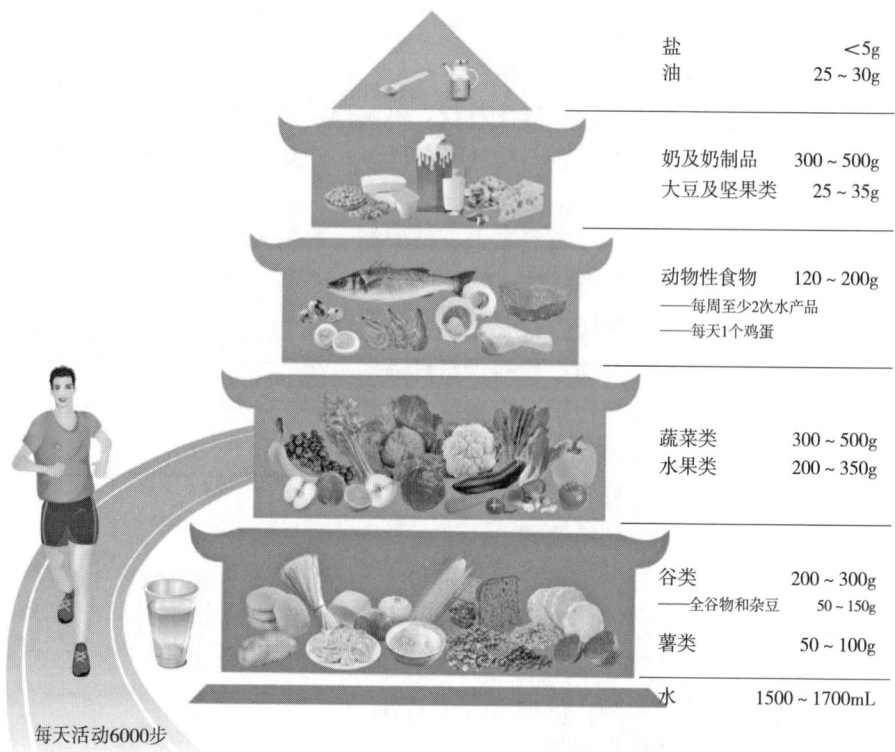

图 1-1　中国居民平衡膳食宝塔（2022）

［来源于《中国居民膳食指南（2022）》］

中国居民平衡膳食宝塔（2022）共分 5 层，各层面积大小不同，体现了 5 大类食物和食物量的多少。5 大类食物包括谷薯类、蔬菜水果、畜禽鱼蛋乳类、大豆和坚果类以及烹调用油盐。食物量是根据不同能量需要量水平设计，宝塔旁边的文字注释，标明了在 6694～10041kJ 能量需要量水平时，一段时间内成年人每人每天各类食物摄入量的建议值范围。

1. 第一层谷薯类食物

谷薯类是能量的主要来源（碳水化合物提供总能量的 50%～65%），也是多种微量营养素和膳食纤维的良好来源。谷类为主是合理膳食的重要特征。在 6694～10041kJ 能量需要量水平下的一段时间内，建议成年人每人每天摄入谷类 200～300g，其中包含全谷物和杂豆类 50～100g；另外，薯类 50～100g，从能量角度，相当于 15～35g 的大米。

谷类、薯类和杂豆类是碳水化合物的主要来源。谷类包括小麦、稻米、玉米、高粱等及其深加工制品，如米饭、馒头、烙饼、面包、饼干、麦片等。全谷物保留了天然谷物的全部成分，是理想膳食模式的重要组成，也是膳食纤维和其他营养素的来源。杂豆包括大豆以外的其他干豆类，如红小豆、绿豆、芸豆等。我国传统膳食中整粒的食物常见的有小米、玉米、绿豆、红豆、荞麦等，现代加工产品有燕麦片等，因此把杂豆与全谷物归为一类。2岁以上人群都应保证全谷物的摄入量，以此获得更多营养素、膳食纤维和健康益处。薯类包括马铃薯、红薯等，可替代部分主食。

2. 第二层蔬菜水果

蔬菜水果是《中国居民膳食指南（2022）》中鼓励多摄入的两类食物。在6694~10041kJ能量需要量水平下，推荐成年人每天蔬菜摄入量至少达到300g，水果200~350g。蔬菜水果是膳食纤维、微量营养素和植物化学物的良好来源。蔬菜包括嫩茎、叶、花菜类、根菜类、鲜豆类、茄果瓜菜类、葱蒜类、菌藻类及水生蔬菜类等。深色蔬菜是指深绿色、深黄色、紫色、红色等有颜色的蔬菜，每类蔬菜提供的营养素略有不同，深色蔬菜一般富含维生素、植物化学物和膳食纤维，推荐每天占总体蔬菜摄入量的1/2以上。

水果多种多样，包括仁果、浆果、核果、柑橘类、瓜果及热带水果等。推荐吃新鲜水果，在鲜果供应不足时可选择一些含糖量低的干果制品和纯果汁。

3. 第三层鱼、禽、肉、蛋等动物性食物

鱼、禽、肉、蛋等动物性食物是《中国居民膳食指南（2022）》推荐适量食用的食物。在6694~10041kJ能量需要量水平下，推荐每天鱼、禽、肉、蛋摄入量共计120~200g。

新鲜的动物性食物是优质蛋白质、脂肪和脂溶性维生素的良好来源，建议每天畜禽肉的摄入量为40~75g，少吃加工类肉制品。目前我国汉族居民的肉类摄入以猪肉为主，且增长趋势明显。猪肉含脂肪较高，应尽量选择瘦肉或禽肉。常见的水产品包括鱼、虾、蟹和贝类，此类食物富含优质蛋白质、脂类、维生素和矿物质，推荐每天摄入量为40~75g，有条件可以优先选择。蛋类包括鸡蛋、鸭蛋、鹅蛋、鹌鹑蛋、鸽子蛋及其加工制品，蛋类的营养价值较高，推荐每天1个鸡蛋（相当于50g左右），吃鸡蛋不能丢弃蛋黄，蛋黄含有丰富的营养成分，如胆碱、卵磷脂、胆固醇、维生素A、叶黄素、锌、B族维生素等，无论对多大年龄人群都具有健康益处。

4. 第四层乳类、大豆和坚果

乳类和豆类是鼓励多摄入的食物。乳类、大豆和坚果是蛋白质和脂类良好来源，营养素密度高。在6694~10041kJ能量需要量水平下，推荐每天应摄入至少相当于鲜乳300g。在全球乳制品消费中，我国居民消费量一直很低，多吃各种各样的乳制品，有利于提高乳类摄入量。

大豆包括黄豆、黑豆、青豆，其常见的制品如豆腐、豆浆、豆腐干及千张等。坚果包括花生、葵花子、核桃、杏仁、榛子等，部分坚果的营养价值与大豆相似，富含必需脂肪酸和必需氨基酸。推荐大豆和坚果摄入量共为25~35g，其他豆制品摄入量需按蛋白质含量与大豆进行折算。坚果无论作为菜肴还是零食，都是食物多样化的良好选择，建议每周摄入70g左右（相当于每天10g左右）。

5. 第五层烹调油和盐

油盐作为烹饪调料必不可少，但建议尽量少用。推荐成年人平均每天烹调油不超过25~30g，食盐摄入量不超过5g。按照DRIs的建议，1~3岁人群膳食脂肪供能比应占膳食总能量35%；4岁以上人群占20%~30%。在6694~10041kJ能量需要量水平下脂肪的摄入量为36~80g。其他食物中也含有脂肪，在满足平衡膳食模式中其他食物建议量的前提下，烹调油需要限量。按照25~30g计算，烹调油提供10%左右的膳食能量。烹调油包括各种动植物油，植物油如花生油、大豆油、菜籽油、葵花籽油等，动物油如猪油、牛油、黄油等。烹调油也要多样化，应经常更换种类，以满足人体对各种脂肪酸的需要。

我国居民食盐用量普遍较高，盐与高血压关系密切，限制食盐摄入量是我国长期行动目标。除了少用食盐外，也需要控制隐形高盐食品的摄入量。

酒和添加糖不是膳食组成的基本食物，烹饪使用和单独食用时都应尽量避免。

6. 身体活动和饮水

身体活动和饮水的图示仍包含在可视化图形中，强调增加身体活动和足量饮水的重要性。水是膳食的重要组成部分，是一切生命活动必需的物质，其需要量主要受年龄、身体活动、环境温度等因素的影响。低身体活动水平的成年人每天至少饮水1500~1700mL（7~8杯）。在高温或高身体活动水平的条件下，应适当增加饮水量。饮水不足或过多都会对人体健康带来危害。来自食物中水分和膳食汤水大约占1/2，推荐一天中饮水和整体膳食（包括食物中的水、汤、粥、乳等）水摄入共计2700~3000mL。

身体活动是能量平衡和保持身体健康的重要手段。运动或身体活动能有效地消耗能量，保持精神和机体代谢的活跃性。鼓励养成天天运动的习惯，坚持每天多做一些消耗能量的活动。推荐成年人每天进行至少相当于快步走6000步以上的身体活动，每周最好进行150min中等强度的运动，如骑车、跑步、庭院或农田的劳动等。一般而言，低身体活动水平的能量消耗通常占总能量消耗的1/3左右，而高身体活动水平者可高达1/2。加强和保持能量平衡，需要通过不断摸索，关注体重变化，找到食物摄入量和运动消耗量之间的平衡点。

知识点3　中国居民平衡膳食餐盘（2022）

中国居民平衡膳食餐盘（2022）是按照平衡膳食原则，描述了一个人一餐中膳食的食物组成和大致比例。餐盘更加直观，一餐膳食的食物组合搭配轮廓清晰明了。餐盘分成4部分，分别是谷薯类、动物性食物和富含蛋白质的大豆及其制品、蔬菜和水果，餐盘旁的一杯牛乳提示其重要性。此餐盘适用于2岁以上人群，是一餐中食物基本构成的描述，如图1-2所示。

图1-2　中国居民平衡膳食餐盘（2022）

［来源于《中国居民膳食指南（2022）》］

与中国居民平衡膳食平衡宝塔（2022）相比，中国居民平衡膳食餐盘（2022）更加简明，给大家一个框架性认识，用传统文化中的基本符号，表达阴阳形态和万物演变过程中的最基本平衡，一方面更容易记忆和理解，另一方面也预示着一生中天天饮食、错综交变、此消彼长、相辅相成的健康生成自然之理。2岁以上人群都可参照此结构计划膳食，即便是对素食者而言，也很容易将肉类替换为豆类，以获得充足的蛋白质。

知识点4　中国儿童平衡膳食算盘

中国儿童平衡膳食算盘是面向儿童应用膳食指南时，根据平衡膳食原则转化各类食物分量的图形，如图1-3所示。平衡膳食算盘简单勾画了膳食结构图，给儿童一个大致膳食模式的认识。跑步的儿童身挎水壶，表达了鼓励喝白水、不忘天天运动、积极活跃的生活和学习。

与中国居民平衡膳食宝塔相比，中国儿童平衡膳食算盘在食物分类上，把蔬菜和水果分别表示，共有6层，用不同颜色的算珠表示各类食物，浅棕色代表谷薯，绿色代表蔬菜，黄色代表水果，红色代表动物性食物，蓝色代表大豆、坚果和乳类，橘黄色代表油和盐。算盘中的食物分量按8~11岁儿童能量需要量平均值大致估算。在面向儿童青少年开展膳食指南宣传和知识传播中，通过中国儿童平衡膳食算盘可以寓教于乐，与儿童更好沟通，便于记忆一日三餐的食物基本构成和合理的食物量。

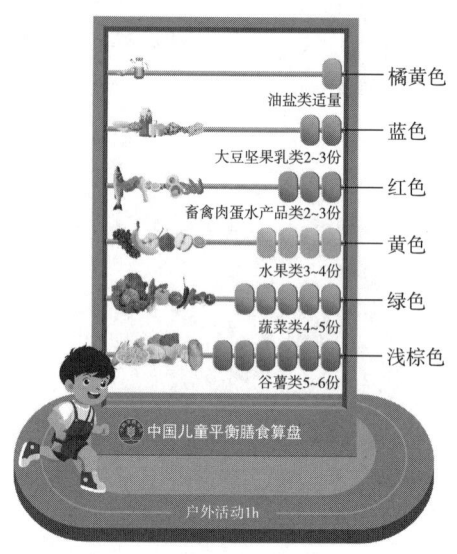

图 1-3　中国儿童平衡膳食算盘

[来源于《中国居民膳食指南（2022）》]

学习评价

学生完成学习，通过自评（20%）、小组互评（30%）、教师评价（50%）评估对本任务学习的掌握情况。将具体的检查与评估填入表 1-26。

表 1-26　《中国居民膳食指南（2022）》学习评价表

评价项目	评价标准	满分	评价分值			得分
			自评	互评	师评	
知识目标	能认知《中国居民膳食指南（2022）》指导意义	10				
	能正确解释《中国居民膳食指南（2022）》准则	20				
技能目标	能按照《中国居民膳食指南（2022）》进行膳食指导	20				
	能合理使用中国居民平衡膳食餐盘	10				
素质目标	能用发展的眼光看待事物的变化	10				
	关注专业动态，用最新的知识提供服务，提高专业服务意识	20				

续表

评价项目	评价标准	满分	评价分值 自评	评价分值 互评	评价分值 师评	得分
学习态度	能够按要求完成布置的任务，课上认真听讲，主动思考问题	10				
	合计	100				

三、中国居民膳食营养素参考摄入量

导入：2021 年 12 月 22 日，由中国营养学会主办的"膳食与健康科学证据专家研讨会"在武汉召开，来自全国的营养学专家针对膳食以及营养素对健康作用的最新研究进展进行了深入研讨。会上，中国营养学会宣布启动《中国居民膳食营养素参考摄入量》新一轮修订，并与美国安利纽崔莱营养与健康研究中心签订合作备忘录，共同推动营养素在生理功能、营养状况评价等方面的研究，《中国居民膳食营养素参考摄入量（2023 版）》现已完成更新。通过此报道的学习，思考膳食营养素供给量及膳食营养素参考摄入量的区别。

启发：中国居民膳食营养素参考摄入量的制定基础是什么？

知识点 1　膳食营养素参考摄入量及制定方法

中国居民膳食营养素参考摄入量是为了保证人体合理摄入营养素而设定的每日平均膳食营养素摄入量的一组参考值，是在每日膳食营养供给量（recommended dietary allowances，RDA）基础上发展起来的，包括 4 项内容：EAR、RNI、AI 和可耐受最高摄入量（tolerable upper intake levels，UL）。

中国居民膳食营养素参考摄入量的制定基础是营养素生理需要量，营养素生理需要量是指机体为维持良好的健康状态在一定时期内平均每日必须获得的该营养素的最低量。

营养素生理需要量受年龄、性别、生理特点、劳动状况等多种因素影响，即使在个体特征一致的群体内，由于个体生理机能的差异，营养素生理需要量也各不相同，因此不可能提出一个适用于群体中所有个体的营养素生理需要量，只能用群体中个体营养素生理需要量的分布状态概率曲线来表示。我们通常使用的正是这个群体营养素生理需要量，简称营养素需要量。

每日膳食营养供给量又称营养素供给量标准，是在正常生理需要量的基础上，考虑人群间个体差异、饮食习惯、应激状态、食物生产、社会发展等多方面因素而制定的、膳食中必须含有的各种营养素的数量。每日膳食营养供给量是由各国行政当局或营养权威团体根据营养科学的发展，结合各自具体情况，提出的对社会各人群一日膳食中应含有的能量和各种营养素种类、数量的建议，是一种为保证正常人群健康而提出的膳食质量标准，是为人群取得良好营养状况而设计的膳食营养准则。膳食营养供给量制定时既要保证人体得到能量和各种营养素的生理需要量，又要保持它们之间的平衡。

1. EAR

EAR 指某一特定性别、年龄及生理状况群体中所有个体对某营养素需要量的平均值。按照 EAR 水平摄入营养素，根据某些指标判断可以满足这一群体中 50% 个体营养需要量的水平，但不能满足另外 50% 个体对该营养素的需要。EAR 是制定 RNI 的基础，由于某些营养素的研究尚缺乏足够的人体需要量资料，因此，并非所有营养素都能制定出 EAR。

2. RNI

RNI 是指可以满足某一特定性别、年龄及生理状况群体中绝大多数个体（97%~98%）需要量的某种营养素摄入水平。长期摄入 RNI 水平可以满足机体对该营养素的需要，维持组织中有适当的储备和机体健康。RNI 相当于传统意义上的 RDA。RNI 的主要用途是作为个体每日摄入该营养素的目标值。

RNI 是根据某一特定人群中体重在正常范围内的个体需要量而设定的。对个别身高、体重超过此参考范围较多的个体，可能需要按每公斤体重的需要量调整其 RNI。当个体营养素摄入低于 RNI 时，并不一定表明该个体未达到适宜的营养状态，个体的平均摄入量达到或超过了 RNI，可以认为该个体没有摄入不足的危险。

3. AI

当某种营养素的个体需要量研发资料不足而不能计算出 EAR，从而无法推算 RNI 时，可通过设定 AI 来提出这种营养素的摄入量目标。成年人 AI 是以健康人群为观察对象（无明显营养缺乏表现），通过营养素摄入量的调查得出，一般采用膳食调查中营养素摄入量的中位数值，也可以是通过实验研究或人群观察确定的估算值。例如，纯母乳喂养的足月产健康婴儿，从出生到 6 个月，他们的营养素全部来自母乳，故摄入母乳中的营养素数量就是婴儿所需各种营养素的 AI。因此，AI 与真正的平均需要量之间的关系不能肯定，只能为营养素摄入量的评价提供一种不精确的参考摄入量。

AI 的主要用途是作为个体营养素摄入量的目标。当健康个体摄入量达到 AI 时，出现营养缺乏的危险性很小。AI 与 RNI 的相似之处是二者都可用作目标人群中个体营养素摄入量的目标，能满足目标人群中几乎所有个体的需要。但值得注意的是，AI 的准确性远不如 RNI，可能显著高于 RNI。因此，使用 AI 作为推荐标准时要比使用 RNI 更加小心。

4. UL

可耐受最高摄入量是指平均每日某营养素的摄入安全上限，是一个健康人群中几乎所有个体都不会产生毒副作用的最高摄入水平。UL 主要用途是检查个体摄入量过高的可能，避免发生中毒。多数情况下，UL 包括膳食、强化剂和添加剂等各种来源的营养素之和。对一般群体来说，当摄入量低于 UL 时，可以肯定不会产生毒副作用；当摄入量超过 UL 时，发生毒副作用的危险性增加。但达到 UL 水平对健康人群中最敏感的成员也不至于造成危害，所以应慎重使用 UL 评估人群发生毒副作用的危险性。因此，UL 并不是一个建议的摄入水平。目前，有些营养素还没有足够的资料来制定 UL，所以没有提出 UL 的营养素并不意味着过多摄入这些营养素没有潜在的危险。

知识点 2　制定中国居民膳食营养素参考摄入量的基本原则

中国居民膳食营养素参考摄入量的制定和修订必须收集充分的、系统的营养科学研究资料，并对资料进行比较、分析和筛选，以获得可靠的科学基础。

1. 循证营养学的原则

循证营养学是在循证医学的基础上发展起来，用于营养学研究和评价的一种原则和方法，其核心内容是要求有效利用现有的资料，系统收集最佳证据，以便进行 DRIs 的制定、营养政策的制定和营养干预行动的指导。

循证营养学消除无效的营养实践可能带来的资源浪费，受到政策制定者的广泛欢迎，国际组织和各国专家均强调合理选择证据和遵循一定原则。为了合理选择证据，2012 年 WHO 专门制定了《指南制定手册》；国际食品法典委员会营养与特殊膳食食品法典委员会始终强调循证营养学的基本原则；美国专家强调主要应用经同行评议的杂志发表的研究；日本学者要求应用循证营养学的系统检索方法。然而，在循证营养学研究中，如果文献检索方法有误或纳入标准不当，以及研究资料本身设计不合理，循证营养学也可能得出不合理的结论。

（1）循证营养学的研究资料　循证营养学是按照证据的论证强度将各种来源的研究证据分成不同等级，以便选择利用最佳的研究证据或相对优良的证据进行决策研究资料。按照从强到弱的论证强度进行分类，依次排列为：①系统评述和荟萃分析；②随机对照研究；③队列研究；④病例-对照研究；⑤病例系列研究；⑥病例报告；⑦专家的想法、评论、观点；⑧动物实验；⑨体外实验。

（2）循证营养学的证据等级评价　WHO/FAO 联合专家委员会在报告中采用了世界癌症研究基金会的标准，将膳食、营养和慢性病关系的科学证据划分为确信的证据、很可能的证据、可能的证据、不充分的证据四个不同的等级。

2. 风险评估的原则

风险评估是一种系统的评估方法，用来评估人体暴露于某些危险因素后出现不良健康作用或反应的可能性和严重程度。营养领域涉及的风险问题主要是营养缺乏和营养过量引起的健康危害，这两个方面都是 DRIs 的基本内容。因此，风险评估也是制定和修订 DRIs 需要遵循的主要原则。

学习评价

学生完成学习，通过自评（20%）、小组互评（30%）、教师评价（50%）评估对本任务学习的掌握情况。将具体的检查与评估填入表1-27。

表1-27　　　　　　　中国居民膳食营养素参考摄入量学习评价表

评价项目	评价标准	满分	评价分值			得分
			自评	互评	师评	
知识目标	能介绍营养素生理需要量	15				
	能解释中国居民膳食营养素参考摄入量的4个系列指标	15				
技能目标	能够区分营养生理需要量、中国居民膳食营养素供给量及膳食营养素参考摄入量	15				
	能区分中国居民膳食营养素参考摄入量4个系列指标的不同用途	15				
素质目标	强化大学生对主流价值观的认识	10				
	从我做起践行健康中国行动	20				
学习态度	能够按要求完成布置的任务，课上认真听讲，主动思考问题	10				
	合计	100				

四、食谱编制

导入：我们经常会听到或者看到有些"大胃王"，一顿吃很多却长不胖，而有些人"喝凉水都胖"，这到底是什么原因呢？

启发：你到底吃了什么？你是怎么吃的呢？

1. 确定营养需要

确定不同人群对营养的需要，首先是确定对能量的需要，确定碳水化合物、脂肪、蛋白质产能营养素的能量分配，特殊人群要考虑维生素、矿物质、膳食纤维等需要量。

配餐过程中，膳食能量保持两个平衡：一是能量和营养素之间的比例适当与平衡，即碳水化合物供能占总能量的55%~65%、脂肪占20%~30%、蛋白质占10%~15%，对各自的功能发挥起到促进和保护作用；二是摄入能量与机体消耗的能量平衡，产能营养素供给过多将引起肥胖、高血脂和心脏病，过少则造成营养不良，同样可诱发多种疾病。

一般而言，膳食营养素供给能量达到推荐摄入量的90%即为合格。蛋白质以达到每日摄入量的90%为合格，周平均量范围以不超过推荐摄入量的±5%最为理想。其他营养素以达到推荐摄入量的90%为合格。

不同的性别、年龄、体型、活动状态和生活状态，都会使其对营养素的需求存在差异；在同一性别、年龄和状态的不同个体之间，也会存在差异。成人（18~60岁），此时机体比其他年龄组相对来讲要稳定得多，但对孕妇、乳母的营养需求要特殊对待。

（1）能量　成年人的能量代谢与基础代谢、食物热效应以及劳动强度有关。能量供给允许在±10%浮动。

（2）蛋白质　根据我国目前的膳食以植物性食物为主这一现状以及人体研究显示，成年人按每千克体重1.2g蛋白质作为膳食推荐摄入量计算依据。如果蛋白质的来源主要为优质蛋白质，估计可稍低于此量。按能量计算，蛋白质占总能量的10%~15%。

（3）脂肪　脂肪是成年人能量的重要来源，脂肪在能量中所占的比例按各种饮食习惯而不同，但不宜超过30%。

（4）碳水化合物　碳水化合物是我国居民主要的能量来源，在一般情况下，碳水化合物以占总能量的55%~60%为宜。膳食纤维是一种较特殊的碳水化合物，有其独特的生理功能，每天摄入量以20~30g为宜。

（5）矿物质　对成年人来说，一般不会缺乏矿物质，只有铁的膳食参考摄入量女性较男性为高，主要是因为成年妇女在月经周期的损失。

（6）维生素　硫胺素、核黄素、烟酸等随能量的摄入量改变而定，按每10041kJ计，前两者为0.5mg，后者为5mg。我国目前维生素A的来源主要是胡萝卜素。

2. 确定体力活动水平级别

体力活动水平根据工作种类、站立或坐的时间比例分类，一般分为3类。

（1）轻体力劳动　工作时有75%时间坐或站立，25%时间站着活动，如办公室工作、修理电器钟表、售货、酒店服务、化学实验操作、授课等。

（2）中等体力劳动　工作时有40%时间坐或站立，60%时间从事特殊职业活动，如学生日常活动、机动车驾驶、电工安装、车床操作、金工切割等。

（3）重体力劳动　工作时有25%时间坐或站立，75%时间从事特殊职业活动，如非机械化农业、劳动、炼钢、舞蹈、体育运动、装卸、采矿等。

3. 食谱编制基本原则

食物种类、食物数量要结合个体膳食目标的要求，遵循营养平衡、饭菜适口、食物多样、定量适宜、经济合理的原则。

（1）满足不同人群能量需求，保证营养平衡　膳食应满足人体所需的能量及各种营养素，而且数量要充足，允许的浮动范围在参考摄入量规定的10%以内。

（2）膳食中供能营养素比例适当　碳水化合物、蛋白质、脂肪在供能方面可以在一定程度上相互代替，但在营养功能方面却不能相互取代，因此要求膳食中3种供能物质比例要适当。

（3）餐次分配合理，定时定量进餐　不同人群餐次比（即不同餐次提供的能量占总能量的比例）不同，可根据具体情况确定餐次数及餐次比。

（4）食物多样，新鲜卫生。

（5）注意饭菜的适口性，满足个体或群体营养需求。

（6）兼顾经济条件，权衡食物营养价值与价格。

4. 营养食谱的编制方法

（1）细算法　细算法是食谱制定中比较经典的方法，此法以就餐者的年龄、身高、体重、劳动强度等作为参考，计算步骤严谨，数值准确，但在实际运用中显得繁琐。

（2）营养软件配餐法　营养软件配餐法是一种适用于各个年龄段的个体或人群的营养配餐软件。可广泛应用于幼儿园、学生食堂、单位食堂、快餐公司、配餐公司、酒店、餐馆及家庭等。

软件能严格按照中国居民平衡膳食宝塔（2022）、三大营养素及其他重要营养素的摄入比例及要求，自动计算配平各种食物的摄入量。

（3）食物交换份法　食物交换份法是将常用的食物按照其所含有的营养素量的近似值归类，计算出每类食物每份所含的营养素值和食物质量，然后将每类食物的内容列出表格供交换使用，最后，根据不同的能量需要，按照蛋白质、脂肪、糖类的合理分配比例，计算出各类食物的交换份数和实际质量，并按每份食物等值交换表选择食物。特点是简单、实用、易于操作，是目前营养配餐普遍采用的方法。

5. 编制食谱的要求和注意事项

编制食谱步骤可详细看能力要求程序、膳食管理各项要求和注意事项的集中体现。

（1）确定就餐方式和类型　成年人食谱类型的确定由就餐方式决定。就餐方式有两种类型，一类是包餐制，另一类是选购制。包餐制又可分为固定包餐制和非固定包餐制；选购制又可分为预约选购制和现食选购制。以上均指集体公共餐饮。

（2）选择食物品种　选择食物品种应注意食物来源和品种的多样性，做到有主有副、有精有粗、有荤有素、有干有稀，多品种、多花样、多口味，以求得饭菜营养平衡适口、食物多样化。

（3）平衡搭配　平衡调配的基本原则是"主食粗细巧安排，菜肴品种味常变，餐餐有荤顿顿绿，平衡膳食勤调配"。将一周营养食谱的早、午、晚餐分别集中，先订出一周的早餐食谱，然后制定午餐食谱，最后完成晚餐食谱。这样有利于在一周范围内控制平衡。每天各餐要注意做到日间的均衡分配，并适度调节。一周的食谱，在各天之间需使食物、营养与价格的分配保持相对平衡。

（4）核定与矫正营养素膳食目标　在制定营养食谱并核定食物原料用量以后，就应核定与矫正食谱营养素的供给量。首先要根据食谱定量计算出每人平均获得的营养素是否符合"中国居民膳食营养素参考摄入量"的要求，然后对不符合要求的地方加以矫正。一般来说，在制定营养食谱的过程中，如果能符合膳食调配的原则并按照制定营养食谱的要求进行，则可以基本做到营养平衡。

在能量方面，达到"中国居民膳食营养素参考摄入量"的90%以上即为正常。在营养素方面，首先要注意蛋白质、钙、铁等矿物质，微量元素和维生素的摄取量是否充足。蛋白质摄取量以每日不超出推荐摄入量的±10%为正常，动物蛋白质与大豆蛋白质低于蛋白质总量30%以上时，则需要加以矫正。其他营养素的摄取量周平均量不低于推荐摄入量的90%为正常，若低于推荐量的90%，则需要矫正。

营养不够合理的营养食谱，经过对品种和数量适当调整以后，与中国居民营养素参考摄入量再次进行核定。如果还不能满足要求，则应进一步有针对性地进行矫正，直至基本合理，最终完成制定食谱的工作。

（5）核定饭菜用量　常见集体用餐，核定饭菜用量的原则是既要满足就餐人员的营养需要，又要注意节约、防止浪费，使就餐人员吃得够、吃得完。要根据就餐人员的膳食营养推荐摄入量标准，明确能量和蛋白质的供给量。个人饭菜用量核定主要基于能量的多少。

（6）食谱的形成　由于食谱的制定是一项重要而又复杂的工作，即使在已经有比较完善的常用菜单的条件下，制定食谱仍需要付出相当多的劳动。因此，食谱的形成可以分阶段进行。首先根据总体情况制定出比较完善的，相对稳定的常用菜单；然后依照每个周期（一周至半月）的市场情况、就餐人员要求、工作任务等制定出基本通用的食谱，将制定食谱的步骤进行到"平衡调配每日膳食"的阶段；此后，再进一步完善"平衡调配每日膳食"，经过核定饭菜用量、成本与销售价格、核定与矫正营养素供给量等步骤，最终形成实际应用的食谱。

（7）食谱的格式　集体用餐食谱的格式大致相同，内容一般包括时间和餐次、饭菜名称与定量、费用或计价、营养目标量等，并注明就餐人数和食谱制定人、执行人和监督人。个人用餐食谱编制报告可略有区别，主要是表格设计不同，饭菜品种、定量、营养提供目标量等表示方式大致相同。

学习评价

学生完成学习，通过自评（20%）、小组互评（30%）、教师评价（50%）评估对本任务学习的掌握情况。将具体的检查与评估填入表1-28。

表 1-28　　　　　　　　食谱设计与膳食管理学习评价表

评价项目	评价标准	满分	评价分值 自评　互评　师评	得分
知识目标	能说明食谱设计方法	15		
	准确说出食谱设计原则	15		
技能目标	能区分体力劳动等级	15		
	能设计食谱流程	15		
素质目标	强化大学生对主流价值观的认识	10		
	从我做起践行健康中国行动	20		
学习态度	能够按要求完成布置的任务，课上认真听讲，主动思考问题	10		
	合计	100		

知识测评

1. 填空题

（1）《中国居民膳食指南（2022）》建议平均每天摄入_____种以上食物，每周_____种以上，合理搭配。

（2）中国居民平衡膳食宝塔（2022）共分_____。

（3）中国居民平衡膳食餐盘（2022）分成 4 部分，分别是_____、_____、_____、_____。

（4）中国居民膳食营养素参考摄入量包括 4 项内容_____、_____、_____、_____。

（5）一般而言，膳食营养素供给能量达到推荐摄入量的_____即为合格。

2. 选择题

（1）《中国居民膳食指南（2022）》建议每天摄入谷类食物（　　）。
　　A. 200～300g　　　B. 100～200g　　　C. 100～150g　　　D. 200～250g

（2）中国儿童平衡膳食算盘（2022）中的食物分量按（　　）岁儿童能量需要量平均值大致估算。
　　A. 8～9　　　B. 6～11　　　C. 6～8　　　D. 8～11

（3）平均需要量用（　　）表示。
　　A. EAR　　　B. RNI　　　C. AI　　　D. UL

（4）2022 版中国居民平衡膳食宝塔中规定正常成年人每日盐的摄入量不超过（　　）。

A. 0.1g　　　　　B. 1g　　　　　　C. 5g　　　　　　D. 10g

（5）《中国居民膳食指南（2022）》中要求饮食中应控制添加糖的摄入量，每天不超过50g，最好控制在（　　）以下。

A. 5g　　　　　　B. 10g　　　　　C. 25g　　　　　D. 80g

3. 判断题

（1）纯母乳喂养的足月产健康婴儿，摄入母乳中的营养素数量就是婴儿所需各种营养素的RNI。（　　）

（2）一般人群就餐应定时和定量，三餐能量比约为3∶4∶3，儿童和老年人可以在三餐之外适当加餐。（　　）

（3）慢性病患者可以饮酒。（　　）

（4）中国居民平衡膳食餐盘（2022）适用于6岁以上人群。（　　）

（5）《中国居民膳食指南（2022）》主要包括成人大众膳食指南。（　　）

任务六

营养教育和健康促进

知识目标

1. 熟悉营养教育与健康教育的概念、区别与联系；
2. 了解膳食与相关营养疾病的预防；
3. 了解营养干预和营养教育相关材料制作的流程。

能力目标

1. 能够策划与实施营养健康教育活动；
2. 能够制作营养健康教育材料，并进行讲解；
3. 能够进行个体、群体的营养咨询。

素质目标

1. 养成科学的思维方法，树立辩证唯物主义世界观；
2. 培养学生关注膳食营养与营养缺乏病、慢性病预防的案例，增强职业技能。

一、健康教育

导入：通过新闻报道讲解（中国出台《健康中国行动（2019—2030年）》

相关文件,健康中国行动,结合营养健康产业的发展方向,重点解读健康知识普及行动、合理膳食行动,引导学生深刻理解健康教育的重要性,营养健康教育是营养咨询指导工作的起点。

健康知识普及行动

知识点 1　健康教育

1. 基本概念

(1) 健康教育　健康教育是指在需求评估基础上,通过信息传播、教育、行为干预等方法,帮助个体或群体树立科学的健康观念、掌握健康知识和技能、自觉采纳有利于健康的行为与生活方式的一系列活动及其过程。

(2) 营养教育　营养教育是指在营养与健康问题的评估基础上,通过信息传播、教育、行为干预等方法,帮助个体或群体树立营养健康观念,掌握营养健康知识与技能,改变不健康饮食行为,从而改善其营养与健康状况而开展的一系列活动及过程。

(3) 健康促进　健康促进指政府、社会、个人(家庭)共同采取行动,鼓励人们采纳健康行为,增强人们改进和处理自身健康问题的能力。

健康促进既强调个人对健康的责任,也强调社会、政府对健康的责任;既强调个人能力的发展,也强调政策和支持性环境的创建。

(4) 营养健康促进　营养健康促进是指应用健康促进的策略和理念,解决营养与健康相关问题的过程,其核心是通过政府、社会、个人(家庭)共同采取措施,不断改善人们的营养与健康状况,减少营养相关疾病的发生。

(5) 健康干预　健康干预主要是针对健康人群、亚健康人群、疾病人群的健康危险因素进行全面监测、分析、评估、预测、干预和维护的全过程。实施健康干预是变被动的疾病治疗为主动的健康管理,达到节约医疗费用支出、维护健康和促进健康的目的。

(6) 营养干预　营养干预就是对人们营养上存在的问题进行相应改进的对策。

(7) 健康咨询　健康咨询指的是通过健康咨询的技术与方法,为求助者解除健康问题提供咨询服务。

(8) 营养咨询　营养咨询就是营养工作者通过营养信息的交流,对咨询者进行营养分析的过程。这个过程是可以帮助个体或者群体获得食物与营养的知识,获得改善健康的信息,进而达到改善健康的目的。营养咨询也属于健康教育的一种形式。

(9) 健康传播　健康传播是以健康为出发点,运用各种传播媒介、渠道和方法,为维护和促进人类健康而获取、制作、传递、交流、分享健康信息的过程。健康传播是健康教育与健康促进的重要手段和策略。

(10) 营养信息传播　营养信息传播是健康传播的一个组成部分,是通过各种渠道,运用各种传播媒介和方法,为维护、改善个人和群体的营养状况与促健康而制作、传递、分散和分享营养信息的过程。营养信息传播理论对营养教育项目的执行和有效完成具有重要的指导作用，也是广泛开展营养与健康知识宣传教育的理论基础。

（11）健康素养　健康素养是指个人获取、理解、处理基本的健康信息和服务，并利用这些信息和服务，做出有利于提高和维护自身健康决策的能力。

（12）营养素养　营养素养是个人获取、处理和理解食物和营养的基本信息，以及运用这些信息作出正确的健康决策的能力。营养素养不仅包括营养知识，还包括营养相关的技能和行为。具备营养素养需要知道食物来源，有能力选择和准备健康的食物，并采取符合膳食指南的饮食行为。

（13）行为干预　行为干预指运用传播、教育、指导、说服、鼓励、限制等方法和手段，帮助个体或群体改变不健康行为和生活习惯，自觉采纳健康行为，养成有利于健康的行为生活方式。

2. 基本理论

开展健康教育、营养教育的目的是帮助人们形成有益于健康的行为和生活方式，进而预防疾病、增进健康、提高生活质量。为此，需要研究人们的行为生活方式形成、发展与改变的规律，发现影响健康相关行为的因素，为采取有针对性的健康教育干预措施提供科学依据。目前运用较多也比较成熟的行为理论包括知-信-行理论模式、健康信念模式、计划行为理论和行为阶段改变理论。

（1）知-信-行理论模式　知-信-行理论是行为改变理论之一，来源于认知理论。在知-信-行理论中，"知"是指知识和学习，"信"是指信念、态度，"行"是指行为。

该理论将人们行为的改变分为获取知识、产生信念及形成行为 3 个连续过程，也可以理解为这是行为改变的 3 个关键步骤。认为只有当人们了解了有关的健康知识，建立起积极、正确的信念与态度，才有可能主动采纳有益于健康的行为，改变危害健康的行为，最终提升自身的健康水平。认为知识是态度和行为改变的基础，信念是行为改变的动力，行为改变是目标。

需要注意的是，目标人群获取了知识、转变了态度之后，并不一定就能改变行为，很多情况下会出现"知行不一"的现象。这是因为在实践中，影响知识顺利转化到行为的因素很多，任何一个因素都有可能促进行为的顺利转化，也有可能导致行为形成、改变的失败。即使没有其他因素影响，虽然知识的传播比较容易，但人们观念和行为的转变速度不一，尤其是行为的改变相对缓慢。由于"知行不一"的存在，开展健康教育时，不仅要强调知识的宣传，更要重视如何通过知识影响态度、信念，进而将信念、态度转化为行为，这才是健康教育的目的和重点所在。只有全面掌握知-信-行转变的复杂过程，才能及时、有效地消除或减弱不利影响，促进形成有利环境，进而达到改变行为的目的。

知-信-行理论直观明了，在健康教育领域应用十分广泛。知-信-行理论可以用于营养指导工作，帮助目标对象改变不健康饮食行为。营养指导人员通过知识传播，引导目标对象对传播的知识和理念产生思想认同和情感认同，愿意听从营养指导人员的建议去改变不健康的饮食行为，养成更多的有利于健康的饮食行为，避免或降低营养健康问题的发生。以孕期营养教育为例，营养指导人员通过多种方法和途径向孕妇介绍不同孕期胎儿发育的营养需要，讲解食物多样化、均衡营养对胎儿发育的好处，过度营养与不运动的危害，让孕妇树立均衡膳食理念，控制能量过多摄入，在保证胎儿充足营养的同时，注意控制自身体重，有效降低妊娠高血压、妊娠糖尿病的发生。

（2）健康信念模式　健康信念模式是运用社会心理学方法解释健康相关行为的理论模式。在这种模式中，是否采纳有利于健康的行为与下列5个因素有关，感知疾病的威胁、感知采纳健康行为的益处和障碍、自我效能（效能期待）、社会人口学因素和提示因素。这些因素均可作为预测健康行为发生与否的因素，健康信念模式已经得到大量试验结果的验证，对于解释和预测健康相关行为、帮助设计健康教育调查研究和问题分析、指导健康教育干预都有很高价值，但因设计因素较多，模式的效度和可信度检验较困难。

健康信念模式认为信念是人们采纳健康行为的基础。在健康信念模式中，是否采纳有利于健康的行为与下列因素有关。

①感知疾病的威胁：指对疾病易感性的感知和对疾病严重性的感知，这是促使人们产生行为动机的直接原因。对疾病易感性和严重性的感知程度越高，即对疾病威胁的感知程度越高，改变行为的可能性越大。

②感知采纳健康行为的益处和障碍：个体对采纳健康行为的益处感知越强，采纳健康行为的障碍越小，采纳健康行为的可能性越大。

③自我效能：指个体对自身能否利用所拥有的知识和技能去完成行为改变的自信程度，即是否相信自己有能力控制内、外因素而成功采纳健康行为，并取得期望结果。自我效能感的高低会影响到人克服困难的毅力和决心，影响人行为的坚持性。一般情况下，自我效能感越高的人，所采纳的建议有益于健康行为的可能性越大。

④社会人口学因素：包括年龄、性别、受教育水平、职业、收入、婚姻等。

⑤提示因素：指诱发健康行为发生的因素，提示因素越多，个体采纳健康行为的可能性越大。例如，医生建议采纳健康行为、看到大众媒介的健康宣传、身体出现不适症状、家人或朋友患病等，均可能成为提示因素。

健康信念模式提示我们，在开展营养教育时，要向目标对象详细讲解不健康饮食行为对健康的危害，危害越严重警示作用越强，引起的心理触动越明显，产生行为改变的可能性就越大；通过身边的案例进行教育，让目标对象深切感受到不健康饮食对健康的威胁。同时，还要给目标对象指出"弃暗投明"的方向，告诉他们改变不健康饮食行为对健康的好处，给他们描绘出美好愿景，用身边成功的案例去激励他们，坚定行为改变的决心和信心，最终完成行为的改变。

（3）计划行为理论　计划行为理论是能够帮助理解人是如何改变自己的行为模式的理论，尽管该理论已经在健康领域得到大量应用，并证实了该理论在健康领域的适用性，但由于健康相关行为特点各异，所以该理论对不同健康相关行为的预测能力也不尽相同。另外，在运用计划行为理论时，还需要与行为本身的特点结合，从而彻底理解人们健康相关行为的发生与变化。

计划行为理论有6个主要观点：

①非个人意志完全控制的行为不仅受行为意向的影响，还受执行行为的个人能力、机会以及资源等实际控制条件的制约，在实际控制条件充分的情况下，行为意向直接决定行为。

②准确的知觉行为控制反映了实际控制条件的状况，因此它可作为实际控制条件的替代测量指标，直接预测行为发生的可能性，预测的准确性依赖于知觉行为控制的真实程度。

③行为态度、主观规范和知觉行为控制是决定行为意向的3个主要变量，态度越积极、重要他人（指个体社会化以及心理人格形成的过程中具有重要影响的具体人物）支持越大、知觉行为控制越强，行为意向就越大，反之就越小。

④个体拥有大量有关行为的信念，但在特定的时间和环境下只有相当少量的行为信念能被获取，这些可获取的信念也称突显信念，它们是行为态度、主观规范和知觉行为控制的认知与情绪基础。

⑤个人以及社会文化等因素（如人格、智力、经验、年龄、性别、文化背景等）通过影响行为信念间接影响行为态度、主观规范和知觉行为控制，并最终影响行为意向和行为。

⑥行为态度、主观规范和知觉行为控制从概念上可完全区分开来，但有时它们可能拥有共同的信念基础，因此它们既彼此独立，又两两相关。

计划行为理论中有5个要素：

①态度是指个人对该项行为所持的正面或负面的感觉，也指由个人对此特定行为的评价经过概念化之后所形成的态度，所以态度的组成成分经常被视为个人对此行为结果的显著信念的函数。

②主观规范是指个人对于是否采取某项特定行为所感受到的社会压力，即在预测他人的行为时，那些对个人的行为决策具有影响力的个人或团体对于个人是否采取某项特定行为所发挥的影响作用大小。

③知觉行为控制反映个人过去的经验和预期的阻碍，当个人认为自己所掌握的资源与机会越多、所预期的阻碍越少，则对行为的知觉行为控制就越强。而其影响的方式有两种，一是对行为意向具有动机上的含义；二是能直接预测行为。

④行为意向是指个人对于采取某项特定行为的主观概率的判定，它反映了个人对于某一项特定行为的采取意愿。

⑤行为是指个人实际采取行动的行为。

Ajzen 认为所有可能影响行为的因素都是经由行为意向来间接影响行为的表现。而行为意向受到 3 项相关因素的影响，其一是源自于个人本身的"态度"，即对于采取某项特定行为所抱持的"态度"；其二是源自于外在的"主观规范"，即会影响个人采取某项特定行为的"主观规范"；其三是源自于"知觉行为控制"。

一般而言，个人对于某项行为的态度越正向时，则个人的行为意向越强；对于某项行为的主观规范越正向时，同样个人的行为意向也会越强；而当态度与主观规范越正向且知觉行为控制越强的话，则个人的行为意向也会越强。反观理性行动理论的基本假设，Ajzen 主张将个人对行为的意志控制力视为一个连续体，一端是完全在意志控制之下的行为，另一端则是完全不在意志控制之下的行为。而人类大部分的行为落于此两个极端之间的某一点。因此，要预测不完全在意志控制之下的行为，有必要增加知觉行为控制这个变项。不过当个人对行为的控制越接近最强的程度，或是控制问题并非个人所考量的因素时，则计划行为理论的预测效果是与理性行为理论是相近的。

（4）行为阶段改变理论　行为阶段改变理论认为，人的行为改变是一个渐进和连续的动态发展过程，一般经过以下 5 个阶段。

①无转变打算阶段：处于这一阶段的人在未来 6 个月内没有改变行为的意向。不打算改变行为的原因主要有以下几种情况，一是没有意识到自身行为问题的存在，不知道行为的后果；二是尝试过改变，却因失败而丧失信心；三是认为没有必要改变。此外，行为改变受生活环境的影响，如周围人的态度和做法会对个人的行为改变产生很大影响，周围人的鼓励、支持、肯定将对个人的行为改变产生积极的影响，反之则会产生消极的影响。

②打算转变阶段：处于这一阶段的人打算改变行为，但却一直无任何行动或准备行动的迹象。这时候他们已经考虑对某些特定行为做出改变，而且已经意识到改变行为可能带来的益处，但是也清楚行为改变的障碍和代价，处于一种矛盾的心态。

③转变准备阶段：处于这一阶段的人已经倾向于在近期内采取行动，通常指打算在未来 1 个月内开始采取行动。在这一阶段，人们承诺做出行为改变，并且已经开始有所行动，例如制定了行动计划，参加了健康教育课程，做好了一定的心理准备等。

④行动阶段：处于这一阶段的人已经做出了行为改变，如"我已经开始锻炼""我已经开始清淡饮食"等。

⑤维持阶段：保持行为改变状态超过 6 个月以上。在这个阶段，新行为已经固定下来并成为一种习惯，退回到无准备阶段的风险性降低，环境因素的影响逐步减少，对行为改变的信心逐步增加。

行为阶段改变理论可以帮助营养指导员了解目标人群的行为改变过程，采取有针对性的措施帮助其进入下一阶段。在无转变打算阶段和打算转变阶段，应重点促使其思考，认识到不健康膳食行为的危害、权衡改变行为带来的利弊，从而产生改变行为的意向、动机；在转变准备阶段，应促使其做出决定，改变不健康的膳食行为，可协助拟定行动计划，提供行为改变技能等；在行动阶段和维持阶段，应肯定、激励他们的行为改变，强化其自我效能，同时改变环境来消除或减少危险行为的诱惑，防止行为反复。

知识点2 营养教育

营养教育是以改善人民营养状况为目标，通过营养科学的信息交流，帮助个体和群体获得食物与营养知识、形成科学合理饮食习惯的教育活动和过程，是健康教育的重要组成部分。

1. 营养教育

营养教育的目的在于提高各类人群对营养与健康的认识，消除或减少不利于健康的膳食因素，改善营养状况，预防营养性疾病的发生，提高人们的健康水平和生活质量。按照现代健康教育的观点，营养教育并非仅传播营养知识，还应为个体、群体和社会改变膳食行为提供必需的营养知识、操作技能和服务能力。

营养教育可通过有计划、有组织、有系统和有评价的干预活动，提供人们必需的营养科学知识和技能，普及营养与食品卫生知识，使其养成良好的膳食行为与生活方式，以便在面临营养与食品卫生方面的问题时，有能力做出有益于健康的选择。大量调查研究表明，营养教育具有途径多、成本低和覆盖面广等特点，对提高广大群众的营养知识水平、合理调整膳食结构以及预防营养相关疾病切实有效，这对于我国居民应对上述营养问题的双重挑战、提高国民健康素质、全面建设小康社会具有重要意义。

（1）营养教育对象和营养教育工作者　营养教育的主要对象主要为以下4种。

①个体：主要指公共营养和临床营养工作的对象。

②各类组织机构：包括学校、部队或食品企业等。

③社区：包括街道、居委会、餐馆、食品店、社区保健等各种社会职能机构。

④政府部门：包括政府部门的有关领导和工作人员。

（2）营养教育工作者需要具备的知识和能力

①掌握营养与食品卫生学、食品学、预防医学、卫生经济学等方面的专业理论知识。

②了解社会、经济、有关政策以及文化因素对膳食营养状况的影响。

③具有社会心理学、认知、教育以及行为科学的基础。

④具有传播营养知识的能力。

⑤有一定现场组织协调和研究能力。

2. 营养教育的主要工作领域

①有计划地对餐饮业、农业、商业、轻工业、医疗卫生、疾病控制、计划等部门的有关人员进行营养知识培训。

②将营养知识纳入中小学的教育内容，教学计划要安排一定课时的营养知识教育，使学生懂得平衡膳食的原则，从幼年开始培养良好的饮食习惯。

③将营养工作内容纳入到初级卫生保健服务体系，提高初级卫生保健人员及其服务居民的营养知识水平，合理利用当地食物资源改善营养状况。

④利用各种宣传媒介，广泛开展群众性营养宣传活动，倡导合理的膳食模式和健康的生活方式，纠正不良饮食习惯等。

3. 营养教育的发展现状

发达国家的一些消费者协会、营养指导员和营养咨询师等经常通过电视、广播、出版物普及营养知识及健康信息，引导人们科学消费、揭穿虚假广告。例如，日本的一些大学食堂宣传和实施三色食品的营养管理，指导学生每天掌握吃多少红的、绿的、黄的食品。当学生选好饭菜后会得到一张包含所点菜肴的价格与营养点数的饭菜账单，在日常生活中给学生提供很有意义的营养科学信息。

我国的营养教育在近十余年中得到了快速发展，特别是对幼儿园儿童和家长的教育方面取得了明显成效。通过营养教学活动，使儿童吃肥肉、睡前吃糖果、挑食和偏食、边吃边玩的人数显著减少，早饭前、睡前刷牙，饮乳的人数不断增加。家长在选择食物时，注重食物营养和孩子营养需要的人数不断增加。一些营养专家开展多层面营养宣教，主要方式有讲课、咨询、发放及张贴营养宣传材料等。

还有不少营养专业人员开展妇女产褥期饮食行为、营养知识水平调查，对社区肥胖成年人进行膳食行为干预以及高血压营养教育，都取得了良好的效果，这说明社区营养教育活动对改善居民不良的膳食习惯，树立平衡膳食观念是行之有效的。

营养教育在今后的社会经济生活中将发挥重要的作用。大量研究资料证明，现代社会居民的大多数慢性疾病的发生和发展与其不良生活方式有关。无论作为独立的健康问题，还是作为其他健康问题的影响因素，营养都与个体和群体的行为生活方式有密切联系，运用健康教育与健康促进的理论和方法改变人们的膳食行为不仅是必要的，而且是可行和有效的。

4. 营养教育实施步骤

一个完善的营养教育项目应当包括下述六个方面的工作。

(1) 了解教育对象　在营养教育之前，应充分认识教育对象特别需要的营养健康信息，为制订计划提供可靠依据。对待教育的目标人群进行简略的调查和评估，发现和分析其主要营养健康问题及其对生活质量的影响；进一步从知识、态度、行为等方面分析问题的深层次原因；对营养有关的人力、财力、物力资源，以及政策和信息资源进行了解和分析；知道该人群在膳食营养方面哪些行为可以改变，哪些行为不能改变或很难改变。

(2) 制订营养教育计划　为确保某项营养教育活动有依据、有针对性、有目标地进行，必须根据实际情况制订营养教育计划。

首先根据与知-信-行关系的密切程度、行为可改变性、外部条件、危害性以及受累人群数量，确定优先项目；在此基础上确定营养干预目标，包括总体目标与具体目标；接着制订传播、教育策略以及实施计划，包括确定与分析目标人群、实施机构和人员、教育内容以及活动日程等。

营养教育评价计划也应当预先制订，包括评价方法、评价指标、实施评价的机构和人员、实施评价的时间以及结果的使用等。

另外，经费预算也是制订营养教育计划不可忽略的重要内容之一。

(3) 确定营养教育途径和资料　根据营养教育计划，在调查研究的基础上，明确教育目标和教育对象，选择适宜的交流途径和制作有效的教育材料。为此需要考虑以下3个方面。

第一，确认是否有现成的、可选用的营养教育材料。如果能收集到相关的营养宣传材料可直接选用；如果收集不到，可以自行设计制作，如小册子、挂图、传单等。

第二，确定对教育对象进行营养教育的最佳途径。宣传途径包括个体传播、面对面交流、讲课、大众传播等。

第三，确定营养教育最适合的宣传方式。宣传方式包括发放小册子、放映幻灯片或录像片、讲课等。

(4) 营养教育前期准备　首先根据需求编写相关的营养教育材料，具体要求为内容科学、通俗易懂、图文并茂。为了宣传材料内容准确、合适，还需要对准备好的宣传材料进行预试验，以便得到教育对象的反馈意见，进行修改完善。

这时需要进行下列工作：

①了解教育对象对这些资料的反映，有什么意见和要求，对宣教内容、形式、评价等有何修改意见。

②了解教育对象能否接受这些信息，能否记住宣传的要点，是否认可这种宣传方式，一般可采用专题讨论或问卷调查等方式了解有关情况。

③根据教育对象的反映，需要对教育资料的形式做哪些修改。

④综合分析，确定信息如何推广、材料如何分发、如何追踪执行。

(5) 实施营养教育计划　实施营养教育计划，包括确定宣传材料和活动时间表，让每个工作者都明白自己的任务，并通过所确定的传播途径把计划中要宣传的营养内容传播给教育对象。在教育传播的过程中，要观察教育对象对宣传材料有何反映，他们愿意接受还是反对这些知识，如果反对，原因是什么。要按每一步骤查找原因,以便及时进行纠正。

(6) 教育效果评价 通过近期、中期和远期的效果评价说明营养教育的效果。近期效果即目标人群的知识、态度、信息、服务的变化。中期效果主要指行为和相关危险因素的变化。远期效果指人们营养健康状况和生活质量的变化。例如,反映营养健康状况的指标有身高、体重;影响生活质量的指标有劳动生产力、智力、寿命、精神面貌以及保健、医疗费用等。

根据上述几个方面内容,以目标人群营养知识、态度和行为的变化为重点,写出营养教育的评价报告。通过上述评价,将取得的经验总结归纳,以便进一步推广。

二、营养干预和健康促进

导入:世界卫生组织"以营养教育为重点的学校健康促进项目"活动在世界范围内的实践证明,营养干预能提高孩子的学习成绩和出勤率。在柏林,获得营养指导的孩子取得了比其他学生更高的分数;在牙买加,获得早餐供应的孩子在数学上取得了高分;在美国,低收入家庭的孩子在参与早餐计划之前成绩明显低于高收入家庭的孩子,但他们参与计划后成绩明显高于未参与计划的孩子。

健康促进学校

启发:我们应该如何学以致用,以改善膳食结构不合理、营养不均衡的现状,培养科学健康的生活方式?

知识点1 健康促进

健康促进是综合调动教育、社会经济和政治的广泛力量,改善人群健康的活动过程,它不仅包括一些旨在直接增强个体和群体知识技能的健康教育活动,更包括直接改变社会经济和环境条件的活动,以减少它们对个体和大众健康的不利影响。

健康教育是健康促进的基础和先导。离开了健康教育,健康促进就是无源之水、无本之木。营养咨询是营养健康教育的形式之一,营养咨询的目的是提出营养干预指导方案。

知识点2 营养干预

营养干预旨在解决营养的问题,营养干预必须由营养专业人员来执行。

营养干预是采用营养的手段解决,通过营养问题评估后,找到与营养有关的病因,而不是医学诊断。

营养干预是在营养治疗、医学营养治疗被提出之前应用比较广泛的名词,随着营养干预在各个领域中的应用,营养干预对于健康的作用被逐步认可。目前,在医院接受营养治疗的患者,有一部分营养干预和指导也在延伸到家庭,不过由于我国的营养人才培养和相关政策方面的原因,总体上来讲,医院里更多开展的还是临床营养领域的指导，对于无注册营养师资质和医师资质的营养从业人员来讲，还是开展公众领域的营养干预指导更为合适。因此，在开展营养干预的时候，营养教育与营养咨询是工作重点，目标是使患者学会改变膳食模式的知识和技巧，通过改变行为提高健康素养，改善营养状况进而控制疾病的症状，提升健康状况，提高生活质量，减少医疗支出，减少住院频率和时间，其重点在于加强患者出院后在家休养期间的指导。更多针对亚健康人员开展指导。

营养干预包括两个步骤：计划与实施。在营养干预的计划阶段，目标成员共同参与，是营养干预成功的关键，这包括营养专业人员、患者或者委托人以及其他有关的家庭成员，因为营养干预不仅是口头和书面的交流，还包括干预过程中的实际物品、资金、家庭环境配合等。营养干预以患者为中心，设定目标完成后便开始实施干预，包括食物和营养强化或营养补充，（在医院还会配备相关的营养治疗，例如肠内营养或肠外营养，通常公共营养领域不做这些形式的营养干预，这个部分由临床营养师完成），营养教育者、营养咨询者或者照料者协作。由于营养干预的过程是持续进行的，每当患者的身体状况发生改变，或者出现新的需求或者预定营养干预方案效果不理想不时，都需要及时调整及变动。

干预措施应该符合个性化，要做好目标的分解，方便操作及实施。例如对于一个大病初愈的人回家休养，饮食和饮水都不足，比目标少30%，针对这种情况不能在一开始就增加到目标分量，而是应该在计划中设定目标分解，首先增加现有量的5%，然后逐步增加到30%。同时要跟他本人和家庭成员或者其他能够配合他实施计划的人充分沟通，如果有必要，还需要跟他的主治医生来商议确定，以确保他们对这份计划的理解度和计划本身的合理性，从而提高患者对营养干预计划的依从性。

知识点3　营养咨询

营养咨询是通过语言、文字、图片、音像等媒介，借助体格检查、计算机软件、实验室检查资料等工具，给咨询对象以帮助、启发、教育的过程。营养咨询包括营养状况评价、营养异常诊断、营养治疗、营养教育、行为指导，其内容广泛、效果显著，在卫生保健中占据重要作用。咨询的内容包括营养保健、各种营养异常、各种营养相关疾病、疾病的营养治疗、疾病的营养支持等。营养咨询方法主要是 SOAP，即主观询问（subjective）、客观检查（objective）、营养评价（assessment）、营养计划（plan）。

通常针对公众进行的营养咨询，采用询问法进行膳食调查，然后综合以往的体检报告或者现场人体测量获得相关的信息。

膳食调查方法一般分为前瞻性和回顾性两类，前者包括称重法、查账法、化学分析法，后者包括24h膳食回顾法、膳食史法和食物频率问卷法。由于称重法、查账法、化学分析法多用于科研或者集体配餐方面，24h膳食回顾法受到身体状况、记忆力的影响有一定的局限性，在实际工作中，采用膳食史法和食物频率问卷法相结合的方法最为实用。

学习评价

学生完成学习,通过自评(20%)、小组互评(30%)、教师评价(50%)评估对本任务学习的掌握情况。将具体的检查与评估填入表1-29。

表1-29　　　　　　　营养教育和健康促进学习评价表

评价项目	评价标准	满分	评价分值 自评	评价分值 互评	评价分值 师评	得分
知识目标	能解释常用理论	15				
	能正确区分各概念	15				
技能目标	能根据教育对象设置教育计划	15				
	能进行健康知识传播	15				
素质目标	具备基本咨询服务素质	20				
	从我做起践行健康中国行动	10				
学习态度	能够按要求完成布置的任务,课上认真听讲,主动思考问题	10				
	合计	100				

知识测评

1. 填空题

(1) 知-信-行理论是行为改变理论之一,来源于认知理论。在知-信-行理论中,"知"是指＿＿＿＿,"信"是指信念、态度,"行"是指＿＿＿＿。

(2) 健康信念模式是运用社会心理学方法解释能康相关行为的理论模式。在这种模式中,是否采纳有利于健康的行为与下列5个因素有关,＿＿＿＿、＿＿＿＿、＿＿＿＿、＿＿＿＿和＿＿＿＿。

(3) 健康教育是指在需求评估基础上,通过＿＿＿＿、教育、＿＿＿＿等方法,帮助个体或群体树立科学的健康观念、掌握健康知识和技能、自觉采纳有利于健康的行为与生活方式的一系列活动及其过程。

(4) 健康干预主要是针对＿＿＿＿、＿＿＿＿、＿＿＿＿的健康危险因素进行全面监测、分析、评估、预测、干预和维护的全过程。

(5) 目前运用较多也比较成熟的行为理论包括＿＿＿＿、＿＿＿＿和＿＿＿＿。

2. 选择题

（1）知-信-行理论中"信"是指（　　）。
A. 信念、态度　　B. 信仰　　　　C. 信义　　　　D. 信息

（2）营养干预必须由（　　）来执行。
A. 市民　　　　B. 医疗工作者　　C. 营养专业人员　D. 社区人员

（3）营养咨询方法主要是（　　）。
A. SPOA　　　　B. SOPA　　　　C. SAOP　　　　D. SOAP

（4）维持阶段是指保持行为改变状态超过（　　）以上。
A. 3个月　　　　B. 6个月　　　　C. 8个月　　　　D. 10个月

（5）知-信-行理论中"行"是指（　　）。
A. 作为　　　　B. 行动　　　　C. 动作　　　　D. 行为

3. 判断题

（1）营养教育的目的在于提高各类人群对营养与健康的认识，消除或减少不利于健康的膳食因素。（　　）

（2）营养教育不可采用有计划、有组织、有系统和有评价的干预活动。（　　）

（3）营养教育在今后的社会经济生活中将发挥重要的作用。（　　）

（4）为确保某项营养教育活动有依据、有针对性、有目标地进行，必须根据实际情况制订营养教育计划。（　　）

（5）健康促进是单一的调动教育、社会经济和政治的广泛力量，以改善人群健康的活动过程。（　　）

模块二
健康技能

> **任务一**

血糖生成指数和血糖负荷计算

> **知识目标**

1. 了解血糖生成指数意义；
2. 熟悉血糖生成指数和血糖负荷评价方法。

> **能力目标**

1. 能够计算混合食物中血糖生成指数和血糖负荷；
2. 能够根据计算结果分析膳食。

> **素质目标**

1. 培养严谨认真的工作态度；
2. 严格遵守操作规则的职业纪律。

导入：通过为何燕麦是谷物中的"网红"和血糖生成指数相关知识的学习，分析燕麦成为糖尿病、肥胖患者谷物饮食疗法中常见食物的原因。

一、知识导学

为评价碳水化合物生理效应，国际上提出了食物血糖生成指数（GI）和血糖生成负荷（GL）的概念。GI考虑碳水化合

食物血糖生成指数

物的含量和数量，GL 强调碳水化合物数量对血糖的影响。将 GI 和 GL 有效结合，有利于对食物中碳水化合物的血糖应答效应进行很好的评价，从而有利于科学利用食物中的碳水化合物。

1. 血糖生成指数（GI）

血糖生成指数被用来衡量食物中碳水化合物能够引起人体血糖升高多少的能力。是指人体进食含 50g 碳水化合物的待测食物后，血糖应答曲线下的面积（AUC）与食用含等量碳水化合物标准参考物后血糖 AUC 之比，以百分比表示。通常将标准参考物选择葡萄糖或白面包。因为血糖生成指数是由人体试验而来的，所以也常说食物血糖生成指数是一种生理学参数。

GI 是用以衡量某种食物或某种膳食组成对血糖浓度影响的一个指标，如式（2-1）所示。食物或膳食 GI 高，表示进入胃肠后消化快，吸收完全，葡萄糖迅速进入血液，血糖浓度波动大；反之则表示在胃肠内停留时间长，释放缓慢，葡萄糖进入血液后峰值低，下降速度慢，血糖浓度波动小。因此，用食物血糖生成指数合理安排膳食，对于调节和控制人体血糖大有好处。

$$GI = (含 50g 碳水化合物试验食物餐后 2h 血糖应答曲线面积 / 含 50g 碳水化合物标准参考食物餐后 2h 血糖应答曲线面积) \times 100\% \quad (2-1)$$

GI>70 的食物为高 GI 食物；GI 在 55~70 的食物为中 GI 食物；GI<55 的食物为低 GI 食物。一般来说，只要一半的食物从高血糖生成指数替换成低血糖生成指数，就能获得显著改善血糖的效果。

2. 食物血糖负荷（GL）

食物血糖负荷是在受试者食用等量（一般为 50g）碳水化合物条件下测定的，而碳水化合物的受试量同样可影响血糖应答。有些食物 GL 较低，但消费量较高，有些反之。GL 的提出体现了碳水化合物数量对血糖的影响。其计算公式如式（2-2）所示。

$$GL = GI \times 该摄入食物的实际可利用碳水化合物的量（g） \quad (2-2)$$

GL>20 的食物为高 GL 食物；GL 在 10~20 的食物为中 GL 食物；GL<10 的食物为低 GL 食物。

3. GI 的应用意义

最早对血糖生成指数的研究主要是研究其即时效应，即对血糖的控制，随后更多的研究发现，长期摄入低 GI 的食物，对心血管疾病、体重控制、调节血脂等诸多方面都有积极意义。

每种食物都应测其 GI，但由于实验方法限制，使用者可以采用匹配的方法从表中查找相关数据，目前我国有 200 余种食物 GI 表。对于混合食物，可以通过单一食物的 GI 和配比预测一餐的 GI。

4. GI 的影响因素

影响 GI 的因素很多，不同来源的碳水化合物由于消化吸收速度不同可能有不同的 GI。消化吸收快的碳水化合物餐后血糖应答迅速，血糖升高幅度大，餐后 2h 的血糖动态曲线下面积大，GI 高；相反，消化分解慢的碳水化合物，像血液中释放葡萄糖的速度慢，血糖上升较慢，因此具有较低 GI。

食物烹调加工方式、食物中其他成分的含量等物化因素及胃排空率、胰岛素反应强度、咀嚼程度、小肠中淀粉酶的含量等生理性因素也会影响 GI。

二、任务准备

1. 样品准备

一份混合食物或膳食，可包括 3~5 种原料或食物，记录每种原料或食物的来源、质量、比例。以一餐膳食为例，包括一杯牛乳（200mL）、半个馒头（50g）、一碗面条（150g）。

2. 材料准备

《中国食物成分表》、血糖生成指数表、任务工单、计算器。

三、任务程序

1. 查阅食物碳水化合物含量和质量比（以一餐饮食为例）

（1）查阅《中国食物成分表》，查出膳食中每种食物的碳水化合物含量和膳食纤维含量，将碳水化合物含量减去膳食纤维含量，获得可利用的碳水化合物含量（A）。

（2）根据混合膳食中每种配料求食物的质量（B），计算每种配料食物提供的碳水化合物的量［式（2-3）］

$$C = A \times B / 100 \tag{2-3}$$

以及混合膳食中可利用的碳水化合物总量（$\sum C$）。

（3）计算各配料提供的碳水化合物质量百分比［式（2-4）］

$$D = C / \sum C \times 100\% \tag{2-4}$$

混合食物碳水化合物含量及质量比见表 2-1。

表 2-1　　　　　混合食物碳水化合物含量及质量比

食物	可利用碳水化合物含量 A（g/100g）	质量 B	提供的碳水化合物量 $C = A \times B / 100$	占一餐中碳水化合物的百分比（D）
一杯牛乳	3.4	200mL	6.8	10.2
半个馒头	47.0	50g	23.5	35.2
一碗面条	24.3	150g	36.5	54.5
总计			$\sum C = 66.8$	

2. 混合膳食 GI 的计算

（1）查阅资料，按照食物分类、名称、加工方法、来源尽可能匹配的原则查找并记录每种食物的 GI 列于表 2-2 中。

表 2-2　　　　　　　　　混合膳食血糖生成指数的计算

食物	食物 GI	占一餐中碳水化合物的百分比（D）	对一餐总 GI 贡献
一杯牛乳	27.6	10.2	2.8
半个馒头	88	35.2	31.0
一碗面条	37	54.6	20.2
总计	—	—	54.0

（2）将每种食物的 GI 乘以占一餐中碳水化合物的比例，计算该食物对一餐总 GI 的贡献。

（3）将每种食物对 GI 贡献相加得出一餐食物的总 GL。

3. 食物 GL 计算 [式（2-5）]

$$GL = 食物 GI × 摄入该食物的实际可利用碳水化合物的含量（g） \quad (2-5)$$

本例中 GL = 54.0% × 66.8 = 36.1

4. 提出建议

综合 GI 与 GL 对混合膳食总 GI 进行评价，并结合它们的应用及意义，提出不同人群及不同情况下选择食物时的建议。

根据 GI、GL 分级和评价标准，本例中一餐 GI 为 54，属低 GI 膳食，GL 为 36.1，大于 20，属高 GL 食物，说明此餐为低 GI 膳食，但也不能食用过量。

四、注意事项

1. 碳水化合物是食物中可利用碳水化合物，可利用

$$碳水化合物量（A）= 碳水化合物量 - 总膳食纤维量 \quad (2-6)$$

2. 食物 GI 不是越低越好，应根据生理需要而定，不同人群可选择不同 GI 的食物。

五、任务评价

学生完成学习，通过自评（20%）、小组互评（30%）、教师评价（50%）评估对本任务学习的掌握情况。将具体的检查与评估填入表 2-3。

表 2-3　　　　　　血糖生成指数和血糖负荷计算任务评价表

| 评价项目 | 评价标准 | 满分 | 评价分值 | | | 得分 |
			自评	互评	师评	
知识目标	正确解释 GI 和 GL	10				
	掌握 GI 和 GL 评价方法	10				

续表

评价项目		评价标准	满分	评价分值			得分
				自评	互评	师评	
能力目标	准备能力	正确准备膳食、表格、工具	10				
		正确计算可利用碳水化合物质量	10				
	操作能力	准确记录食物 GI	10				
		准确计算食物 GL	10				
	总结能力	能根据结果做出正确分析和合理建议	10				
	学习能力	能够独立完成资料查询任务	10				
素质目标		能用认真的态度完成任务	10				
		能自觉遵守基本职业纪律	10				
		合计	100				

任务二

食物中蛋白质质量评价 ——AAS 和 PDCAAS 法

知识目标

1. 了解蛋白质质量评价意义；
2. 掌握 AAS 和 PDCAAS 蛋白质营养学评价方法。

能力目标

1. 能够根据计算结果找出限制性氨基酸；
2. 能够评价食物中蛋白质质量。

素质目标

1. 培养学生以国家大政方针政策为基础的文化认同感；
2. 培养学生关注社会热点问题的习惯。

导入：2022 年 12 月 22 日《国家"学生饮用奶计划"推广规划（2021—2025 年）》（简称：《规划》）正式发布，这标志着"学生饮用奶"未来五年规划正式启动。国家"学生饮用奶计划"是以改善中小学生营养状况,提高中小学生营养健康水平为目的,是实施"健康中国"的重要举措。分析"奶"如何成为中小学生营养健康的首选食品。

一、知识导学

蛋白质是生命的物质基础,是生命活动的主要承担者,没有蛋白质就没有生命。不同蛋白质由于化学组成、形状的差别,消化率和生物利用也有所不同。本任务主要通过学习氨基酸评分(AAS)、经消化率校正后的氨基酸评分(PDCAAS)法对蛋白质质量进行评价。

学生饮用奶计划

1. 氨基酸模式

1973年FAO/WHO联合专家委员会提出以人体氨基酸需要量为基础的氨基酸评分模式。由于胱氨酸可由甲硫氨酸转变,酪氨酸可由苯丙氨酸转变,当膳食中胱氨酸与酪氨酸充裕时可节约30%甲硫氨酸和50%苯丙氨酸,因此在考虑食物必需氨基酸组成时,将芳香族氨基酸(苯丙氨酸+酪氨酸)、含硫氨基酸(甲硫氨酸+胱氨酸)分别分析并合并计算。人体氨基酸评分模式见表2-4。

表2-4　　　　　　　人体氨基酸评分模式(1973)

必需氨基酸	人体氨基酸模式	
	mg/g	比值
异亮氨酸	40	4.0
亮氨酸	70	7.0
赖氨酸	55	5.5
甲硫氨酸+胱氨酸	35	3.5
苯丙氨酸+酪氨酸	60	6.0
苏氨酸	40	4.0
色氨酸	10	1.0
缬氨酸	50	5.0
总计	360	—

FAO/WHO联合专家委员会在1973年建议的氨基酸评分模式被各个国家广泛采用,但随着应用的增加和方法的进展,也显示了其部分局限性——不同的年龄组用同一个模式,而没有考虑到学龄儿童对必需氨基酸的需要量要高于成年人这一事实,导致低估了一些食物的蛋白质营养价值。1985年FAO/WHO/联合国大学(United Nations University, UNU)专家组报告了不同年龄组的不同氨基酸评分模式,并分别建议了婴儿、学龄前儿童、学龄儿童和成年人的氨基酸模式,

见表 2-5。这提示一种食物的蛋白质质量可因消费者的年龄段不同而不同，满足儿童氨基酸模式的膳食和蛋白质同样可以很好地满足成年人的需要，反之则不然，但有可能高估蛋白质需要量而低估蛋白质质量。对于 1 岁以下婴儿，人乳的氨基酸成分仍是评分的标准。

表 2-5　　　　　　　修改后的人体氨基酸评分模式（1985）

必需氨基酸	婴幼儿均值（范围）	2~5 岁学龄儿童	10~12 岁学龄儿童	成年人
组氨酸	26（18~36）	19	19	16
异亮氨酸	46（41~53）	28	28	13
亮氨酸	93（83~107）	66	44	19
赖氨酸	66（53~76）	58	44	16
甲硫氨酸+胱氨酸	42（29~60）	25	22	17
苯丙氨酸+酪氨酸	72（68~118）	63	22	19
苏氨酸	43（40~45）	34	28	9
色氨酸	17（16~17）	11	9	5
缬氨酸	55（44~77）	35	25	13
包括组氨酸（总和）	460（408~588）	339	241	127
不包括组氨酸（总和）	434（390~552）	320	222	111

2. 氨基酸评分法（AAS）

氨基酸评分法也称为蛋白质化学评分法，是用被测食物蛋白质的必需氨基酸与推荐的理想模式或参考蛋白质的氨基酸模式进行比较，计算出比值，比值最低者为第一限制氨基酸。由于限制氨基酸的存在，使食物蛋白质的利用受到限制，所以第一限制氨基酸的评分值即为该食物蛋白质的氨基酸评分。氨基酸评分可以明确哪种氨基酸是限制氨基酸，也可以发现其他氨基酸的不足，对于食物的营养价值分析是非常有帮助的。目前 AAS 是广为应用的一种食物蛋白质营养价值评价方法，不仅适用于单一食物蛋白质的评价，而且可用于混合食物蛋白质的评价，使用这种方法能够很直观地对食物蛋白质进行质量评价。

3. 蛋白质消化率及经消化率校正后的氨基酸评分法（PDCAAS）

氨基酸评分法简单，缺点是没有考虑食物蛋白质的消化率。蛋白质消化率反映了蛋白质在消化道被分解的程度，同时反映了消化后氨基酸和肽被吸收的程度。蛋白质消化率的评价方法主要包括蛋白质真消化率（TD）、表现消化率（AD），其差别在于表现消化率不计粪代谢氮，操作更简便，而真消化率更精确。

一般来讲，动物性食品的蛋白质消化率高于植物性食品。

蛋白质真消化率计算公式如式（2-7）所示。

蛋白质真消化率（%）= 氮吸收量/摄入氮量 =［摄入氮量-（粪氮-粪代谢氮）］/摄入氮量×100 (2-7)

经消化率校正后的氨基酸评分将食物蛋白质消化率纳入到评分，更真实地反映了食物蛋白质的营养价值。经消化率校正后的氨基酸评分公式如式（2-8）所示。

PDCAAS = 氨基酸评分（AAS）×真消化率（TD） (2-8)

4. 蛋白质利用率

对蛋白质利用率的评价也是常用的方法之一，对蛋白质利用率做出正确评估，有利于指导膳食蛋白质营养，利用和发现新的蛋白质资源。生物利用率高的蛋白质质量较高，可被人体很好地消化和吸收利用，摄入较少量就能达到人体最佳发育状态。

常用的评价蛋白质利用率的方法有以下几种。

（1）蛋白质功效比值 蛋白质功效比值（PER）是以体重增加为基础进行的蛋白质评价方法，指在严格规定的条件下，动物平均每摄取 1g 蛋白质时所增加的体重克数，计算方法如式（2-9）所示。

蛋白质功效比值 = 试验期内动物增加体重（g）/试验期内蛋白质摄入量（g） (2-9)

（2）蛋白质生物价 蛋白质生物价（BV）是用以表示蛋白质消化吸收后被机体利用的程度。生物价越高表示蛋白质的机体利用率越高，即蛋白质的营养价值越高，最高值为 100，计算方法如式（2-10）所示。

蛋白质生物价 = 氮储留量/氮吸收量×100 (2-10)

氮吸收量 = 摄入氮量 -（粪氮-粪代谢氮）

氮储留量 = 氮吸收量 -（尿氮-尿内源氮）

（3）蛋白质净利用率 蛋白质净利用率（NPU）是反映被测食物蛋白质利用程度的另一指标，指将蛋白质生物价与消化率结合起来评定蛋白质营养价值的方法。由于 NPU 考虑了被测食物蛋白质消化和利用两个方面，所以更全面地反映了被测食物蛋白质的实际利用程度。其公式如式（2-11）所示。

蛋白质净利用率% = 生物价×消化率
= （氮储留量/氮吸收量）×（氮吸收量/食物氮） (2-11)
= 氮储留量/食物氮

（4）其他 除上述方法和指标外，还有相对蛋白质值（RPV）、净蛋白质比值（NPR）、氮平衡指数（NBI）等方法和指标可以用来评价蛋白质利用率。

二、任务准备

1. 样品准备

选择 2~3 种食物，如鸡蛋、大豆，登记食物的种类、来源、产地、是否有营养成分（特别是蛋白质、氨基酸）的检测记录或营养标签标示。

2. 材料准备

准备《中国食物成分表》、计算器、笔、纸等以及相关表格。

查找文献，准备理想蛋白质或参考蛋白质的氨基酸模式，如 FAO/WHO 人体氨基酸模式；查找食物蛋白质真消化率的资料和数据，以用于氨基酸评分计算。食物的真消化率数据是经过人体试验而得到的数据，是计算 PDCAAS 的必需数据，见表 2-6。

表 2-6　　　　　　　　部分食物中蛋白质的真消化率

食物名称	真消化率/%	食物名称	真消化率/%
酪蛋白	99	肉、鱼	94
鸡蛋	97	大豆粉	90
牛肉	98	大豆分离蛋白	95
牛乳、干酪	95	花生	94
全麦	91	小麦	93

三、任务程序

1. 比较食物蛋白质含量

根据食物营养成分检测结果或通过《中国食物成分表》查询，确定被评价食物的蛋白质含量，并和参考食物蛋白质含量进行初步比较。

以鸡蛋、大豆为例，首先查找《中国食物成分表》确认鸡蛋、大豆蛋白质含量分别为 12.7g/100g、35.0g/100g，大豆蛋白质含量高于鸡蛋。

2. 确定必需氨基酸的含量值

根据食物营养成分检测结果或通过查阅《中国食物成分表》中"食物氨基酸的含量"，找出与被评价食物相对应的必需氨基酸含量，如果氨基酸含量的表示单位为每百克食物中氨基酸毫克数（mg/100g），需要换算为每克蛋白质中氨基酸毫克数（mg/g 蛋白质），以方便下一步的计算和评价，换算公式如式（2-12）所示。

氨基酸含量（mg/g 蛋白质）= 氨基酸含量（mg/100g）/蛋白质含量（g/100g）（2-12）

本例中，通过查找氨基酸含量表，选出编码相同的鸡蛋和大豆必需氨基酸含量，由于《中国食物成分表》中所列的氨基酸含量以 mg/100g 表示，所以需要将数据进行换算，完成记录，见表 2-7，结果发现，鸡蛋和大豆必需氨基酸的比例接近。

表 2-7　　　　　　　　　鸡蛋、大豆必需氨基酸含量

必需氨基酸	鸡蛋氨基酸含量		大豆氨基酸含量	
	mg/100g	mg/100g 蛋白质	mg/100g	mg/100g 蛋白质
异亮氨酸	619	49	1853	53
亮氨酸	1030	81	2819	81
赖氨酸	837	66	2237	64
甲硫氨酸+胱氨酸	598	47	902	26
苯丙氨酸+酪氨酸	1096	86	3013	86
苏氨酸	568	45	1435	41
色氨酸	219	17	455	13
缬氨酸	688	54	1726	49
总计	—	445	—	413

3. 食物氨基酸评分的计算

（1）计算　以理想模式或参考蛋白质氨基酸模式为标准，按式（2-13）计算被评价食物蛋白质中必需氨基酸的评分值。

$$AAS = \frac{被测食物蛋白质每克氮（或蛋白质）中氨基酸含量（mg）}{理想模式中每克氮（或蛋白质）中氨基酸含量（mg）} \quad (2-13)$$

一般来讲，可以采用 FAO/WHO 1973 年提出的人体氨基酸模式作为评分标准；如果针对某个年龄段的人群进行氨基酸评价，可以采用 1985 年的人体氨基酸模式作为标准。

（2）找出限制氨基酸　根据必需氨基酸评分值计算结果，找出评分值最低的必需氨基酸，定为第一限制氨基酸，此氨基酸的评分值即为该食物蛋白质的氨基酸评分。

本例中，鸡蛋中异亮氨酸含量为 49mg/g 蛋白质，以 FAO/WHO 1973 年人体氨基酸模式为评分标准，异亮氨酸被 AAS 为 49÷40 = 1.23，也可表示为 123%。同理，计算其他必需氨基酸评分，分别将计算结果填于表 2-8。

结果表明鸡蛋必需氨基酸评分均高于人体氨基酸模式，其中以缬氨酸的 AAS 评分最低，为 1.08，表明鸡蛋 AAS 为 1.08。大豆蛋白质中含硫氨基酸（"甲硫氨酸+胱氨酸"组）的 AAS 最低，为 0.74，说明含硫氨基酸是第一限制氨基酸。

表 2-8　　　　　　　　　氨基酸评分举例（鸡蛋和大豆）

必需氨基酸	FAO/WHO 人体氨基酸模式（1973）（mg/100g 蛋白质）	AAS	鸡蛋氨基酸含量（mg/100g 蛋白质）	大豆氨基酸含量（mg/100g 蛋白质）	AAS
异亮氨酸	40	49	1.22	53	1.32

续表

必需氨基酸	FAO/WHO 人体氨基酸模式 （1973）（mg/100g 蛋白质）	AAS	鸡蛋氨基酸含量 （mg/100g 蛋白质）	AAS	大豆氨基酸含量 （mg/100g 蛋白质）	AAS
亮氨酸	70	81	1.16	81	1.15	
赖氨酸	55	66	1.20	64	1.16	
甲硫氨酸+胱氨酸	35	47	1.35	26	0.74	
苯丙氨酸+酪氨酸	60	86	1.44	86	1.43	
苏氨酸	40	45	1.12	41	1.03	
色氨酸	10	17	1.72	13	1.30	
缬氨酸	50	54	1.08	49	0.99	
总计	360	445	—	413	—	

（注：表格列应为必需氨基酸、FAO/WHO 人体氨基酸模式、鸡蛋 AAS、鸡蛋氨基酸含量、鸡蛋 AAS、大豆氨基酸含量、大豆 AAS）

4. 经消化率校正后的氨基酸评分（PDCAAS）的计算

（1）查找蛋白质的真消化率　根据食品来源、蛋白质组成和性质查找被测蛋白质的真消化率，根据任务准备的真消化率（表 2-6），查出鸡蛋的真消化率（TD）为 97%；大豆的真消化率为 90%。

（2）计算 PDCAAS　根据式（2-14）依次计算各氨基酸的 PDCAAS，评分最低的为该食物最终的 PDCAAS 评分。

$$PDCAAS = AAS \times TD \qquad (2-14)$$

本例中根据表 2-8 确定的食物 AAS，乘以真消化率，计算得出鸡蛋和大豆的 PDCAAS 分别为 1.05 和 0.67。

5. 评价

根据以上计算结果，评价出食物的蛋白质营养价值，并给出可能的建议。

本例中，鸡蛋含有较高的蛋白质，氨基酸模式与理想的人体氨基酸模式接近，蛋白质质量高且消化利用率较高，是非常好的蛋白质来源，AAS 和 PDCAAS 分别为 1.08 和 1.05。相比之下，大豆蛋白质含量和必需氨基酸的比例更为丰富，但含硫氨基酸相对较低，使蛋白质质量略低于鸡蛋，氨基酸评分为 0.74；大豆蛋白质真消化率为 90%，PDCAAS 为 0.67，但仍不失为一种较好的蛋白质来源，建议和其他蛋白质配合食用，以提高利用率。

四、注意事项

1. 如果评价一种食物蛋白质是否满足某年龄段需要应采用 1985 年氨基酸评分模式。若只是单纯比较不同食物营养价值可采用 1973 年氨基酸评分模式。

2. 不同食物中蛋白质含量不同，不适宜直接以氨基酸含量相互比较。

五、任务评价

学生完成学习，通过自评（20%）、小组互评（30%）、教师评价（50%）评估对本任务学习的掌握情况。将具体的检查与评估填入表2-9。

表2-9　　　　食品中蛋白质质量评价任务评价表

评价项目	评价标准		满分	评价分值			得分
				自评	互评	师评	
知识目标	正确解释ASS和PDCAAS		10				
	掌握ASS和PDCAAS评价方法		10				
能力目标	准备能力	正确准备食物及评价表	10				
		正确计算ASS和PDCAAS	10				
	操作能力	准确找出限制性氨基酸	10				
		能正确使用相关表格	10				
	总结能力	能根据结果做出正确评定	10				
	学习能力	能够独立完成资料查询任务	10				
素质目标	能够关注社会热点问题		20				
	合计		100				

任务三

食物蛋白质互补作用——膳食蛋白质质量比较分析

▍知识目标

1. 掌握食物蛋白质组成；
2. 掌握蛋白质互补作用。

▍能力目标

1. 能够分析膳食中蛋白质质量；
2. 能够根据评价结果给出合理建议。

▍素质目标

1. 凝聚同心同向的力量；
2. 培养学生互帮互助的品质。

导入：据有关报告显示，有一半的中国居民存在高度的膳食不均衡。平均每天乳和乳制品摄入量仅为膳食指南推荐量的5%，蛋类和水产品摄入量也不及推荐量的2/3，而肉类摄入量接近推荐量的2倍，这表明蛋白质摄入存在"质不优、量不够"，而脂肪、胆固醇摄入过量。膳食不均衡，健康危机四伏。

不同食物来源的蛋白质的营养价值取决于该蛋白质中必需氨基酸的含量与比值，一般来讲，动物蛋白质的营养价值高于植物蛋白质。从理论上讲，选择营养价值高的蛋白质固然有助于身体健康，但事实上许多植物性食物（如谷类）虽然蛋白质营养价值相对较低，却在人们日常饮食中占有很重要的地位，也是不容忽视的蛋白质来源，如何充分利用这些食物的蛋白质营养价值，特别是通过合理的膳食搭配提高食物的利用率是非常重要的问题。

一、知识导学

1. 食物中的蛋白质组成

食物中的蛋白质种类繁多，按化学组成、结构、功能等不同可以分为不同种类，例如按照化学组成可分为单纯蛋白质（如清蛋白、球蛋白、谷蛋白、组蛋白等）、结合蛋白质（如核蛋白、糖蛋白、脂蛋白等）；按照形状可分为纤维类蛋白质（如胶原蛋白）、球状蛋白（如大部分酶、激素）等。不同食物蛋白质因氨基酸组成不同而具有不同的物理化学特性，而蛋白质的营养价值取决于氨基酸的种类和数量。如果食物蛋白质所含氨基酸种类齐全、数量充足且比例适当，可以维持成年人健康和儿童发育，营养学上称为完全蛋白，蛋类、肉类多为完全蛋白；如果所含氨基酸种类齐全、但有的数量不全或比例不当，可以维持生命、但不能促进生长发育，则称为半完全蛋白，如植物蛋白；如果所含氨基酸种类不全，既不能维持生命又不能促进生长发育，则称为不完全蛋白，如胶原蛋白。

2. 蛋白质的互补作用

当食物蛋白质中必需氨基酸的含量与比值接近人体组织蛋白质氨基酸的组成和比值时，其利用率高，营养价值就大。但是有些蛋白质，因一种或几种必需氨基酸的含量过低或过高，比值与人体组织不接近，则利用率、生物价（BV）低，如果针对不同食物蛋白质的营养特点，将两种或两种以上的食物蛋白质混合食用，其中所含的必需氨基酸取长补短，相互补充，使混合后蛋白质生物价大大提高，这种效果就称为蛋白质的互补作用。例如，小麦、大豆、玉米单独食用生物价分别为67、64、60，适量混合后生物价提高。具体数据见表2-10。

蛋白质搭配

表2-10　　　　　　几种食物混合后蛋白质的生物价

食物名称	单独食用BV	混合食用所占比例/%		
小麦	67	37	—	31

续表

食物名称	单独食用BV	混合食用所占比例/%		
大米	57	32	40	46
大豆	64	16	20	8
豌豆	48	15	—	—
玉米	60	—	40	—
牛肉干	76	—	—	15
混合食用BV		74	73	89

几种食物混合后蛋白质的氨基酸评分见表2-11。

表2-11　　　　　几种食物混合后蛋白质的氨基酸评分

蛋白质来源	蛋白质氨基酸含量/%				氨基酸评分（限制性氨基酸）
	赖氨酸	含硫氨基酸	苏氨酸	色氨酸	
FAO/WHO标准	5.5	3.5	4.0	1.0	100
谷类	2.4	3.8	3.0	1.1	44（赖氨酸）
豆类	7.2	2.4	4.2	1.4	18（含硫氨基酸）
乳粉	8.0	2.4	3.7	1.3	83（含硫氨基酸）
混合食用	5.1	3.2	3.5	1.2	88（苏氨酸）

二、任务准备

1. 样品准备

一份混合食物或膳食，可包括3~5种原料或食物。记录每种原料或食物的来源、质量、比例。

如以包括燕麦片30g、牛乳250mL、面包150g的某一份早餐为例，也可以一道菜为例。

2. 材料准备

准备用于食物蛋白质质量评价的参考蛋白质或理想氨基酸模式、《中国食物成分表》、计算器、记录纸等。

三、任务程序

1. 确定混合膳食中蛋白质含量和质量百分比（%）

以某一份早餐为例加以说明。

（1）通过查询《中国食物成分表》，查出每种配料或食物的蛋白质含量（A）。

（2）根据混合膳食中每种食物或配料的质量（B）计算每种食物或配料实际提供的蛋白质质量（$C=A\times B/100$）以及混合膳食中的蛋白质总量（$\sum C$）。

（3）计算各配料提供的蛋白质质量百分比（%）（$D=C/\sum C\times 100\%$）。

结果见表 2-12。

表 2-12　　　　　　　　混合食物蛋白质含量及质量百分比（%）

食物/配料	蛋白质含量 A （g/100g）	质量 B	$C=A\times B/100$	蛋白质质量 百分比 D/%
燕麦片	15.0	30g	4.5	18.9
牛乳	3.0	250mL	7.5	31.5
面包	7.9	150g	11.8	49.6
总计	—	—	$\sum C=23.8$	—

2. 混合膳食蛋白质氨基酸评价

（1）通过查询食物氨基酸含量表，参照任务二的方法列出每种食物必需氨基酸的含量，要求以 mg/g 蛋白质表示（E）。为方便起见，可先列出一般含量较低的氨基酸，如赖氨酸、含硫氨基酸（甲硫氨酸+胱氨酸）、苏氨酸、色氨酸。

（2）以 FAO/WHO 人体氨基酸模式（1973 年）为标准，按照任务二的方法计算混合膳食中各配料的必需氨酸评分，确定各自的限制氨基酸和食物蛋白质 AAS。

（3）将各食物氨基酸含量（E）乘以相应的蛋白质质量百分比（D），再加和计算出混合膳食中每种氨基酸总量［式（2-15）］。

$$F=E\times D \tag{2-15}$$

如上法计算混合膳食的 AAS。

本例中燕麦片、牛乳、面包的 AAS 分别为 0.63、0.87、0.35，燕麦片和面包的第一限制氨基酸均为赖氨酸，牛乳的限制氨基酸为苏氨酸，混合后（早餐）的 AAS 为 0.7，混合后膳食中各配料和膳食的蛋白质氨基酸评分见表 2-13 和表 2-14。

表 2-13　　　　　　　混合膳食中各配料的蛋白质氨基酸评分

食物	氨基酸含量（mg/g 蛋白质）								氨基酸评分 （限制性 氨基酸）
	赖氨酸		含硫氨基酸		苏氨酸		色氨酸		
	含量 E	AAS	含量 E	AAS	含量 E	AAS	含量 E	AAS	
燕麦片	34.9	0.63	43.3	1.24	32.1	0.80	16.9	1.69	0.63（赖氨酸）
牛乳	71.3	1.3	32.0	0.91	34.7	0.87	13.0	1.30	0.87（苏氨酸）
面包	19.1	0.35	42.4	1.21	25.6	0.64	10.5	1.05	0.35（赖氨酸）

表 2-14　　　　　　　混合后膳食蛋白质氨基酸评分

食物	混合后氨基酸含量 F（mg/g 蛋白质）= $E \times D$				氨基酸评分（限制性氨基酸）
	赖氨酸	含硫氨基酸	苏氨酸	色氨酸	
燕麦片	6.6	8.2	6.1	3.2	—
牛乳	22.5	10.1	10.9	4.1	—
面包	9.5	21.0	12.7	5.2	—
总计	38.6（0.70）	39.3（1.12）	29.7（0.74）	12.5（1.25）	0.70（赖氨酸）

注：表中括号内数字为 AAS。

3. 比较各配料食物蛋白质 AAS 和混合膳食的 AAS，给出评价和建议

某人早餐搭配包括谷类（燕麦片、面包）和牛乳，蛋白质 AAS 比单纯食用谷类食品有所提高，说明蛋白质营养价值有所提高，但赖氨酸、苏氨酸仍略显不足，建议可同时配以赖氨酸、苏氨酸含量丰富的食物，如豆乳、玉米、强化了赖氨酸的面包等，或调配食物比例，减少面包消费，改为粗粮。

4. 再评价

当给出食物搭配建议后，如有必要可重复程序 1~3 进行再评价，直至得到恰当的蛋白质互补。

四、任务评价

学生完成学习，通过自评（20%）、小组互评（30%）、教师评价（50%）评估对本任务学习的掌握情况。将具体的检查与评估填入表 2-15。

表 2-15　　　　　　　膳食蛋白质质量比较评价表

评价项目		评价标准	满分	评价分值			得分
				自评	互评	师评	
知识目标		能举例说明食物中蛋白质组成	10				
		能解释蛋白质互补作用	10				
能力目标	准备能力	正确准备食物与评价表	10				
	操作能力	能够正确给出氨基酸评分	15				
		能利用蛋白质互补作用搭配食物	15				
	总结能力	能根据结果做出正确评定	10				
	学习能力	能够独立完成资料查询工作	10				
素质目标		同心同向，乐于助人	20				
		合计	100				

任务四

食物脂肪评价——动植物油脂肪酸比例计算和分析

知识目标

1. 了解食物脂肪酸的种类;
2. 掌握脂肪酸比例的计算方法。

能力目标

1. 能够从脂肪酸构成、脂肪酸比例等角度对脂肪进行评价;
2. 能够根据评价结果综合分析产品。

素质目标

1. 培养学生科学思辨的能力;
2. 培养健康自助、健康助人的使命感。

导入:通过阅读食用油中脂肪酸比例与消费者选择、脂肪酸黄金比例,科学用油相关文章,分析不同食用油脂肪酸的构成及其各具营养特点。

一、知识导学

对人类来讲,脂肪不可或缺,但如果过多地在体内堆积可导致高脂血症、心脑血管疾病、某些癌症的患病危险性增加,因此合理应用膳食脂肪是非常重要的。对食物脂肪的评价主要包括脂肪总量、消化率、脂肪酸类别等内容,目标是尽量避免营养价值较低的脂肪过多摄入。

正确选择脂肪

1. 常用食用油的熔点及消化率

脂肪的消化吸收主要在小肠,在脂肪酶的作用下分解为脂肪酸和甘油,少量未被消化的脂肪则由粪便排出体外。不同脂肪的消化率与其熔点密切相关,一般来讲,熔点低于体温的脂肪消化率可达 97%~98%,高于体温的脂肪消化率在 90% 左右,动物脂肪多属后者,另外不饱和脂肪和短链脂肪含量高的脂肪熔点低,容易消化。常用油的熔点及消化率见表 2-16。

表 2-16　　　　　　　　　常用食用油的熔点及消化率

油脂名称	熔点/℃	消化率/%
羊脂	44~45	81
牛脂	42~50	89
猪脂	36~50	94
乳脂	28~36	98
椰子油	28~33	98
花生油	室温下液状	98
菜油	室温下液状	99
棉籽油	室温下液状	98
豆油	室温下液状	91
橄榄油	室温下液状	98
麻油	室温下液状	98
向日葵油	室温下液状	96.5

2. 脂肪酸的适宜比例

脂肪酸的适宜比例主要是指饱和脂肪酸（S）、单不饱和脂肪酸（M）和多不饱和脂肪酸（P）之间的比例，大多数国家提出 S∶M∶P 为 1∶1∶1。按脂肪酸提供的能量占总能量的百分比表示，认为多不饱和脂肪酸占 3%~7%，单不饱和脂肪酸和饱和脂肪酸的比例各为 5%~6% 比较适宜。

二、任务准备

1. 样品准备

几种动植物油脂样品，记录每种样品的来源、配料、质量，如果有营养标签或营养成分检验报告等需详细记录相关信息。

样品举例：大豆油、猪油、混合油（菜籽油+棕榈油）。

2. 材料准备

准备《中国食物成分表》、计算器、记录纸等。

三、任务程序

1. 仔细阅读样品相关信息

包括名称、来源、配料、相关食物成分数据，判断是动物性油脂还是植物性油脂，有没有反式脂肪酸的可能来源（如起酥油、人造黄油）等。

2. 分析和比较食物总脂肪含量

根据食物样品的营养标签、脂肪检验报告或《中国食物成分表》，分析和比较各种食品的总脂肪含量。

这里以植物性的大豆油、调和油、动物性的猪油，以及动植物混合的食物为例，根据《中国食物成分表》，查得大豆油、混合油、猪油的总脂肪含量（g/100g）分别为99.8、99.9、99.6，将结果列于表2-17总脂肪列。如果样品是按一定比例混合的油脂或混合食物，需采用权重法计算，即按照各配料脂肪含量及各配料占混合油脂（食物）的质量比，加权处理后计算总脂肪含量。以混合食物（里脊肉100g+菜籽油20g）为例计算：先查出里脊肉的脂肪含量为7.9g/100g，菜籽油脂肪含量为99.9g/100g，根据里脊肉和菜籽油占混合食物的比例计算，则总脂肪含量（g/100g）= 7.9×100/120+99.9×20/120 = 23.2，同理进行后续计算。

3. 分析必需脂肪酸含量

查找食物脂肪酸含量表，查出食品中含量较高或较低的脂肪酸含量，目的是观察脂肪中脂肪酸组成特征，分析和计算必需脂肪酸含量（亚油酸C18∶2、亚麻酸C18∶3）。脂肪酸大多以占总脂肪的百分比（%）表示，但随着检测技术的提高，为方便比较，每百克食物中脂肪酸的克数（g/100g食物）需将数据进行一定转换，即式（2-16）。

脂肪酸占脂肪百分比（%）= 食物脂肪酸含量（g/100g）/食物总脂肪含量（g/100g）×100%

(2-16)

本例通过查阅食物脂肪酸含量表，将大豆油等样品含量较高的脂肪酸含量和必需脂肪酸含量列于表2-17，可以看出大豆油中油酸（C18∶1）和亚油酸（C18∶2）含量较高且基本相当，混合油以油酸含量见长，猪油则含有较高的油酸和棕榈酸（C16∶0）。相比之下，植物性油脂必需脂肪酸含量高于动物性油脂，特别是亚麻酸在动物性油脂中含量几乎为0。

表2-17　　　　　食物中脂肪酸含量占总脂肪含量的百分比　　　　　单位：%

样品名称	总脂肪（g/100g）	含量较高的脂肪酸*		必需脂肪酸
		亚油酸（C18∶2）	亚麻酸（C18∶3）	
大豆油	99.8	22.4（C18∶1） 51.7（C18∶2）	51.7	6.7
混合油	99.9	54.0（C18∶1） 18.0（C18∶2）	18.0	6.4
猪油	99.6	44.2（C18∶1） 26.0（C16∶0）	8.9	—

注：* 为括号内脂肪酸的结构。

4. 计算脂肪酸比例

分别查找或计算食物中饱和脂肪酸（S）、单不饱和脂肪酸（M）、多不饱和脂肪酸（P）占总脂肪的比例，以饱和脂肪酸为1.0计算S∶M∶P比值。混合食物各类脂肪酸的计算方法同总脂肪，采用权重法。

本例通过计算得知，大豆油以单不饱和、多不饱和脂肪酸为主，混合油以单不饱和脂肪酸为主，猪油则以饱和脂肪酸和单不饱和脂肪酸为主，见表2-18。

表 2-18　　　　各类脂肪酸在总脂肪酸中的含量　　　　单位:%

食物	饱和脂肪酸	单不饱和脂肪酸	多不饱和脂肪酸
大豆油	14.4（1.0）	45.1（3.1）	41.2（2.9）
混合油	20.2（1.0）	55.2（2.7）	24.4（1.2）
猪油	43.2（1.0）	47.9（1.1）	8.9（0.2）

注：括号内数字为以饱和脂肪酸为1.0计算的各类脂肪酸的比值。

5. 通过以上分析对油脂进行评价，提出合理的饮食建议

根据以上对油脂脂肪酸的分析，可以从脂肪酸构成、必需脂肪酸含量、脂肪酸比例的角度对脂肪进行评价。本例中大豆油富含亚油酸，单不饱和、多不饱和脂肪酸含量丰富，是非常好的多不饱和脂肪酸来源；混合油中以单不饱和脂肪酸为主，是油酸的重要来源；猪油中饱和脂肪酸比例较高，多不饱和脂肪酸和必需脂肪酸含量较低。建议选择油脂时搭配使用，以相互弥补脂肪酸组成，提高脂肪营养价值。

四、注意事项

脂肪酸比例更适用于评价一天膳食结构中脂肪营养价值，而非一种食物。

五、任务评价

学生完成学习，通过自评（20%）、小组互评（30%）、教师评价（50%）评估对本任务学习的掌握情况。将具体的检查与评估填入表2-19。

表 2-19　　　　动植物油脂肪酸比例计算评价表

评价项目	评价标准	满分	评价分值 自评	评价分值 互评	评价分值 师评	得分
知识目标	正确解释饱和脂肪酸和不饱和脂肪酸	10				
	正确解释必需脂肪酸	10				
能力目标	准备能力　正确准备样品及相应表格	10				
	操作能力　正确分析样品性质	10				
	正确分析必需脂肪酸含量	10				
	正确计算脂肪酸比例	10				
	总结能力　能根据结果做出正确评定	10				
	学习能力　能够独立分析样品信息	10				

续表

评价项目	评价标准	满分	评价分值 自评 互评 师评	得分
素质目标	能利用健康知识服务他人	20		
	合计	100		

> 任务五

零食能量密度计算与评价

> 知识目标

1. 掌握食物能量与人体的关系；
2. 掌握食物能量密度的计算方法。

> 能力目标

1. 能利用食品标签数据计算食品能量密度；
2. 能将食品能量密度用于食物营养咨询和指导。

> 素质目标

1. 能够传播正确的营养学知识；
2. 培养学生良好的饮食习惯。

导入：通过阅读"看营养密度区分食物好坏"的相关文章或视频，分析是不是能量高，食物的营养素就高，能量和营养素与人体健康有什么关系。

一、知识导学

不同的食物能量差别极大，按能量由高到低排列，油脂、油料种子、干果、肉类、淀粉类食物都是能量密集食品，而蔬菜、水果能量较低。

为直观表示食品所提供的能量多少，可采用能量密度进行评估［式（2-17）］。

能量密度与体重

$$能量密度=一定量食物提供的能量值/能量推荐摄入量 \qquad (2-17)$$

能量密度是了解不同食物能量高低、对人体满足程度的一个简单分析方法。长期食用低能量和能量密度低的食物，会影响儿童生长发育；长期食用高能量和能量密度高的食物，则容易造成成年人体重过重或肥胖。

二、任务准备

1. 样品准备

3~5种零食（如薯片、巧克力等）的营养标签、检验记录或食物成分数据，要求至少有能量数据。

2. 材料准备

《中国食物成分表》《中国居民膳食营养素参考摄入量（2023版）》、计算器、笔、记录纸等。

三、任务程序

1. 观察食品标签

根据零食外包装上的标签，在营养成分表上查找能量数值。

2. 根据消费者特征查找能量推荐摄入量

确定消费者特征，如年龄、性别、生理状况、体力活动，查找能量推荐摄入量对应的数值。如12岁女孩，其推荐的每日能量摄入数值是9205kJ。

3. 计算能量密度

如食品标签已经有数据，可直接应用并进行填表和计算。

如薯片能量为2322kJ/100g，12岁女孩每日能量推荐摄入量是9205kJ。

能量密度 = 2322/9205 = 0.25

4. 进行食物营养评价

薯片能量是2322kJ，能量密度是0.25，对一个12岁的女孩来说，100g薯片就提供了全天1/4的能量，基本相当于一餐能量数值。故薯片是高能量食品。

四、任务评价

学生完成学习，通过自评（20%）、小组互评（30%）、教师评价（50%）评估对本任务学习的掌握情况。将具体的检查与评估填入表2-20。

表 2-20　　　　　　　　零食能量密度计算与评价表

评价项目	评价标准	满分	评价分值 自评	评价分值 互评	评价分值 师评	得分
知识目标	正确解释能量密度概念	10				
	正确解释能量密度测定意义	10				

续表

评价项目	评价标准		满分	评价分值			得分
				自评	互评	师评	
能力目标	准备能力	能准备样品标签、成分表	10				
		能通过营养标签准确查找数据	10				
	操作能力	正确查找人体能量推荐摄入量	10				
		正确计算能量密度	10				
	总结能力	正确进行食物营养评价	10				
	学习能力	能够独立完成任务	10				
素质目标	能够通过营养学知识调整饮食习惯		20				
	合计		100				

任务六

面包营养质量判断

知识目标

1. 掌握能量密度和营养质量指数的关系；
2. 掌握营养质量指数的计算方法。

能力目标

1. 能利用食品标签数据计算营养质量指数；
2. 能将营养质量指数用于食物营养咨询和指导。

素质目标

1. 能够传播正确的营养学知识；
2. 培养学生良好的饮食习惯。

导入：根据《中国居民膳食指南（2022）》提出的食物多样，合理搭配；多吃蔬果、乳类、全谷、大豆；适量吃鱼、禽、蛋、瘦肉准则，分析膳食、营养素、能量之间的关系，分析如何把营养素与其提供的能量结合在一起，正确评价、搭配食物。

一、知识导学

营养质量指数（INQ）是一种结合能量和营养素对食物进行综合评价的方法，它能直观、综合地反映食物能量和营养素需求的情况。

营养密度与健康

1. 计算 INQ

首先求出能量密度［式（2-18）］，同理求出某一个所关心的营养素密度，两者相除，得到 INQ 数值［式（2-19）］。INQ 是评价食物综合营养的简明指标。

营养素密度＝一定量食物提供的营养素含量/相应营养素推荐摄入量　　(2-18)

食物营养质量指数（INQ）＝营养素密度/能量密度　　(2-19)

2. INQ 评价标准

INQ＝1，表示该食物提供营养素的能力与提供能量的能力相当，二者满足人体需要程度相等。

INQ<1，表示该食物提供营养素的能力小于提供能量的能力，长期食用此食物，会发生该营养素不足或供能过剩的危险，为某营养素价值较低食物。

INQ>1，表示该食物提供营养素的能力大于提供能量的能力，为"营养质量合格食物"。

INQ 最大的特点就是根据不同人群的营养需求来分别计算。同一个食物，对一组正常人群可能是合格的，而对肥胖人群可能是不合格的，因此要做到因人而异。

二、任务准备

1. 样品准备

一种市售产品（如面包）其产品标签应至少具有能量和某维生素、某矿物质的含量，如蛋白质、脂肪、水分等。也可以查找《中国食物成分表》，选择合适的食物举例。

2. 材料准备

《中国居民膳食营养素参考摄入量（2023 版）》表、计算器、笔、记录纸等。

三、任务程序

1. 查找食品能量和营养素对应数值

根据产品标签，查找外包装上的标签数据，在营养成分表一栏查找能量、营养素并记录。例如，葡萄干面包的能量为 1088kJ，维生素 B_1 含量为 0.05mg，维生素 B_2 含量为 0.06mg，与其他成分一起填入表 2-21。

表 2-21　　　　　　　　食物营养成分及营养质量指数比较

能量/营养素	RNI/AI（男）	面包 含量（每100g）	INQ
能量/kJ	10669	1088	—
蛋白质/g*	64	6.6	0.10
脂肪/g*	85	3.7	0.43
碳水化合物/g*	382	50.1	1.29
维生素 A/μg RAE	770	—	—
维生素 B_1/mg	1.4	0.05	0.35
维生素 B_2/mg	1.4	0.06	0.42
钙/mg	800	42	0.51
铁/mg	12	1.2	0.98

注：*表示 RNI 值分别根据占能量10%、30%、60%估算。

2. 根据消费对象查找相应的参考摄入量

在准备好的《中国居民膳食营养素参考摄入量（2023版）》表中查找对应男性的 RNI 或 AI 数值，根据查找的数值填表，见表 2-21（可只填写相关项目）。

3. 计算营养质量指数

按式（2-18）和式（2-19）分别计算能量密度、营养素密度和食物营养质量指数，完成表 2-21 相关内容。

例如，100g 面包维生素 B_1 营养质量指数计算如下，其他类推。

$$能量密度 = 1088/10669 = 0.102$$
$$维生素 B_1 密度 = 0.05/1.4 = 0.036$$
$$100g 面包营养质量指数（INQ）= 0.036/0.102 = 0.35$$

4. 进行评价

根据计算出的 INQ 值对产品进行评价。

以葡萄干面包为例，本产品蛋白质的 INQ 等于 1，说明就蛋白质来说，面包的营养价值和能量供给基本一致；碳水化合物的 INQ 略高，说明面包是富碳水化合物的食品；而脂肪、维生素 B_1、维生素 B_2、钙的 INQ 均较低，说明对于这些营养素而言，面包的营养质量不高，不能满足需要，应注意及时从其他来源的食物补充。

依照上述步骤完成其他产品的营养评价，还可以比较面包和其他产品的营养质量。

四、任务评价

学生完成学习，通过自评（20%）、小组互评（30%）、教师评价（50%）评估对本任务学习的掌握情况。将具体的检查与评估填入表 2-22。

表 2-22　　　　　　　　动植物油脂肪酸比例计算评价表

评价项目	评价标准	满分	评价分值 自评	评价分值 互评	评价分值 师评	得分
知识目标	正确解释营养质量指数概念	10				
	正确解释营养质量指数测定意义	10				
能力目标	准备能力　正确准备样品标签、参考表	10				
	正确查找能量与营养素数据	10				
	操作能力　正确查找 RNI 和 AI 推荐摄入量	10				
	正确计算营养素指数	10				
	总结能力　正确进行营养素评价	10				
	学习能力　能够独立完成任务	10				
素质目标	能够传播正确的营养学知识	20				
	合计	100				

任务七

营养标签的解读

知识目标

1. 掌握食品营养标签作用；
2. 熟悉食品营养标签内容。

能力目标

1. 能够解读食品营养标签；
2. 能够根据营养标签对食品进行合理评价。

素质目标

1. 培养严谨的科学态度；
2. 提升学生实事求是的职业素养。

导入：近日，上海市消费者权益保护委员会发文称，经检测，一款名为"田园主义"的全麦面包所含热量远超其宣传数值。随后，上海市消保委再次发文称，更专业的测算显示，该款产品碳水化合物的实测值为标示值的116%，实测能量值是标示值的131%。此外，该款产品蛋白质、钠的实测值也都超过其标示值。

李先生购买了一箱夏威夷果，食用时发现其口感过于油腻，遂送至检测机构检测。夏威夷果包装上的营养成分表中载明"每100g产品中脂肪含量为24.7g"，但检测结果显示，送检夏威夷果的实际脂肪含量远高于标示值。

分析以上两则案例，学习食品营养标签的解读与评价方法。

一、知识导学

2013年1月1日正式实施《食品安全国家标准 预包装食品营养标签通则》（GB 28050—2011），是我国第一个食品营养标签国家标准，标志着我国将强制执行食品营养标签管理制度。

食品标签

在2013年1月1日后生产的食品必须执行该标准的各项强制性规定。在此日期前生产的食品，可在产品保质期内继续销售。该标准适用于预包装食品营养标签上营养信息的描述和说明；该标准不适用于保健食品及预包装特殊膳食用食品的营养标签标示。

1. 食品标签及其作用

食品标签指食品包装上的文字、图形、符号及一切说明物。食品标签的内容包括食品名称、配料清单、净含量、制造者及经销者的名称和地址、日期和贮藏说明、产品标准号、质量等级、批号、食用方法、能量和营养素含量等内容。

食品标签的作用主要有以下几方面：指导消费者选购食品；促进销售；向消费者承诺；向监督管理机构提供监督检查依据；维护食品消费者的合法权益等。

2. 食品营养标签及其要求

食品营养标签属于食品标签的一部分内容，是显示食品组成成分、食品的营养特征和性能，向消费者传递食品营养信息的主要手段。它包括营养成分标示、营养声称和营养成分功能声称，是消费者最简单、最直接获取营养知识的途径，也是保证消费者的知情权、引导和促进健康消费的重要措施。

食品营养标签基本要求主要有以下5个方面。

（1）预包装食品营养标签标示的任何营养信息，应真实、客观，不得标示虚假信息，不得夸大产品的营养作用或其他作用。

（2）预包装食品营养标签应使用中文。如同时使用外文标示的，其内容应当与中文相对应，外文字号不得大于中文字号。

（3）营养成分表应以一个"方框表"的形式表示（特殊情况除外），方框可为任意尺寸，并与包装的基线垂直。包装的基线是指包装的直线边缘或轴线，或者是产品的底面形成的基线。在保证营养成分表为方框表的前提下,其一边与基线垂直即可。表题为"营养成分表"。

(4) 食品营养成分含量及营养标签的格式参见《食品安全国家标准 预包装食品营养标签通则》(GB 28050—2011)进行计算和设计。

(5) 营养标签应标在向消费者提供的最小销售单元的包装上。

3. 食品营养标签的解读

食品营养标签包括营养成分标示、营养声称和营养成分功能声称。

(1) 营养成分表

①标示内容:食品营养标签上的营养成分表是标有食品营养成分名称、含量和占营养素参考值(NRV)百分比的规范性表格。表格中强制标示的内容包括能量、核心营养素的含量及其占营养素参考值(NRV)的百分比。当标示其他成分时,应采取适当形式使能量和核心营养素的标示更加醒目。使用了营养强化剂的预包装食品,在营养成分表中还应标示强化后食品中该营养成分的含量值及其占营养素参考值(NRV)的百分比。食品配料含有或生产过程中使用了氢化和(或)部分氢化油脂时,在营养成分表中还应标示出反式脂肪(酸)的含量。未规定营养素参考值(NRV)的营养成分仅需标示含量。

②营养成分的表达方式:预包装食品中能量和营养成分的含量应以每100克(g)和(或)每100毫升(mL)和(或)每份食品可食部中的具体数值来标示。当用份标示时,应标明每份食品的量。份的大小可根据食品的特点或推荐量规定。

营养成分含量占营养素参考值(NRV)的百分数计算公式如式(2-20)所示。

$$某营养素 NRV = \frac{X}{NRV} \times 100\% \qquad (2-20)$$

式中　　X——食品中某营养素含量;

　　　　NRV——该营养素的营养素参考值。

营养成分表中强制标示和可选择性标示的营养成分的名称和顺序、标示单位、修约间隔、"0"界限值应符合 GB 28050—2011 规定。当不标示某一营养成分时,依序上移。

当标示《食品安全国家标准　食品营养强化剂使用标准》(GB 14880—2012)和卫生健康委员会公告中允许强化的[除 GB 28050—2011 中附录一表1外]其他营养成分时,其排列顺序应位于附录一表1所列营养素之后。具体实例见表2-23,维生素和钙。

表 2-23　　　　　　　　　　　营养成分表

项目	每100g	营养素参考值/%
能量	1820kJ	22%

续表

项目	每100g	营养素参考值/%
蛋白质	9.0g	15%
脂肪	11.6g	19%
碳水化合物	72.0g	24%
钠	500mg	25%
维生素 A	110μg RAE	14%
B 族维生素	0.12mg	8%
钙	226mg	28%

(2) 营养声称　营养声称是指食品营养标签上对食品营养特性的描述和声明，如能量水平、蛋白质含量水平。营养声称包括含量声称和比较声称。实例见表2-24。

营养素含量声称：即描述食物中能量或营养素含量水平的声称，包括"来源""含有""提供""高""富含""低""不含""无""零"等的声称。

含量比较声称：即对两种或两种以上食物的营养素含量或能量值进行比较的声称，包括"减少""少于""增多""大于""加"等的声称。

属性声称：即对食品原料营养特性的声称，如"强化""多维""脱脂""瘦"等声称，见表2-25。

(3) 营养成分功能声称　营养成分功能声称是指某营养成分可以维持人体正常生长、发育和正常生理功能等作用的声称。如膳食纤维有助于维持正常的肠道功能，见表2-24。

表 2-24　　　　　　　　　　　营养成分表

项目	每100g	营养素参考值/%
能量	1692kJ	20%
蛋白质	2.9g	5%
脂肪	9.7g	16%
反式脂肪（酸）	0.0g	
碳水化合物	74.6g	25%
膳食纤维	3.6g	14%
钠	500mg	25%

注：本产品含膳食纤维（营养声称）。

表 2-25　　营养声称的条件

项目	声称方式	要求和条件
能量	减少能量	与同类食品相比减少 25%
	低能量	≤170kJ/100g 固体 ≤80kJ/100mL 液体
蛋白质	低蛋白质	来自蛋白质的能量≤10%营养素参考值
	蛋白质来源或蛋白质含量	每 100g 的含量≥10%营养素考值 每 100mL 的含量≥5%营养素参考值
	高或富含蛋白质	"来源"的两倍以上
脂肪	低脂肪	≤3g/100g 固体，≤1.5g/100mL 液体
	减少了脂肪	该产品中总脂肪含量较同类产品至少减少 25%
	无或不含脂肪	≤0.5g/100g 固体或 100mL 液体
	低饱和脂肪	≤1.5g/100g 固体，且提供的能量占食品总能量 10%以下 ≤0.75g/100ml 液体，且提供的能量占食品总能量的 10%以下
	无或不含饱和脂肪	≤0.1g/100g 固体或 100mL 液体
	低胆固醇	≤0.02g/100g 固体；≤0.01g/100mL 液体 同时要求固体食物饱和脂肪在 1.5g/100g、液体食物在 0.75g/100mL 以下，且饱和脂肪的能量占总能量的比例不超过 10%
胆固醇	无、不含零胆固醇	≤0.005g/100g 固体或 100mL 液体 同时要求固体食物饱和脂肪在 1.5g/100g、液体食物在 0.75g/100mL 以下；且饱和脂肪的能量占总能量的比例不超过 10%
	减少了胆固醇	该产品中胆固醇含量较同类产品至少减少 25%
糖	减少了糖	该产品中糖含量较同类产品至少减少 25%
	低糖	≤5g/100g 固体 100mL 液体
	无或不含糖	≤0.5g/100g 固体或 100mL 液体
钠	低钠	≤120mg/100g 或 100mL
	非常低或极低钠	≤40mg/100g 或 100mL
	无或不含钠	≤5mg/100g 或 100mL
维生素和矿物质	××来源或含有××	每 100g 中≥15%营养素参考值 每 100mL 中≥7.5%营养素参考值
	高或富含××	"来源"的两倍以上

续表

项目	声称方式	要求和条件
维生素和矿物质	增加或减少××	该产品中一种或多种维生素较同类产品至少增加或减少25%

4. 配料表的内容

（1）原料排序　食品的营养品质本质上取决于原料及其比例。配料表中，含量最大的原料应当排在第一位，按照从多到少的顺序，最少的原料排在最后一位。

如某麦片产品配料表如下，米粉、蔗糖、麦芽糊精、燕麦、核桃……说明该麦片产品米粉含量最高，蔗糖次之，其中的燕麦和核桃含量都很少。

（2）按照国家标准，食品中使用的所有食品添加剂都必须标注在配料表中。

添加剂的使用量都非常小，所以它们"排名不分先后"。按法规要求，食品添加剂不能单用"色素""甜味剂"等模糊的名称，而必须标注其具体名称。如"柠檬黄""胭脂红""栀子黄""阿斯巴甜""甜蜜素"等。

二、任务准备

1. 样品准备

选择2~3种不同类型食品的营养标签，可选择几类不同加工食品（焙烤食品、乳制品等）的营养标签。

2. 材料准备

计算器、笔、记录纸。

《中国食品标签营养素参考值》或《中国居民膳食营养素参考摄入量（2023版）》和《中国食物成分表》。中国食品标签规定的32种营养素参考值见表2-26。

表2-26　　　　　中国食品标签营养素参考值（NRV）

能量和营养素	NRV/d	能量和营养素	NRV/d
能量	8400kJ	维生素 D	5μg
蛋白质	60g	维生素 E	14mg α-TE
脂肪	≤60g	维生素 K	80μg
饱和脂肪酸	≤20g	维生素 B_1	1.4mg
胆固醇	≤300mg	维生素 B_2	1.4mg
总碳水化合物	300g	维生素 B_6	1.4mg
膳食纤维	25g	维生素 B_{12}	2.4μg
维生素 A	800μg RAE	维生素 C	100mg

续表

能量和营养素	NRV/d	能量和营养素	NRV/d
烟酸	14mg	镁	300mg
叶酸	400μg	铁	15mg
泛酸	5mg	锌	15mg
生物素	30μg	碘	150μg
胆碱	450mg	硒	50μg
矿物质		铜	1.5mg
钙	800mg	氟	1mg
磷	700mg	铬	50μg
钾	2000mg	锰	3mg
钠	2000mg	钼	40μg

注：蛋白质、脂肪、碳水化合物供能分别占总能量的13%、27%与60%。

三、任务程序

1. 整体观察

观察食品标签的整体信息，是否有食物营养成分含量表、比较声称、属性声称和营养功能声称。填写记录表。

2. 查找食品标签的净含量

在食品标签上查找净含量/质量、小包装的质量和食用方法及推荐量。最后要确定食品是每100g（mL）标示的营养成分含量。

3. 对营养成分的含量及相关内容［如营养素参考值（NRV）］进行分析

4. 营养标签评价

营养标签评价见表2-27。

表2-27　　　　　　　　营养标签评价表

项目	了解重点	判断依据
标示项目	主要营养素是否齐全	GB 13432—2013
能量供给	三大供能比例是否合理	NRV 或 DRI
脂肪	脂肪含量、供能比例、胆固醇含量是否过高	
微量营养素	微量营养素占日需要量的百分数	
钠	含量是否过高	GB 7718—2011
格式	是否规范	

四、注意事项

1. 必须明确食物营养素含量的表达单位是每 100g（mL），还是每包（粒、份）。

2. 有些营养素并不是 NRV 越高越好，如脂肪、胆固醇和钠摄入过多会影响健康。

五、任务评价

学生完成学习，通过自评（20%）、小组互评（30%）、教师评价（50%）评估对本任务学习的掌握情况。将具体的检查与评估填入表 2-28。

表 2-28　　　　　　　营养标签解读任务评价表

评价项目	评价标准		满分	评价分值			得分
				自评	互评	师评	
知识目标	正确解释食品营养标签		10				
	掌握食品营养标签解读方法		10				
能力目标	准备能力	原料、工具	10				
	操作能力	正确计算食品营养成分含量	10				
		准确记录食品营养素参考值	10				
		准确计算食物能量供给值	10				
	总结能力	能根据结果做出正确分析和合理建议	10				
	学习能力	能够独立完成资料查询任务	10				
素质目标	能严格按照操作规程完成任务，提升精益求精的职业素养		20				
合计			100				

任务八

饼干营养标签制作

> **知识目标**

1. 掌握营养成分的表示方式；
2. 熟悉营养标签制作程序。

■ 能力目标

1. 能够计算饼干标签制作中相应数据；
2. 能够设计制作营养标签。

■ 素质目标

1. 养成工作程序规范的职业习惯；
2. 提升专业自信，落实普及食品健康知识的义务。

导入：分析饼干含有哪些营养成分，并思考饼干的营养价值及如何制作饼干营养标签。

一、知识导学

1. 营养成分表的基本要素及基本格式

营养成分表的基本要素包括5个，表头、营养成分名称、含量、NRV%和方框。

（1）表头　以"营养成分表"作为表头。

（2）营养成分名称　按《食品安全国家标准　预包装食品营养标签通则》（GB 28050—2011）中表1的名称和顺序标示能量和营养成分。

（3）含量　含量数值及表达单位，表达单位可位于营养成分名称后，如能量（kJ）；营养成分的含量只能使用具体的含量数值，不能使用范围值标示，如"≤××""≥××""40~1000"等；营养成分的表达单位应按 GB 28050—2011 中表1第2列要求标示，可使用中文或括号中的英文表达，也可两者都使用，但不可以使用其他单位，如维生素D的含量单位只能用"微克"或"μg"标示，不可以用国际单位"IU"标示。

（4）NRV%　对于未规定 NRV 的营养成分，其"NRV%"可以是空白，也可以用斜线、横线等方式表达。

（5）方框　采用表格或相应形式。

营养成分表各项内容应使用中文标示，若同时标示英文，应与中文相对应。企业在制作营养标签时，可根据版面设计对字体进行变化，以不影响消费者正确理解为宜。

营养成分表基本格式见表2-29。

表 2-29　营养成分表

项目	含量（每100g）	NRV%
能量	1823kJ	22%

续表

项目	含量（每100g）	NRV%
蛋白质	9.0g	15%
脂肪	12.7g	21%
碳水化合物	70.6g	24%
钠	204mg	10%
维生素 A	72μg RAE	9%
维生素 B_1	0.09mg	6%

GB 28051—2011 中推荐了6种基本格式，但其实在保证符合基本格式要求和确保不对消费者造成误导的基础上，企业在版面设计时可进行适当调整，包括但不限于因美观要求或为便于消费者观察而调整文字格式（左对齐、居中等）、背景和表格颜色或适当增加内框线等。

2. 能量及营养成分的标示顺序

企业可自愿标示能量及核心营养素以外的营养成分，并按照表2-30所列名称和顺序、表达单位、修约间隔、"0"界限值等进行标示。表2-30中没有列出但我国法律法规允许强化的营养成分，应列在表2-30所示营养成分之后。

表2-30 能量和营养成分名称和顺序、表达单位、修约间隔和"0"界限值

能量和营养成分名称和顺序	单位	修约间隔	"0"界限值（每100g或100mL）
能量	kJ	1	≤17kJ
蛋白质	g	0.1	≤0.5g
脂肪	g	0.1	≤0.5g
饱和脂肪（酸）	g	0.1	≤0.1g
反式脂肪（酸）	g	0.1	≤0.3g
单不饱和脂肪（酸）	g	0.1	≤0.1g
多不饱和脂肪（酸）	g	0.1	≤0.1g
胆固醇	mg	1	≤5mg
碳水化合物	g	0.1	≤0.5g
糖（乳糖）	g	0.1	≤0.5g
膳食纤维（或单体成分，或可溶性、不可溶性膳食纤维）	g	0.1	≤0.5g

续表

能量和营养成分名称和顺序	单位	修约间隔	"0"界限值（每100g或100mL）
钠	mg	1	≤5mg
维生素A	μg 视黄醇当量（RAE）	1	≤8μg RAE
维生素D	μg	0.1	≤0.1μg
维生素E	mg α-生育酚当量（α-TE）	0.01	≤0.28mg α-TE
维生素K	μg	0.1	≤1.6μg
维生素B_1（硫胺素）	mg	0.01	≤0.03mg
维生素B_2（核黄素）	mg	0.01	≤0.03mg
维生素B_6	mg	0.01	≤0.03mg
维生素B_{12}	μg	0.01	≤0.05μg
维生素C（抗坏血酸）	mg	0.1	≤2.0mg
烟酸（烟酰胺）	mg	0.01	≤0.28mg
叶酸	μg 或 μg 叶酸当量（DFE）	1	≤8μg
泛酸	mg	0.01	≤0.10mg
生物素	μg	0.1	≤0.6μg
胆碱	mg	0.1	≤9.0mg
磷	mg	1	≤14mg
钾	mg	1	≤20mg
镁	mg	1	≤6mg
钙	mg	1	≤8mg
铁	mg	0.1	≤0.3mg
锌	mg	0.01	≤0.30mg
碘	μg	0.1	≤3.0μg
硒	μg	0.1	≤1.0μg
铜	mg	0.01	≤0.03mg
氟	mg	0.01	≤0.02mg
锰	mg	0.01	≤0.06mg

注：①当某营养成分含量数值≤"0"界限值时，其含量应标示为"0"；使用"份"的计量单位时，也要同时符合每100g或100mL的"0"界限值的规定。

②在乳及乳制品的营养标签中可直接标示乳糖。

3. 能量计算

能量指食品中蛋白质、脂肪、碳水化合物等产能营养素在人体代谢中产生能量的总和。营养标签上标示的能量主要由计算法获得。即蛋白质、脂肪、碳水化合物等产能营养素的含量乘以各自相应的能量系数（表2-31）并进行加和，能量值以 kJ 为单位标示。当产品营养标签中标示核心营养素以外的其他产能营养素如膳食纤维等，还应计算膳食纤维等提供的能量；未标注其他产能营养素时，在计算能量时可以不包括其提供的能量。

表 2-31　　　　　食品中产能营养素的能量折算系数

成分	kJ/g	成分	kJ/g
蛋白质	16.7（17）	乙醇	29
脂肪	37.6（37）	有机酸	13
碳水化合物	16.7（17）	膳食纤维*	8

注：* 包括膳食纤维的单体成分，如不消化的低聚糖、不消化淀粉、抗性糊精等，也按照 8kJ/g 折算。

糖醇属于碳水化合物，我国相关国家标准中尚未规定糖醇的能量系数。鉴于目前糖醇在部分类别食品中使用较多，为科学计算能量，建议赤藓糖醇能量系数为 0kJ/g，其他糖醇的能量系数为 10kJ/g。

（1）蛋白质能量计算　　蛋白质是一种含氮有机化合物，以氨基酸为基本单位组成。食品中蛋白质含量可通过"总氮量"乘以"蛋白质折算系数"计算[式（2-21）]，还可通过食品中各氨基酸含量的总和来确定。

$$蛋白质（g/100g）= 总氮量（g/100g）×蛋白质折算系数 \quad (2-21)$$

对于含有两种或两种以上蛋白质来源的加工食品，统一使用折算系数 6.25。

$$蛋白质提供能量 E_2 = 蛋白质的含量（g）×16.7（kJ/g）（4kcal/g） \quad (2-22)$$

（2）脂肪能量计算　　脂肪的含量可通过测定粗脂肪或总脂肪获得，在营养标签上两者均可标示为"脂肪"，除了甘油三酯外，还包括磷脂、固醇、色素等。

$$脂肪提供能量 E_3 = 脂肪的含量（g）×37.6（kJ/g）（9kcal/g） \quad (2-23)$$

（3）碳水化合物能量计算　　食品中碳水化合物的量可按减法或加法计算获得。减法是以食品总质量为100，减去蛋白质、脂肪、水分、灰分和膳食纤维的质量，称为"可利用碳水化合物"；或以食品总质量为100，减去蛋白质、脂肪、水分、灰分的质量，称为"总碳水化合物"。在标签上，上述两者均以"碳水化合物"标示。

$$碳水化合物提供能量 E_1 = 碳水化合物的含量（g）×16.7（kJ/g）（4kcal/g） \quad (2-24)$$

（4）计算三大营养素的供能比例

$$碳水化合物供能比例 = E_1 / \sum E × 100\% \quad (2-25)$$

$$蛋白质供能比例 = E_2 / \sum E × 100\% \quad (2-26)$$

$$脂肪供能比例 = E_3 / \sum E × 100\% \quad (2-27)$$

将以上计算结果和 NRV 填入表中。

4. 反式脂肪酸标示方法

在食品配料中含有或生产过程中使用了氢化和（或）部分氢化油脂时，应标示反式脂肪酸含量。但是若上述产品中未使用氢化油的，可由企业自行选择是否标示反式脂肪酸含量。

当配料中氢化油和（或）部分氢化油所占比例很小，或者植物油氢化比较完全，产生的反式脂肪酸含量很低时，终产品中反式脂肪酸含量低于"0"界限值，此时反式脂肪酸应标示为"0"。这也是消费者经常误解的一点，很多使用了氢化植物油的产品，例如植脂末，但是反式脂肪酸标示为"0"，这是因为采用的工艺使得植物油氢化比较完全，产生的反式脂肪酸含量很低，达到标准中规定的"0"界限值，而不是说明完全没有。

二、任务准备

1. 样品准备

一款饼干（有具体种类、饼干产品的营养成分数据分析汇总结果）。

2. 材料准备

《中国食物成分表》和参考文献，作为进行食物营养成分含量比较的参考资料。

GB 28050—2011 及解读文件，用于查找适宜的声称原则和声称用语。

三、任务程序

1. 了解产品分析计划和相关标准

根据国家标准给出的饼干定义和分类，查找对应的技术要求和卫生标准。

2. 整理数据

对已获得的数据进行整理，数据可以是经过有资质的实验室测定的数据，找出异常值并分析原因。

另外也可采用计算法。例如，根据饼干的原辅料和工艺流程，在确认食品生产经营活动中营养素保留率的前提下，利用《中国食物成分表》、产品合格检验报告或科学文献查找饼干原料的营养成分，根据营养素保留率进行校核后，来计算终产品的营养成分数值。

如果条件允许，可以比较检测法和计算法获得结果的一致性。如果一致性较好，且结果相对稳定，在企业生产过程中也可在完善的质控体系下部分采用计算法进行质量监控。

3. 数据修约

对所有检测结果计算均值和标准差。

4. 计算食品营养成分含量占推荐摄入量的百分比

计算食品营养成分含量占推荐摄入量的百分比是进行营养声称的基础，也是限制食品进行合理宣传的尺度。

5. 营养声称选择

根据食品中营养成分占推荐摄入量的比例，按照声称要求条件判断是否允许进行声称，并挑选适宜的营养声称内容和用语，如本例检查钙含量是否可以作为营养声称（表2-32）。

表2-32　　　　　　　　食品营养声称的选择和判断（样例）

营养素	声称内容	钙含量要求	实际检测钙含量	判断
维生素和矿物质	钙的来源	≥120mg/100g	220mg/100g	√
	富含钙	≥240mg/100g		×
	增加钙	比同类增加25%	查《中国食物成分表》，饼干平均钙含量为73mg/100g，但缺少公认的基础值	×

6. 营养标签核定和归档

最终根据营养素参考数值计算、营养声称判断，绘制营养标签。并把所有检验单，计算、报告等归档，并建立用于营养标签的营养成分表。根据食品营养标签的面积、设计，营养成分表可以选择竖排或横排的格式，其中比较常用的格式见表2-33。

表2-33　　　　　　　　××饼干营养成分表

项目	含量（每100g）	NRV%
能量	kJ	%
蛋白质	g	%
总脂肪	g	%
碳水化合物	g	%
钠	mg	%
钙	mg	%
……	mg 或 μg	%

注：××饼干是钙的来源（营养声称）。

四、注意事项

能量的单位可以是 kJ 或 kcal。

五、任务评价

学生完成学习，通过自评（20%）、小组互评（30%）、教师评价（50%）评估对本任务学习的掌握情况。将具体的检查与评估填入表 2-34。

表 2-34　　　　　　　食物营养质量指数计算任务评价表

评价项目		评价标准	满分	评价分值 自评	评价分值 互评	评价分值 师评	得分
知识目标		能正确说出营养标签制作程序	10				
		能解释饼干营养标签内容	10				
能力目标	准备能力	正确准备材料、工具	10				
		正确计算饼干能量	10				
	操作能力	正确计算饼干中营养素含量	10				
		制作饼干营养标签	10				
	总结能力	能点评营养标签	10				
	学习能力	能够独立完成资料查询任务	10				
素质目标		遵守职业规范	10				
		普及食品健康知识	10				
		合计	100				

任务九

维生素 D 缺乏判断及评价

知识目标

1. 掌握成年人维生素 D 缺乏的症状及体征；
2. 掌握婴儿、儿童维生素 D 缺乏的症状及体征。

能力目标

1. 能够识别成年人、婴儿和儿童维生素 D 缺乏的症状及体征；
2. 能根据体格测量结果进行维生素 D 缺乏的判断与评价。

素质目标

1. 增强学习的自觉性与主动性；

2. 培养全心全意的服务精神。

导入：中华预防医学会儿童保健分会专家组讨论、制定并发布了《中国儿童维生素 A、维生素 D 临床应用专家共识》，引起了业内人士的广泛关注。维生素 A 和维生素 D 作为两种重要的脂溶性维生素，与儿童健康关系密切。充足的维生素 A、维生素 D 营养对儿童早期发展及疾病的防治具有积极的作用，缺乏和不足均会影响儿童健康。儿童早期发展关乎一生，营养健康在其中起到了关键的作用。

一、知识导学

维生素 D 是人类生命所必需的营养素，是体内钙平衡最重要的生物调节因子之一。维生素 D 直接或间接地参与骨内进行的所有过程：骨细胞的增生、分化、骨基质的形成、成熟和钙化、骨质的重吸收等。不同年龄维生素 D 缺乏有不同的临床表现，婴幼儿时期出现维生素 D 缺乏可导致佝偻病的发生，成年人阶段的维生素 D 缺乏则会形成骨软化症。维生素 D 缺乏病主要发生在气温偏低、日光照射不足的地区，以食物中缺乏维生素 D 来源的人群中，特别是婴幼儿、孕妇、乳母和老年人多见。

（一）骨软化病

1. 骨软化病的症状和体征

发生于成年人，多见于寒冷贫困地区的妊娠多产妇女及体弱多病的老年人，少数病例是肾小管病变或酶缺乏、肝病、抗惊厥药物等所致。最常见的症状就是骨痛、肌无力和骨压痛。发病初期，骨痛往往是模糊的，常在背腰部或下肢，疼痛部位不固定，其发作也没有一定的规律性，一般在活动时加重，但没有明显的体征。肌无力是维生素 D 缺乏的重要表现，初期患者的感觉是在上楼梯或从座位起立时吃力，病情加剧时行走困难。在骨痛与肌无力同时存在的情况下，患者步态特殊，被称为"鸭步"。重度者有脊柱压迫性弯曲、身材变矮、骨盆变形等现象。体检时骨软化病患者的胸骨、肋骨、骨盆及大关节处往往有明显压痛。

2. 骨软化病的判定标准

主要表现为骨质软化，骨样组织增生，骨骼变形。病因多为维生素 D 和钙、磷缺乏，早期表现腰酸腿痛、行动不便、骨骼压痛，偶有抽搐或麻木，骨质疏松、骨骼变形，并可出现骨折或假性骨折或成年人的青枝性骨折，骨盆 X 射线片常呈三叶形上口。椎体受压而造成楔形骨折或双凹形变形。营养因素引起者可通过改善饮食、补充维生素 D 及钙剂、增加室外活动来缓解。

（二）儿童佝偻病

小儿佝偻病俗称软骨病。18 世纪在英国发现小儿因少见阳光，出现了前囟闭合晚、出牙晚、走路晚、颅骨软、行走时两腿弯曲等骨骼变形症状，遂将此病定名为小儿佝偻病，并发现只要用日光照射即可治愈，证明此病是因为缺乏日光照射所致。佝偻病常见于3岁以内的小儿，1岁以内最多见。户外活动少，尤其是冬季不能坚持户外活动的婴幼儿，佝偻病的发病率比户外活动多者高七八倍，发病率北方高于南方。

1. 儿童维生素D缺乏症——佝偻病的临床表现

（1）神经精神症状　神经精神症状为佝偻病初期的主要临床表现，可持续数周至数月。表现为多汗、夜惊、易激怒等，特别是入睡后头部汗多，与气候无关，由于汗液刺激，患儿经常摇头擦枕，形成枕秃或环形脱发。以上症状虽非特异性表现，但在好发地区可以作为早期诊断的参考依据。

（2）骨骼变化　骨骼的变化与年龄、生长速率及维生素D缺乏的程度等因素有关。

①头部：颅骨软化为佝偻病的早期表现，多见于3～6个月婴儿。轻者前囟边缘软化，闭合延迟，可迟至2～3岁才闭合。重者颞枕部呈乒乓球样软化，以手指按压枕、顶骨中央，有弹性。由于骨膜下骨样组织增生，可导致额、顶骨对称性隆起，形成"方颅""鞍状头"或"十字头"。佝偻病患儿出牙晚可延至1岁或3岁才出齐。严重者牙齿排列不齐，釉质发育不良。

②胸部肋骨串珠：在肋骨与肋软骨交界区呈钝圆形隆起，外观似串珠，以第7～10肋最为显著。也可向内隆起压迫肺而导致局部不张，易患肺炎。

③胸廓畸形：1岁以内的患儿肋骨软化，胸廓因受膈肌收缩而内陷，呈现沿胸骨下缘水平的凹沟，称为赫氏沟。2岁以上患儿可见有鸡胸等胸廓畸形，剑突区内陷，形成漏斗胸。

④四肢及脊柱：由于骨骼软化，上下肢均可因承重而弯曲变形，婴儿爬行时可发生上肢弯曲，较大的儿童站立行走时则发生下肢变曲，出现O形腿或X形腿。脊柱受重力影响可发生侧向或前后向弯曲。严重佝偻病患儿可能发生骨折。另外，长骨干骺端肥大，以腕部明显，桡骨、尺骨端呈钝圆形隆起，形似"手足镯"。

（3）其他表现　佝偻病患儿一般发育不良，神情呆滞，条件反射建立缓慢且不巩固，能直立行走的时间也较晚。由于低血钙，6个月以下的小儿常出现肌痉挛或手足搐搦，更大些的儿童可有骨痛、骨变形等表现。由于胸廓畸形，呼吸运动受限制，患儿容易继发肺部感染。也常见消化系统的功能障碍。

碱性碳酸酶活性升高在病程中出现较早，而恢复最晚。故在临床诊断及治疗观察中价值较大。

对于临床症状和体征不典型的亚临床佝偻病，可测定血清$25-(OH)D_3$水平，正常值为10～80mmol/L。典型佝偻病病人该值几乎为零，亚临床佝偻病病人该值显著下降，但经维生素D治疗后可显著回升，因此，血清$25-(OH)D_3$的水平是敏感而可靠的生化指标。

2. X 射线检查

以发育较快的长骨的 X 射线改变最为明显，尤其以尺桡骨远端及胫腓骨近端更为明显。其各期表现见表 2-35。

表 2-35　　　　　　　　　　佝偻病的 X 射线检查表现

时期	X 线检查表现
初期或轻症期	改变不显著，干骺端钙化预备线可有轻度模糊，以尺桡骨端明显
活动期	干骺端钙化预备线消失，呈毛刷状，常有杯口状凹陷；骺线显著增宽，骨质稀疏，皮质变薄，可伴有不完全骨折及下肢弯曲畸形
恢复期	钙化预备线重新出现，但仍不太规则，杯口状改变渐消失，骨密度渐恢复

3. 维生素 D 缺乏判定标准

佝偻病的诊断见表 2-36。一般尚需询问饮食等情况帮助判定。

表 2-36　　　　　　　　　　佝偻病的诊断

项目	佝偻病诊断检查项目	
	主要条件	次要条件
临床表现	多汗、夜惊	烦躁不安
	乒乓头、方颅、肋串珠、鸡胸、手足镯、O 形腿、典型肋软沟	枕秃、方颅、肋软沟
血液钙磷乘积	<30	30~40
碱性磷酸酶活性（金氏法）	>28 单位	20~28 单位
胸骨 X 射线（干骺端）	毛刷状/杯口状	钙化预备线模糊

二、任务准备

（一）骨软化病

1. 样品准备

分析对象或分析资料

2. 材料准备

准备相关表格、工具、笔、记录纸等。

（二）儿童佝偻病

1. 工作准备

掌握儿童维生素 D 缺乏的判断与评价方法及标准，包括临床表现、X 射线检查及实验室检测，[如碱性磷酸酶活性及血清 25-(OH)D_3 水平] 等方法与判断标准。

2. 材料准备

准备相关表格等。

三、任务程序

（一）骨软化病

1. 了解基本情况

（1）个人一般情况　包括年龄、性别、籍贯等。

（2）膳食史　最近饮食是否规律，食欲如何，既往经常摄取的食物种类，是否偏食。

（3）个人健康状况基本资料　有无患病（如胃肠道慢性疾病）及手术史和肝病史等，儿童时是否患有佝偻病，日照是否足够，有无嗜酒等。妇女询问生育史。

（4）相关症状　是否出现腿疼、肌无力、骨压痛等，是否患有手足痉挛抽搐等。

2. 进行相关体格检查

相关体格检查包括身高、体重、骨骼系统、神经系统等。观察被检查者的体型，看是否患有佝偻病体征；主要检查牙齿和骨骼，看发育是否正常。

3. 询问病史，获得相关信息

询问骨折、摔伤等相关情况，询问维生素 D、钙补充剂情况，询问是否晒太阳等。

4. 分析考虑要点

骨软化病的判断要点见表 2-37。

进行体格测量时，要严格按照相关测量要求，避免人为因素造成的误差。

表 2-37　　　　　　　　　骨软化病的判断要点

营养评价	判断要点（必须包括一个或更多）
个人史	吸收不良
	其他代谢疾病或消化疾病
	服用影响维生素 D 和钙吸收的药物或食物
	骨质疏松、骨质软化、骨折次数
	日光照射不足
	生育次数

续表

营养评价	判断要点（必须包括一个或更多）
人体测量	身高是否有改变
临床表现	手足痉挛症：抽搐、惊厥
	肌无力
	X射线检查改变
食物/营养史	报告或观察
	长期富含维生素D或钙的食物摄入不足
	食物选择不当或不良的膳食行为
生化数据，临床检验	低血钙、低血磷、维生素D：25-(OH)D_3<20mmol/L
	血清碱性磷酸酶活性升高

（二）儿童佝偻病

1. 询问病史

凡早产、双胎、人工喂养，接受日照少，经常患病及生长发育快的婴幼儿，若出现相应的临床表现，需要做进一步检查。

2. 进行相关体格检查

包括骨骼表现，即头部、胸部、四肢、脊柱以及其他方面的症状或体征。

3. 根据现有的条件和技术选择实验室检测方法

4. 评价和判断

依据程序1~3的结果做出评价和判断。具体考虑以下因素。

（1）病因

①母亲怀孕时缺乏维生素D与钙，导致胎儿储备少，易患佝偻病。

②小儿少见日光，维生素D摄入不足，钙摄入也常常不足。

（2）症候或症状（特征）　患儿多有多汗、易惊、囟门大、出牙迟及枕秃等症状。患病幼儿有骨骺肿大、串珠肋、前囟未闭、颅骨软化、肌张力过低等症状；患病儿童前额凸出，伴有O形腿或X形腿，胸骨变形（赫氏沟、鸡胸）。

四、注意事项

1. 询问病史时应注意获取导致维生素D缺乏的原因信息。

2. 进行体格检查时，应严格按照相关测量的要求，注意避免人为因素造成的误差。

3. 进行实验室检测时，应该严格按照实验室操作程序和要求进行，以避免系统误差。

五、任务评价

学生完成学习,通过自评(20%)、小组互评(30%)、教师评价(50%)评估对本任务学习的掌握情况。将具体的检查与评估填入表 2-38。

表 2-38　　　　　　　维生素 D 缺乏判断及评价任务评价表

评价项目	评价标准	评价标准	满分	评价分值 自评	评价分值 互评	评价分值 师评	得分
知识目标		能准确表述成年人维生素 D 缺乏的症状及体征	10				
		能准确表述婴儿、儿童维生素 D 缺乏的症状及体征	10				
能力目标	准备能力	能按要求准备好需要材料	10				
	操作能力	能利用所学知识了解病人情况	10				
	总结能力	能进行相关体格检查	20				
	学习能力	能根据结果做出正确分析和合理建议	10				
		能够独立完成评价和判断任务	10				
素质目标		能够自觉主动学习	10				
		有一定的服务意识	10				
		合计	100				

任务十

锌缺乏判断及评价

知识目标

1. 掌握锌缺乏的原因;
2. 掌握锌缺乏的症状及体征。

能力目标

1. 能够识别锌缺乏的症状及体征;
2. 能根据体格检查结果进行锌缺乏的判断与评价。

素质目标

1. 增强学习的自觉性与主动性;
2. 培养全心全意的服务精神。

导入：中国唯一的国家级专业营养研究机构——中国预防医学科学院营养与食品卫生研究所的最新调查结果表明，我国少年儿童的缺锌率达60%。每2个中国儿童就有1个为锌缺乏或摄入量不足。目前WHO已确认的14种人体必需微量元素中，锌占第一位。

一、知识导学

锌缺乏是人群中常见的营养缺乏症，尤其以经济落后的发展中国家更为严重。在不同人群中，婴幼儿、儿童、孕妇及育龄妇女是锌缺乏的高发人群。人体缺锌主要表现为食欲不振、厌食、免疫力低下、生长发育不良、性成熟推迟等。锌缺乏的判断是根据锌的功能进行相应症状、体征和指标的检查，并根据结果做出判断。

1. 锌缺乏的原因及锌缺乏的发生情况

造成锌缺乏的原因是多种多样的，在实际工作中应根据相应个体的具体情况进行分析，但总体说来，锌缺乏的原因可分为原发性因素和继发性因素。

（1）原发性因素

①锌的膳食摄入量及生物利用率低：锌含量高的食物主要为动物性食物，如瘦肉、动物内脏、海产贝类等。如因种种原因导致动物性食物摄入量低，可导致锌的膳食摄入量低。植物性食物也含一定量的锌，但吸收率相对低。膳食中存在许多不利于膳食锌吸收的因素，如植酸木质素、膳食纤维等，同时锌的吸收与其他无机元素之间也存在竞争，如钙和铁供给过多都会影响锌在小肠中的吸收。

②锌的生理需要量增加：孕妇由于妊娠、乳母由于哺乳、婴幼儿和儿童青少年由于生长发育迅速、运动员由于高强度运动都会导致对锌的需要量增加，如果膳食未做及时调整，锌的摄入量未能增加，就会导致这些人群锌缺乏的危险性增加。

（2）继发性因素

①肠吸收障碍：如肠病性肢端性皮炎患者因遗传因素对锌的吸收率较低，可导致严重的锌缺乏。另外，糖尿病、高植酸饮食、酗酒、透析、胃酸缺乏或过少、肝病、胃肠道切除、慢性失血、肠道综合征、胰液分泌不足等均会降低膳食锌的吸收率。

②因其他疾病继发锌的缺乏：如肾脏疾病伴有大量蛋白尿时可使锌的丢失增加，烧伤、手术、高烧、严重感染等会增加机体的分解代谢使锌的消耗增加及尿中锌的排泄增加。另外，在进行肠外营养支持治疗，或昏迷、患有恶性肿瘤、严重感染等的病人，因机体状态差而不能进食或进食量降低，都会导致锌在体内的耗竭从而引起锌缺乏。

2. 锌缺乏的主要表现和判断

锌缺乏的主要表现有生长发育迟缓、性成熟迟缓、食欲减退、味觉异常、异食癖、伤口不易愈合等。锌缺乏的判断和评价需要从多方面入手，包括膳食史的询问、膳食锌摄入量调查、锌缺乏体征的检查及实验室检查等，另外还可结合补锌后的反应进行综合判断。

（1）锌缺乏时患者可有下列表现，面色苍白，具有明显贫血面容，这是因为锌缺乏本身会造成贫血的出现，同时锌缺乏患者也会伴有铁缺乏的存在。另外患者可出现口角溃烂、口角炎、萎缩性舌炎、舌面光滑发红；眼、口、肛门等周围，以及肢端、肘膝、前臂等处有对称性糜烂、水疱等皮炎的症状，还可表现皮肤干燥、过度角化，组织学观察可见牛皮癣样皮炎，出现表皮增生、角化不全、散发角化不良细胞等。锌缺乏患者还会出现反复发作的口腔溃疡。

（2）生长发育障碍是处在生长发育过程中的胎儿、婴幼儿和儿童青少年锌缺乏的最主要和明显的表现，可影响骨骼、内脏器官、生殖器官和脑的生长发育。孕妇严重锌缺乏可出现胚胎畸形，出生时小样儿，出生后锌缺乏可导致侏儒症的发生。锌缺乏影响脑功能和神经精神状况，患者可表现为精神萎靡、嗜睡、欣快感或幻觉，严重者小脑功能受损可表现出躯干和肢体的共济失调。

（3）检查指甲和毛发，看是否存在指甲变脆、匙状甲、头发枯黄。

（4）锌缺乏的实验室检查。锌缺乏缺少特异性强、敏感性好的生化指标，目前没有非常理想的诊断指标，但必要时建议来访者做一些检查，根据检查结果，结合锌的膳食摄入量及临床检查结果进行综合判断。

①发锌：资料表明，生长发育不良、食欲差和味觉减退的儿童发锌会相应降低，一般用发锌小于 $70\mu g/g$（$<1.07\mu mol/L$）作为判断儿童锌缺乏的临界值，但是否能用于成年人还值得商榷，可作为人群普查筛选的指标之一。

②血清/血浆锌：与发锌不同，血浆/血清锌的水平反映近期锌营养状况，我国健康人血锌值见表 2-39。血浆/血清锌不失为衡量锌营养状况的最常用指标，尤其在大型人群试验中运用较普遍。

表 2-39　　　　　　　　我国健康人血锌值　　　　　　　单位：μmol/L

年龄	例数	均数±标准差	低限	年龄	例数	均数±标准差	低限
初生	20	14±3.31	9.83	12 岁	184	13.47±2.08	10.80
1 月	156	13.21±1.40	11.40	20 岁	181	13.53±2.11	10.80
2 岁	217	13.47±2.27	11.63	60~93 岁	116	10.19±1.92	9.01
6 岁	151	14.46±2.03	12.03				

③尿锌：体内锌储存量减少，经由尿排出的锌也减少，尿锌可比血清/血浆锌更灵敏地体现出这种变化。但一些因素可对尿锌含量产生影响，并给结果解释带来一定难度。尿锌在排除各种因素后或用于健康人群中，其测定值才有实际意义。每天尿排出的锌为 300~600μg，一般常收集 24h 尿检测尿锌，以排除尿锌在

每个时段的变异性。尿锌能反映锌的代谢水平，缺锌时，尿排出锌降低。若同时测定血锌、发锌、尿锌三项指标，则诊断价值更大。对临床上有缺锌表现、血锌或发锌不低者，补锌治疗后的营养及临床症状得到改善，可作为确定锌营养状态的重要手段。

3. 锌缺乏的预防

对于继发性锌缺乏，应针对原发性疾病进行积极治疗，临床上对肠外营养支持治疗、烧伤、烫伤等病人应及时补充锌，以预防继发性锌缺乏的出现。对于原发性锌缺乏的预防，主要应以膳食调整为主，增加动物性食物的摄入量，特别是瘦肉、动物内脏及海产贝类等。必要时也可考虑补充锌制剂及锌强化食物，尤其对容易出现缺乏的人群更应注意锌的供给。

二、任务准备

1. 样品准备

分析对象或分析资料。

2. 材料准备

相关表格，相关测量器械，如身高计、体重计等，记录表、记录纸、笔等。

三、任务程序

1. 膳食史调查

询问时要对来访者热情，取得他们的信任和协作，询问时要抓住重点，主要询问来访者动物性食物的摄入情况，以及是否服用锌制剂和锌强化食品，最近膳食有无大的变动等。有经验的营养师通过询问可以大致判断来访者有无锌缺乏的可能。

2. 询问病史

（1）询问是否有性发育障碍与性功能低下　性发育障碍是青少年锌缺乏的一个主要表现，可表现为生殖器官发育迟缓、月经初潮年龄推迟、无第二性征出现等。而已经性发育成熟的成年人出现锌缺乏则会出现阳痿、性欲减退等表现。

（2）询问是否有味觉及嗅觉障碍　锌缺乏可导致味觉和嗅觉迟钝或出现异常，患者轻则出现食欲下降，重则食欲缺乏或出现异食癖。

（3）询问是否有伤口愈合不良　锌可促进组织增生，促进伤口愈合，手术病人及创伤病人锌缺乏可影响伤口愈合。

（4）询问呼吸系统和消化系统感染发病情况　锌缺乏患者免疫功能下降，容易感染疾病。婴幼儿肠道感染和呼吸道感染率明显增加。

3. 膳食锌摄入量调查

膳食史询问结束后，根据判断结果对疑似患有膳食锌摄入不足的对象进行24h回顾调查，必要的话也可进行连续3天的调查，以得到膳食锌的摄入量。根据中国营养学会所制定的《中国居民膳食营养素推荐摄入量（2023版）》中锌的 EAR、RNI、UL 进行分析评价。

4. 进行相关体格检查

（1）观察来访者的皮肤，看是否存在皮肤干燥、粗糙等锌缺乏的表现。

（2）观察来访者的精神和营养状况，看是否存在生长发育迟缓。

（3）检查指甲和毛发，看是否存在指甲变脆、匙状甲、头发枯黄等现象。

5. 参考锌缺乏的实验室检查结果

（1）发锌。

（2）血清/血浆锌。

（3）尿锌。

6. 综合分析所获得的资料做出判断

锌缺乏的判断要点见表 2-40。

表 2-40　　　　　锌缺乏的判断要点

营养评价	判断要点（必须包括1个或更多）
个人史	摄入不足或吸收障碍
个人史	其他代谢疾病或消化疾病 服用影响锌吸收的药物或食物
人体测量	身高、体重等指标低于正常范围，生长发育迟缓（儿童）
临床表现	性器官发育不良（儿童） 皮肤干燥、粗糙，毛发稀疏发黄 口腔溃疡、口角炎等 反复消化道或呼吸道感染 嗜睡、情绪波动
食物/营养史	食欲不振、异食癖 富含锌的食物摄入不足 喂养不当（婴幼儿） 节食或限制食物类别、偏食 食物选择不当或不良的膳食行为
生化数据	血清锌浓度和发锌、尿锌水平低于正常

四、注意事项

1. 询问病史时应注意获取导致锌缺乏的原因信息。

2. 进行体格检查时，应严格按照相关测量的要求，注意避免人为因素造成的误差。

3. 进行实验室检测时，应该严格按照实验室操作程序和要求进行，以避免系统误差。

五、任务评价

学生完成学习，通过自评（20%）、小组互评（30%）、教师评价（50%）评估对本任务学习的掌握情况。将具体的检查与评估填入表 2-41。

表 2-41　　　　　　　　锌缺乏判断及评价任务评价表

评价项目		评价标准	满分	评价分值			得分
				自评	互评	师评	
知识目标		能够正确表述锌缺乏的症状及体征	10				
		能够举例说明缺锌检查方法	10				
能力目标	准备能力	能按要求准备材料	10				
		能够进行正确的询问	10				
	操作能力	能够根据询问初步判断有无缺锌可能	10				
		能够进行相关体格检查	10				
	总结能力	能根据结果做出正确分析和合理建议	10				
	学习能力	能够独立完成评价和判断任务	10				
素质目标		能够自觉主动学习	10				
		有一定的服务意识	10				
		合计	100				

任务十一

设计称重法调查表

知识目标

1. 掌握称重记录表的基本内容；
2. 熟悉称重法设计方法。

能力目标

1. 能设计称重记录表；
2. 能为称重法开展膳食调查做准备。

素质目标

1. 培养认真、负责、细致的职业素养；
2. 树立科学、严谨、规范的职业态度。

导入：在我国开展的四次全国营养调查中，均采用了称重法，称重法可以获得平均食物摄入量和营养素摄入量等信息。

一、知识导学

称重法是运用日常的各种测量工具对食物进行称重，从而了解调查对象对当前食物消耗情况的一种膳食调查方法。称重法得到的数据都记录在称重记录表中，通过称重记录表计算食物和营养素的摄入量。称重记录表的设计是开展称重法膳食调查的重要部分，一份好的称重记录表能够引导调查顺利进行，方便调查数据的录入和分析。设计记录表是做好膳食调查的基础。

1. 称重记录表的设计原则

（1）餐次分开　通过称重记录表能够准确得出每种食物，包括调味品和三餐以外的零食的摄入量。

（2）项目完整、清晰　记录的食物可以及时编码，与《中国食物成分表》的营养素成分相对应，从而能够计算出营养素摄入量。

（3）足够的记录空间　设计的表格应便于调查时使用，并利于计算机录入和计算。一张简单的个人早餐食物称重记录表见表2-42。

表 2-42　　　　　食物称重记录表　　　　　单位：g

餐别	饭菜名称	食物原料名称	食物质量	可食质量	熟食质量	熟食余量	净熟质量	净生质量	备注
早餐	红豆二米粥	大米	35	35	726	126	564	37.2	
		小米	30	30				23.3	
		红小豆	10	10				7.8	
	咸菜	萝卜	30	30				30.0	

2. 称重记录表的设计方法

（1）确定要记录的是"谁"的信息，是针对个体还是群组。如果是收集群组的信息，通常还要计算人均食物消费量。因此，除了要记录食物量，还要记录实际消耗这些食物的人数，以及这些人的年龄、性别、体力活动等可能影响食物摄入量的基本情况。

(2) 确定要得到的是"什么"信息，是关于食物的还是营养素的。对于食物，有哪些对研究比较重要但又相对容易忽略的，如调味品，可以在表格后面加上提示，强调要称量这些食物的量。根据研究目的考虑需要记录的详细程度，是否需要记录食物的商品名称、制作方法和食谱等。如果要计算营养素，还需要填各种食物对应的食物编码。

(3) 确定膳食记录的天数。实际调查时，进行膳食记录的天数要根据研究目的，以及研究所关注的营养素摄入在个体与个体间的变异来决定。实际上，很少有调查能超过3~4天，随着时间的延长，应答者会因疲倦而放弃。

(4) 确定要称重的是在哪里消耗的食物，在家里还是在食堂。

(5) 确定使用非开放式记录表还是开放式记录表。非开放式记录表对所有通常食用的食物以特定份额大小单位分组，成为一系列事先进行编码的食物表。这种表考虑到快速编码，但是可能并不充分，因为它要求被调查者按照已定义的单位来描述吃过的食物，而被调查者对这种已定义的单位并不熟悉。开放式记录表的使用更为频繁，它可以提供一些食用频率不太高的食物信息。

3. 称重记录表的使用方法

(1) 每次称重时记录在称重记录表上，如家庭称重记录表，将每种食物的结存量、购进量、废弃量和剩余量，清楚、准确地填在表格相应的位置。

(2) 根据记录的食物量，计算食物实际消耗量和每人每日各种食物的摄入量。

①计算食物实际消费量：根据称重法统计的3天内家庭的食物结存量、购进总量、废弃总量和剩余总量来计算。

家庭每种食物实际消费量＝食物结存量＋购进食物总量－废弃食物总量－剩余食物总量

(2-28)

②计算每人每日每种食物的摄入量：

家庭平均每人每日每种食物的摄入量＝实际消费量/家庭总人日数 (2-29)

③相关概念：实际消费量是指某种食物在3日调查中实际消费的量。

结存量是指调查开始时家里现存的某种食物的量。

购进总量或自产量是指每日购进某种食物的量。

剩余量是指该家庭中剩余某种食物的量。

(3) 称重结束后，对照《中国食物成分表》完成各种食物的食物编码，根据《中国食物成分表》中各种食物的营养素含量计算营养素摄入量。

平均每人每日营养素摄入量根据《中国食物成分表》中各种食物的能量及营养素的含量进行计算。

食物中某营养素含量＝[食物量（g）÷100×可食部分比例]×每100g食物中营养素含量

(2-30)

家庭某种营养素总摄入量＝家庭摄入所有食物中某种营养素的量累加 (2-31)

平均每人每日某营养素摄入量＝家庭某种营养素总摄入量/家庭总人日数 (2-32)

4. 标准人的概念及计算方法

由于调查对象的年龄、性别和劳动强度有很大的差别，所以无法用营养素的平均摄入量进行相互间的比较。因此，一般将各个人群都折合成标准人进行比较。折合的方法是以体重60kg成年男子从事轻体力劳动者为标准人，以其能量供给量10.03MJ作为1，其他各类人员按其能量推荐量与10.03MJ之比得出各类人的折合系数。然后将一个群体各类人的折合系数乘以其人日数之和，再被其总人日数除即得出该人群折合标准人的系数（混合系数）。标准人日计算公式为：

$$标准人日 = 标准人系数 \times 人日数 \tag{2-33}$$

总标准人日数为全家或集体每个人标准人日之和。

二、任务准备

1. 样品准备

分析对象。熟悉和了解家庭食用习惯和膳食购买、积累情况，为表格设计和项目设置做准备。确定调查日期和期限，例如是1日还是3日，何时开始调查、预约等。

2. 材料准备

记录纸、笔和电子秤等。

三、任务程序

1. 确定调查对象和家庭成员

调查对象的基本内容包括个人家庭基本情况、住址和联系方式，以便调查后进行资料整理发现问题时的联系和修改。因为不同季节的食物种类存在差异，所以调查日期也是重要的记录内容，以利于今后分析和建立健康档案。

2. 确定需要调查家庭食物的种类

家庭食物量记录可以针对某几种主要的家庭食物（如大米、面粉、猪肉等）来调查，也可以将开始调查时所有的家庭食物都进行登记。在进行调查表设计之前，应根据调查需要确定食物种类。

3. 确定需要调查的天数

根据调查需要，确定需要进行家庭膳食调查的天数，通常采用连续3天的称重记账法。

4. 记录每种食物数量

开始要列出各种食物现有量（结存数量），再将每种食物都按"购进量或自产量"和"废弃量"分栏列出，在调查期间每天都要一一记录。根据各种食物在调查期间的总量变化计算出实际的消费量。设计的表格举例见表2-43。

表 2-43　　　　　　　　　家庭食物量登记表

家庭编号＿＿＿＿＿＿　　　省/区＿＿＿＿＿＿　　　市/县＿＿＿＿＿＿
区/乡＿＿＿＿＿＿　　　　居委会/村＿＿＿＿＿＿　　调查户＿＿＿＿＿＿

食物编码									
食物名称		大米		标准粉		马铃薯		芹菜	
结存数量/g									
日期		购进量或自产量/g	废弃量/g	购进量或自产量/g	废弃量/g	购进量或自产量/g	废弃量/g	购进量或自产量/g	废弃量/g
11 日									
12 日									
13 日									
总量/g									
剩余总量/g									
实际消耗量/g									

5. 设计家庭成员每人每日用餐登记表

（1）确定家庭成员人数　在登记表中要记录所有家庭成员在调查期间是否在家中进餐，以便计算总人日数和平均摄入量。

（2）记录家庭成员的基本情况　根据调查需要，调查时还要记录每个家庭成员的年龄、性别、劳动强度、生理状态等基本信息。

6. 确定调查天数和用餐人次总数

通常采用连续 3 天调查。记录每天每个家庭成员的用餐人次和餐次比。在家用餐填 1，未在家用餐填 0；餐次比根据调查对象的实际情况填写，一般早、中、晚三餐分别为 30%、30%~40%、30%~40%。家庭成员每人每日用餐登记表见表 2-44。

表 2-44　　　　　　　　家庭成员每人每日用餐登记表

家庭编号＿＿＿＿＿＿　　　省/区＿＿＿＿＿＿　　　市/县＿＿＿＿＿＿
区/乡＿＿＿＿＿＿　　　　居委会/村＿＿＿＿＿＿　　调查户＿＿＿＿＿＿

姓名			
序号			
性别			
年龄（岁）			
工种			

续表

	早	中	晚	早	中	晚	早	中	晚	早	中	晚
劳动强度												
生理状况												
时间												
8月11日												
8月12日												
8月13日												
用餐人次总数												
餐次比												
折合人日数												
总人日数												

注：劳动强度：1—极轻体力劳动　2—轻体力劳动　3—中等体力劳动　4—重体力劳动　5—极重体力劳动　6—其他。

生理状况：0—正常　1—孕妇　2—乳母。

用餐记录：1—在家用餐　0—未在家用餐。

7. 修改表格的格式

把表中的文字、表头、字号等进行修改和格式调整，以达到美观和印刷要求。

8. 表格试用和完善

检查表格的完整性和方便性，如有不妥应进一步完善修改。

四、注意事项

1. 称重法中注意要称量各种食物的可食部

如果调查的某种食物为市品重（毛重），食物营养成分应按市品计算。根据需要也可以按《中国食物成分表》中各种食物的可食百分比转换成可食部数量。

2. 在调查期间，不要疏忽各种小杂粮和零食的登记

如绿豆、蛋类、糖果等，否则调查期间若摄入这类食物，很容易被漏掉。调查要特别注意油、盐、酱、醋等调味品的实际称量重量。

3. 人日数和总人日数的计算

人日数是代表调查对象用餐的天数。在现场调查中，不一定能收集到整个调查期间调查的全部进餐次数，应根据餐次比（早、中、晚3餐所摄入的食物量和能量占全天摄入量的百分比）来折算。一个人吃早、中、晚3餐就为1个人日。既可以计算家庭中某一个个体的调查期间总人日数，也可以计算一个集体中成员的总人日数。在实际工作中，使用不同的膳食调查方法，个人人日数的计算有所不同。家庭食物称重法中在外就餐不计算在餐次总数内。

五、任务评价

学生完成学习,通过自评(20%)、小组互评(30%)、教师评价(50%)评估对本任务学习的掌握情况。将具体的检查与评估填入表 2-45。

表 2-45　　　　　　　　称重法调查任务评价表

评价项目	评价标准		满分	评价分值			得分
				自评	互评	师评	
知识目标	能说出称重法调查法的特点		10				
	能说出称重法设计方法		10				
能力目标	准备能力	正确准备材料、工具	10				
		正确设计食物量登记表内容	10				
	操作能力	正确设计用餐登记表内容	10				
		能够完善表格	10				
	学习能力	能够独立完成3天称重记账法的表格设计	20				
素质目标	工作认真、负责、细致		10				
	态度科学、严谨、规范		10				
	合计		100				

任务十二

膳食结构分析与评价

知识目标

1. 了解膳食结构及其分类;
2. 熟悉膳食结构分析与评价方法。

能力目标

1. 能够正确进行食物归类;
2. 能够准确填写食物摄入量;
3. 能初步判断膳食结构存在的营养问题,并能提出合理化的改进意见。

素质目标

1. 培养实事求是、积极进取的工作态度；
2. 树立严格按照操作规程完成任务的职业纪律。

导入：通过学习全世界平衡膳食的标杆——地中海饮食，分析地中海膳食结构和地中海饮食的优点。思考如何调整我国居民饮食结构。

一、知识导学

膳食结构是指各类食物的品种和数量在膳食中所占的比重。根据各类食物所能提供能量及各种营养素的数量和比例，可以衡量膳食结构的组成是否合理。根据膳食中动物性、植物性食物所占不同比重，以及能量、蛋白质、脂肪和碳水化合物的供

膳食模式

能比作为划分膳食结构的标准，可以将世界不同地区的膳食结构分为动植物性食物平衡的膳食结构、以植物性食物为主的膳食结构、以动物性食物为主的膳食结构和地中海膳食结构。

1. 膳食结构分析

根据调查对象 24h 膳食调查结果，计算 9 类食物，即谷类、蔬菜类、水果类、肉禽类、蛋类、鱼虾类、豆类及豆制品、乳类及乳制品，以及油脂类食物的摄入量。然后与中国居民平衡膳食宝塔（2022）提出的理想膳食模式进行比较，对调查对象的膳食结构进行分析评价。

2. 膳食结构评价的依据与方法

膳食结构评价的依据是中国居民平衡膳食宝塔（2022）。评价方法是根据 24h 膳食调查结果将食物按 5 类进行分类，统计各类食物的摄入总量。将调查对象的劳动强度按低、中、高的不同水平与中国居民平衡膳食宝塔（2022）建议的不同能量膳食的各类食物参考摄入量进行比较，分析判断各类食物摄入量是否满足人体需要。

二、任务准备

1. 样品准备

准备 1 份 24h 回顾调查结果，如董女士在 6 月 24 日中午至 25 日中午的进餐情况见表 2-46。

2. 材料准备

中国居民膳食宝塔（2022）、记录纸、笔等。

表 2-46　　　　董女士 6 月 24 日中午至 25 日中午进餐情况

董女士　　女　　47 岁　　身高：158cm　　体重：78 kg　　劳动强度：轻体力劳动

饮食时间	食物名称	原料名称	原料质量/g
早餐 （25 日）	鸡蛋灌饼 1 个 牛乳 1 袋 桃子 1 个	小麦粉 鸡蛋 牛乳 桃 豆油	75 60 250 175 5
中餐 （25 日）	米饭 1 碗 油菜炒瘦肉 1 份 栗子 15 颗 西瓜 2 大块	稻米 油菜 猪瘦肉 栗子 豆油 西瓜	100 100 15 75 20 625
晚餐 （24 日）	米饭 1 碗 油菜炒瘦肉 1 份 芹菜炒瘦肉 1 份 哈密瓜 2 块	稻米 油菜 猪瘦肉 芹菜 哈密瓜 豆油	100 200 90 160 250 15

三、任务程序

1. 食物分析

常用的分类方法是首先按《中国食物成分表》找到食物编码和分类，见表 2-47。

表 2-47　　　　　　　　　　常用分类方法

食物类别	质量/g	食物类别	质量/g
米及其制品		乳类及其制品	
面及其制品		蛋类及其制品	
其他谷物		植物油	
薯类		动物油	
豆类及其制品		糕点类	

续表

食物类别	质量/g	食物类别	质量/g
蔬菜类及其制品		糖、淀粉	
水果类及其制品		食盐	
坚果类		酱油	
畜肉类及其制品		酱料	
禽肉类及其制品		其他	
鱼虾类			

2. 食物归类

例如，把表 2-48 中的食物按中国居民平衡膳食宝塔（2022）归类。

表 2-48　　　　　　　　24h 各类食物的摄入量

食物类别	谷类	蔬菜	水果	肉、禽	蛋类	鱼虾	豆类及豆制品	乳类及乳制品	油脂
摄入量/g	275	460	1125	105	60	0	0	250	40
中国居民平衡膳食宝塔（2022）推荐量（按 9203kJ 能量水平）/kg	1255	1673	1255	314	209	314	167	1255	105

在进行食物归类时应注意，有些食物要进行折算才能相加。例如，计算乳类摄入量时，不能将鲜乳与乳粉的消费量直接相加，应按蛋白质含量将乳粉量折算成鲜乳量后再相加；各种豆制品也同样需要折算成大豆的量，然后才能相加。

乳类和豆类的品种多，在《中国食物成分表》中可能不会全部包括。在从豆浆到大豆、从乳粉到鲜乳进行折算时，可以乘以该产品 100g 的蛋白质含量，再除以大豆或鲜乳中蛋白质的含量即可。例如，

（1）豆类及其制品以每 100g 各种豆类及其制品中蛋白质的含量与每 100g 大豆中蛋白质的含量（35.1g）的比作为系数，折算成大豆的量［式（2-34）］。

$$相当于大豆的量 = 摄入量 \times 蛋白质含量 \div 35.1 \tag{2-34}$$

（2）乳类及其制品摄入量按照每 100g 各种乳类及其制品中蛋白质的含量与每 100g 鲜乳中蛋白质的含量（3g）的比作为系数，折算成鲜乳的量［式（2-35）］。

折算公式：

$$相当于鲜乳的量 = 摄入量 \times 蛋白质含量 \div 3 \tag{2-35}$$

3. 食物摄入量计算填写

把食物调查表中的摄入量按中国居民平衡膳食宝塔（2022）归类计算并填写表 2-48，把中国居民平衡膳食宝塔（2022）推荐量填入最后一行。

4. 比较和分析

将调查对象 24h 各类食物的消费量和相应的中国居民平衡膳食宝塔（2022）建议的量进行比较，一方面评价食物的种类是否齐全，是否做到了食物种类多样化；另一方面需要评价各类食物的消费量是否充足。在表 2-48 中，除鱼虾和豆制品以外，其余食物均达到中国居民平衡膳食宝塔（2022）中低能量组的食物量要求。但其中谷类、油脂类摄入过多。中国居民平衡膳食宝塔（2022）建议不同能量膳食的各类食物参考摄入量见表 2-49。

表 2-49　中国居民平衡膳食宝塔（2022）建议不同能量膳食的各类食物参考摄入量

单位：g/日

能量水平	6700kJ	7550kJ	8350kJ	9200kJ	10050kJ	10900kJ	11700kJ
谷类	225	250	300	300	350	400	450
大豆类	30	30	40	40	40	50	50
蔬菜	300	300	350	400	450	500	500
水果	200	200	300	300	400	400	500
肉类	50	50	50	75	75	75	75
乳类	300	300	300	300	300	300	300
蛋类	25	25	25	50	50	50	50
水产品	50	75	75	75	75	100	100
烹调油	20	25	25	25	30	30	30
食盐	6	6	6	6	6	6	6

5. 评价

需要注意的是中国居民平衡膳食宝塔（2022）建议每人每日各类食物适宜摄入量适用于一般健康成年人。应用时要根据个人年龄、性别和劳动强度选择适宜的食物参考摄入量。

与中国居民平衡膳食宝塔（2022）中的数据比较，董女士在 6 月 24 日中午至 25 日中午进餐的食物中，蔬菜、水果、肉禽、蛋类、乳类及乳制品的摄入量均达到了要求，但油脂摄入量过多（超过推荐摄入量 15g），谷类摄入量适中，鱼虾和豆类食物的摄入量缺乏。总体来看没有达到平衡膳食的要求。

6. 建议

按照以上分析结果，给出建议和评价。

给董女士的建议是：

①适量摄入豆类及豆制品。

②适当降低总能量的摄入，降低油脂摄入量。
③猪肉的摄入量应适当减少，增加海产品和禽肉的摄入量。
④继续保持充足的水果、蔬菜和乳类的摄入量，增加薯类的摄入量。

四、注意事项

1. 在进行食物归类时应注意，有些食物如乳制品和豆制品需要进行折算才能相加。

2. 中国居民平衡膳食宝塔（2022）建议各类食物摄入量是一个平均值和比例，日常生活无需每天都样样照此，但是要经常遵循各层各类食物的大体比例。

3. 中国居民平衡膳食宝塔（2022）给出了一天中各类食物摄入量的建议，还要注意合理分配三餐食物量。三餐食物量的分配及间隔时间应与作息时间和劳动状况相匹配。特殊情况可以适当调整。

五、任务评价

学生完成学习，通过自评（20%）、小组互评（30%）、教师评价（50%）评估对本任务学习的掌握情况。将具体的检查与评估填入表2-50。

表2-50 膳食结构分析与评价任务评价表

评价项目		评价标准	满分	评价分值			得分
				自评	互评	师评	
知识目标		正确解释膳食结构	10				
		掌握膳食结构分析与评价方法	10				
能力目标	准备能力	正确准备所需材料	10				
	操作能力	能进行食物分析和食物归类	10				
		准确填写食物摄入量	10				
		能进行膳食结构分析	10				
	总结能力	能根据结果做出合理评价和建议	10				
	学习能力	能够独立完成资料查询任务	10				
素质目标		有积极的态度和行动	10				
		能严格遵守操作规程	10				
		合计	100				

任务十三

膳食能量摄入量计算与评价

知识目标

1. 熟悉膳食调查中能量、蛋白质、脂肪食物来源分布的计算方法;
2. 掌握三餐供能比的计算方法。

能力目标

1. 能够进行食物分类并计算能量摄入量;
2. 准确计算三种营养素提供的能量占总能量的比例;
3. 能根据调查结果初步判断人体摄入能量的状况,并能提出合理化改进意见。

素质目标

1. 树立健康意识、提升专业自信;
2. 引导学生树立时代赋予使命的责任担当。

导入:通过廉价食物、能力摄入量过多的危害、热量限制与健康长寿等相关知识的学习,思考能量摄入量保持在合理范围内的重要性。

一、知识导学

人体的一切生命活动都离不开能量。人类通过摄取动、植物性食物获得所需的能量,动、植物性食物中所含的营养素可分为碳水化合物、脂肪、蛋白质、矿物质、维生素、膳食纤维和水。其中只有碳水化合物、脂肪和蛋白质经体内代谢后可释放能量,称为"产能营养素",它们在体内都有其特殊的生理功能并且彼此相互影响,因此三者在总能量供给中应有一个恰当的比例。

难以抗拒的诱惑

根据《中国食物成分表》可以推算出膳食中各种营养素的摄入量。如果某种营养素长期摄入不足或摄入过多就可能产生相应的营养不足或营养过剩的危害。为了帮助个体和人群安全地摄入各种营养素,避免可能产生的营养不足或营养过剩的危害,营养学家根据有关营养素需要量的知识,提出了适用于各个年龄、不同性别及不同劳动强度、不同生理状态人群的膳食营养素参考摄入量(DRIs),可以依据 DRIs 对个体或群体的营养素摄入量进行分析和评价,并且提出建议。

1. 能量、蛋白质、脂肪食物来源分布的计算方法

（1）能量的食物来源分布计算　食物分为谷类、豆类、薯类、动物性食物、纯热能食物和其他六大类，按照六类食物分别计算各类食物提供的能量及能量总和后，可以计算各类食物提供的能量占总能量的百分比。

（2）能量的营养素来源分布计算　根据蛋白质、脂肪、碳水化合物的能量折算系数，可以分别计算出蛋白质［式（2-36）］、脂肪［式（2-37）］、碳水化合物［式（2-38）］三种营养素提供的能量及占总能量的比例。

$$蛋白质供能比 =（蛋白质摄入量 \times 16.7 / 总能量摄入量）\times 100\% \qquad (2-36)$$

$$碳水化合物供能比 =（碳水化合物摄入量 \times 16.7 / 总能量摄入量）\times 100\% \qquad (2-37)$$

$$脂肪供能比 =（脂肪摄入量 \times 37.6 / 总能量摄入量）\times 100\% \qquad (2-38)$$

（3）蛋白质的食物来源分布计算

①将食物分为谷类、豆类、薯类、动物性食物和其他几大类。

②分别计算各类食物提供的蛋白质摄入量及蛋白质总和。

③计算各类食物提供的蛋白质占总蛋白质的百分比，尤其是动物性及豆类蛋白质占总蛋白质的比例。

（4）脂肪的食物来源分布计算

①将食物分为动物性食物和植物性食物两大类。

②分别计算动物性食物和植物性食物提供的脂肪摄入量和脂肪总量。

③计算各类食物提供的脂肪占总脂肪的百分比。

从能量、蛋白质、脂肪的食物来源分布可以看出调查对象的基本食物结构。

2. 三餐提供能量比例的计算方法

分别把早、中、晚三餐摄入的食物所提供的能量除以一天总摄入的能量再乘以100%，就得到三餐各提供能量的比例。

3. 评价方法

中国居民膳食营养素参考摄入量（dietary reference intakes，DRIs）是膳食营养素摄入量结果分析和评价的主要依据，根据不同年龄、不同性别、不同体力活动下摄入值与相应状况下的DRIs能量值进行比较，即可判断个体能量的摄入是否达到了标准要求。对群体可以计算出达到能量参考摄入量（RNI）的人数百分比，并进行群体膳食结构评价。

二、任务准备

1. 样品准备

准备一份个人24h回顾调查表，如刘女士24h回顾调查表（表2-51）。

表2-51　　　　　　　　　　刘女士24h回顾调查表

食物名称	原料名称	原料质量/g	进餐时间	进餐地点
鸡蛋	鸡蛋	60	早	家

续表

食物名称	原料名称	原料质量/g	进餐时间	进餐地点
馒头	面粉	100	早	家
米饭	大米	100	中	家
炒芹菜	芹菜	300	中	家
米饭	大米	100	晚	家
炒豆腐	豆腐	150	晚	家

2. 材料准备

《中国食物成分表》、计算器、记录纸、笔等。

三、任务程序

1. 食物分类

首先将调查对象一天摄入的所有食物进行食物分类：

（1）谷类及制品

（2）豆类

（3）薯类

（4）动物性食物　包括畜肉类及其制品、禽肉类及其制品、乳类及乳制品、蛋类及蛋制品和鱼虾类。

（5）纯热能食物　包括植物油、动物油、食用糖、淀粉和酒类。

（6）其他　除上述五类食物之外的所有食物。

刘女士 24h 的膳食归类为：谷类 300g、动物性食物 60g、豆类 150g、蔬菜 300g。

2. 计算能量摄入量

根据《中国食物成分表》，分别计算各类食物提供的三大产能营养素摄入量。再计算出三大产能营养素提供的能量。例如，刘女士一天摄入的蛋白质为 42.6g，脂肪为 63.0g，碳水化合物为 218.3g，则她的膳食中三大产能营养素提供的能量分别为：

蛋白质：42.6×16.7＝711.4kJ

脂肪：63.0×37.6＝2368.8kJ

碳水化合物：218.3×16.7＝3645.6kJ

3. 计算能量总和

将三类营养素提供的能量摄入量相加计算出能量总和。

如上例，全天总能量＝711.4+2368.8+3645.6＝6725.8kJ

4. 计算食物供能的百分比

利用公式计算动物性食物和植物性食物提供的能量占总能量的百分比。

如上例，若全天来源于动物性食物的种类和数量已知，通过查阅《中国食物成分表》，可知动物性食物能提供318kJ能量，318kJ÷6725.8＝4.7%，则动物性食物提供的能量占全天能量的4.7%，来源于植物性食物的能量是6725.8−318＝6407.8kJ，占全天能量的95.3%。

5. 计算三种营养素提供的能量占总能量的比例

分别计算出蛋白质、脂肪、碳水化合物三种营养素提供的能量占总能量的比例。

$$提供能量百分比＝（各类营养素提供能量÷能量总和）×100\% \qquad (2-39)$$

如上例，来源于蛋白质的能量比例＝711.4÷6725.8＝10.6%；

来源于脂肪的能量比例＝2368.8÷6725.8＝35.2%；

来源于碳水化合物的能量比例＝3645.6÷6725.8＝54.2%。

6. 调查结果分析与评价

DRIs推荐的膳食能量来源比例，蛋白质的能量应占10%~15%，脂肪的能量占20%~25%，碳水化合物的能量比例占55%~65%，根据此标准对上述结果进行评价。

从计算结果来看，来源于蛋白质的能量比例为10.6%，基本达到要求；来源于脂肪的能量比例为35.2%，明显超过标准，而来源于碳水化合物的能量比例为54.2%，没有达到最低的标准要求。

7. 建议

按照以上分析结果，给出建议和评价。可以得出，刘女士应该减少脂肪的摄入量，适当增加碳水化合物和蛋白质的摄入量。

四、注意事项

（1）计算各类食物提供的三大产能营养素总摄入量，需要分别计算膳食中三大产能营养素摄入量，然后再相加即可。

（2）个体的劳动强度、年龄、气候和体型都能影响到能量的需要量。

五、任务评价

学生完成学习，通过自评（20%）、小组互评（30%）、教师评价（50%）评估对本任务学习的掌握情况。将具体的检查与评估填入表2-52。

表2-52　　　　膳食能量摄入量计算与评价任务评价表

评价项目	评价标准	满分	评价分值			得分
			自评	互评	师评	
知识目标	正确解释产能营养素	10				
	掌握三餐供能比的计算方法	10				

续表

评价项目		评价标准	满分	评价分值			得分
				自评	互评	师评	
能力目标	准备能力	正确准备所用材料	10				
	操作能力	正确进行食物分类	10				
		准确计算能量摄入量	10				
		准确计算三种营养素提供的能量占总能量的比例	10				
	总结能力	能根据结果做出正确分析和合理建议	10				
	学习能力	能够独立完成资料查询任务	10				
素质目标		能严格按照操作规程完成任务，有责任、有担当	10				
		有健康意识	10				
		合计	100				

任务十四

膳食营养素计算与评价

知识目标

1. 掌握膳食营养素计算的基本方法；
2. 掌握膳食营养素摄入评价的基本方法。

能力目标

1. 能够正确计算平均每日每种营养素和能量摄入量；
2. 能根据计算结果初步判断个体或群体是否达到膳食营养素标准要求。

素质目标

1. 树立健康意识、强化大学生对主流价值观的认识；
2. 培养学生国民营养健康素质的意识和职业荣誉感。

导入：通过学习每日平均膳食营养素摄入量和如何科学摄入营养素相关知

识，分析中国居民膳食营养素参考摄入量的四个系列指标，并阐述中国居民膳食营养素参考摄入量的重要性。

一、知识导学

为了了解个体或群体从膳食中摄入的各种营养素量，进而判断摄入量是否符合人体的营养需要，需要进行膳食营养素的计算与评价。

《中国居民膳食营养素参考摄入量（2023版）》

1. 膳食营养素分析步骤

根据调查对象24h膳食调查结果，计算各类食物的摄入量，根据各类食物的摄入量计算出每类食物中各种营养素的含量，再将不同种类食物中各种营养素的含量相加，就可得到摄入的各类食物中各种营养素的总含量。

2. 膳食营养素评价依据与方法

结合不同调查对象的性别、年龄、体力活动水平，根据以上计算出的营养素摄入量与中国居民膳食营养素参考摄入量进行比较，分析个体膳食摄入的食物中含有的营养素是否达到了中国居民膳食营养素参考摄入量的要求，分析群体中各种营养素达到中国居民膳食营养素参考摄入量要求的人数百分比。

二、任务准备

1. 样品准备

一份24h回顾调查结果进行分析与评价，如本模块任务十二中董女士一天24h的食物摄入情况表。

2. 材料准备

《中国居民膳食营养素参考摄入量（2023版）》《中国食物成分表》。

三、任务程序

1. 计算家庭中平均每人每日各种食物的摄入量

家庭平均每人每日每种食物摄入量＝实际消费量（g）/家庭总人日数　　（2-40）

2. 计算家庭混合系数

家庭混合系数＝（家庭成员1标准人系数×人日数+家庭成员2标准人系数×人日数+…）/全家总人日数　　（2-41）

3. 计算标准人的每日每种食物摄入量

标准人的每日每种食物摄入量＝平均每日每种食物摄入量/混合系数　　（2-42）

4. 计算平均每日每种营养素和能量摄入量

根据《中国食物成分表》中各种食物的能量及营养素的含量，计算每人每日膳食总营养素摄入量。计算时可采用统计分析表格，见表2-53。

表 2-53　　　　　　　　能量和营养素统计分析表格

类别	原料名称	质量/g	能量/(kJ)	蛋白质/g	碳水化合物/g	维生素A/μg RE	胡萝卜素/μg	硫胺素/mg	核黄素/mg	尼克酸/mg	维生素C/mg	钙/mg	铁/mg	锌/mg	硒/μg
谷类															
	小计														
薯类															
	小计														
禽肉类															
	小计														
鱼类															
	小计														
豆类及其制品															
	小计														
合计															

例如,计算出上例董女士摄入食物中所有营养素的含量,见表 2-54。

表 2-54　　　　　　　　董女士摄入食物中所有营养素的含量

营养素	能量/kJ	蛋白质/g	脂肪/g	维生素A/μg RAE	硫胺素/mg	核黄素/mg	尼克酸/mg	维生素C/mg	钙/mg	铁/mg	锌/mg	硒/mg
摄入量	9172	72.9	65.1 (27%)	1105	1.39	1.38	16	176	767	21	13	36.6

在家庭中:

　　　平均每人每日某营养摄入量=个人某种营养素总摄入量/个人人日数　　　(2-43)

　　标准人的平均每日某营养素摄入量=平均每人每日某营养素摄入量/标准人系数

(2-44)

5. 膳食营养评价

将上一步计算出的各种营养素含量与中国居民膳食营养素参考摄入量进行比较,评价个体或群体是否达到了标准要求。如上例,判断董女士一天的营养素是否达到标准要求。

将营养素的摄入量与 RNI 或 AI 进行比较,见表 2-55。

表 2-55　　　　董女士的营养摄入量与推荐摄入量比较表

营养素	摄入量	RNI	占 RNI 百分比/%
能量/kJ	9172	8786	104
蛋白质/g	72.9	65	112
脂肪/g	65.1（27%）	20%~30%	范围内
维生素 A/μg RAE	1105	700	158
硫胺素/mg	1.39	1.3	107
核黄素/mg	1.38	1.2	115
尼克酸/mg	16	13	123
维生素 C/mg	176	100	176
钙/mg	767	800	96
铁/mg	21	20	105
锌/mg	13	11.5	113
硒/μg	36.6	50	73

评价：董女士摄入的营养素中除硒没有达到 RNI 的要求外,其余营养素均达到或超过标准。

6. 数量归档

对调查的数据进行编号、分装档案袋,写明调查时间、地点、调查对象姓名、项目来源、内容、日期、保管人姓名后封存,以备统计分析用。

四、注意事项

1. 应用 DRIs 中的 RNI 或 AI 进行个体营养素摄入量是否充足的评价

可用 RNI 来制定膳食目标,无 RNI 时用 AI。也可以用 UL 来评价膳食调查结果,当摄入量低于 UL 时,提示摄入不足,高于 UL 时,则提示摄入过量,见表 2-56。

表 2-56　　　　应用 DRIs 设计健康群体和个体的摄入量

指标	用于个体	用于群体
EAR	不应用于个体摄入量的目标评价	用来设计群体中摄入不足可接受的低发生率
RNI	摄入量目标,日常摄入量达到或高于此量时,发生不足的可能性很低	不应用来设计群体的摄入量目标
AI	摄入量目标,日常摄入量达到或高于此量时,发生不足的可能性很低。由于没有健康群体摄入量的平均值,因此其可行度较低	设计人群的平均摄入量,平均日常摄入量达到或高于此量意味着摄入不足的发生率很低

续表

指标	用于个体	用于群体
UL	通常设计的摄入量应低于该水平，避免过多摄入发生副作用的潜在危害	用来将过量摄入产生危害的人群比例最小化

2. 中国居民膳食能量需要量（EER）

对个体，EER 代表该摄入量范围的中点值，因此它低于一半人的需要而高于另一半人的需要。摄入此量可保持特定年龄、性别、体重、身高、体力活动水平的健康成年人的能量平衡。

五、任务评价

学生完成学习，通过自评（20%）、小组互评（30%）、教师评价（50%）评估对本任务学习的掌握情况。将具体的检查与评估填入表2-57。

表2-57　　　　　膳食能量摄入量计算与评价任务评价表

评价项目		评价标准	满分	评价分值 自评	评价分值 互评	评价分值 师评	得分
知识目标		掌握膳食营养素含量计算的基本方法	10				
		掌握膳食营养素摄入评价的基本方法	10				
能力目标	准备能力	正确准备所需材料	10				
	操作能力	准确计算平均每日每种营养素和能量摄入量	15				
	总结能力	正确评价膳食营养素摄入	15				
	学习能力	能根据结果判断是否达到要求	10				
		能够独立完成资料查询任务	10				
素质目标		有健康价值观	10				
		具备正面、敬业、忠诚的职业素养	10				
		合计	100				

任务十五

膳食调查结果计算与分析

知识目标

1. 熟悉膳食调查结果计算程序；

2. 掌握膳食调查结果计算方法。

能力目标

1. 能够正确将食物归类，计算各类食物的摄入量；
2. 准确计算每种食物所含营养素的量和 24h 各种营养素的摄入总量；
3. 能够评价营养素摄入水平，进行结果分析。

素质目标

1. 通过任务联系，提升学生的专业技术水平；
2. 培养学生吃苦耐劳的精神及团队协作、创新能力。

导入：学生是一个民族、一个国家的希望，也是一个家庭的未来，少年强则国强。随着生活水平的提高，学生的膳食营养状况也日益提升，整体身体素质得到了较大的改善；然而，在这个过程中，出现了一些偏差，如部分学生挑食、偏食，导致生长发育出现了问题；部分女生过于注重形体，开始采取节食的方式来控制体重；而高年级的男生为了凸显自己的成熟，开始喝酒，甚至经常喝酒。这些问题不仅会影响自身生理发育，还会影响学习成绩，从而影响到自己未来的发展。请思考如何改善青少年的膳食营养状况。

一、知识导学

本单元将学习一个膳食调查结果的完整计算和分析。计算机计算依赖程序的建立和熟悉软件的程度，但总的来说节约人力物力，也大大提高了计算的准确性；手工计算是比较烦琐的工作，需要十几个表格和较长的时间，但是手工计算基本程序的学习有利于理解和记忆，本单元主要是做这方面的练习。膳食调查结果评价程序见表 2-58。

表 2-58　　　　　　　　膳食调查结果评价程序

序号	膳食调查结果的评价程序
1	24h 膳食回顾法、称重法
2	食物消费量
3	每人每日的食物消费状况
4	将食物归类，计算各类食物的摄入量
5	结合《中国食物成分表》，计算每种食物所含营养素的量

续表

序号	膳食调查结果的评价程序
6	将所有食物中各种营养素的量相加，计算24h各种营养素的摄入总量
7	将计算结果与《中国居民膳食营养素参考摄入量（2023版）》中同年龄、同性别、同劳动强度人群的水平比较，评价营养素摄入水平
8	能量、蛋白质、脂肪的食物来源分布
9	三餐供能比
10	膳食评价报告

二、任务准备

1. 样品准备

（1）调查对象个人资料

姓名：董某　　性别：女　　年龄：47岁　　身高：158cm

体重：78kg　　BMI：31.2　　劳动强度：轻体力劳动

（2）24h膳食回顾调查情况，如本模块任务十二董女士的24h膳食调查数据（表2-46）。

2. 材料准备

中国居民平衡膳食宝塔（2022），准备纸、笔、计算器等。

三、任务程序

1. 核对膳食摄入记录表

检查食物名称、质量的正确性和合理性。

2. 计算食物摄入量

食物归类合并，计算实际摄入量，填入表2-59。与中国居民平衡膳食宝塔（2022）建议量比较，具体评价如前面的学习任务。

表2-59　　　　　　　　　食物摄入量表　　　　　　　　　单位：g

食物类别	实际摄入量	中国居民平衡膳食宝塔（2022）参考摄入量
油脂类	40	25~30
乳类及乳制品	250	300
豆类及豆制品	0	30~50
畜禽肉类	105	50~75
鱼虾类	0	75~100

续表

食物类别	实际摄入量	中国居民平衡膳食宝塔（2022）参考摄入量
蛋类	60	25~50
蔬菜	460	300~500
水果和坚果	1125	200~400
谷类	275	250~400

3. 计算各种营养素摄入量（表2-60）

表2-60　　　　　　　　　营养素摄入量

营养素	摄入量	RNI	占推荐摄入量百分比/%	最高摄入量UL值
能量/kJ	9172	8786	104	
蛋白质/g	76.9	65	112	
脂肪/g	65.1（27%）	20%~30%	范围内	
维生素A/μg RAE	1105	700	158	3000
硫胺素/mg	1.39	1.3	107	50
核黄素/mg	1.38	1.2	115	
尼克酸/mg	16	13	123	35
维生素C/mg	176	100	176	1000
钙/mg	767	800	96	2000
铁/mg	21	20	105	50
锌/mg	13	11.5	113	37
硒/μg	36.6	50	73	400

4. 计算能量食物来源（表2-61）

表2-61　　　　　　　　　能量食物来源

食物种类	摄入量/kJ	占总摄入量比例/%
谷类	3975	43.34
豆类	0	0
薯类	0	0
其他植物性食物	2182	23.79

续表

食物种类	摄入量/kJ	占总摄入量比例/%
动物性食物	1511	16.47
纯热能食物	1504	16.40

5. 计算三大营养素供能比（表2-62）

表2-62　　　　　　　　　三大营养素供能比

营养素	实际值	参考值
蛋白质	14%	15%~20%
脂肪	27%	20%~30%
碳水化合物	59%	55%~65%

6. 计算蛋白质的食物来源分配

谷类蛋白质为23%，豆类蛋白质为0%，动物性蛋白质为29%，其他食物蛋白质为24%。

其中优质蛋白质所占比例为29%（包括豆类蛋白质和动物性蛋白质）。

7. 计算脂肪的食物来源分配

动物性脂肪为23%，植物性脂肪为70%。

8. 初步结果分析和记录

（1）三餐供能比例为早餐：中餐：晚餐=27∶36∶37。

（2）优质蛋白质摄入比例为29%，无豆类蛋白质摄入。

（3）动物性脂肪摄入量为23%，植物性脂肪摄入量为70%，油脂摄入量为40g，大于推荐量的25~30g。

（4）三大产能营养素供能比例为蛋白质：脂肪：碳水化合物=14∶27∶59。

（5）豆类和薯类食物缺乏，鱼虾类食物缺乏，谷类食物适中，畜禽类、蛋、蔬菜摄入量与推荐量接近，水果和乳类摄入充足。

可以认为：

①三大产能营养素供能比例基本适宜。

②缺乏豆类蛋白质的摄入。

③油脂摄入量过多，超过推荐摄入量25~30g。

④与中国居民平衡膳食宝塔（2022）比较，董某的膳食结构中豆类和薯类食物缺乏，鱼虾类食物缺乏，谷类食物、畜禽类、蛋、蔬菜摄入量与推荐量接近，饮食结构欠平衡。

⑤三餐供能比例比较恰当。

9. 储存计算结果

创建文件名，一般以调查地点、日期等命名，主要是方便记忆或者看见文件名称即可知道是什么方面的文件。然后进行储存和备份，以防丢失。

四、注意事项

1. 三餐能量摄入量的评价。三餐能量摄入量是否适宜？早餐是否保证了能量和蛋白质的供应？一般能量的适宜分配比例为：早餐占20%，午餐占40%，晚餐占40%；也可以按早餐占30%，午餐占40%，晚餐占30%分配。

2. 膳食调查结果的评价和建议主要是根据调查期间得到的一日食谱进行评价的，调查数据的代表性和正确性对调查结果影响很大。

3. 调查结果的分析和评价主要是根据宏量营养素的状况进行讨论。实际工作中还必须对各种微量营养素的适宜性进行评价，而且需要检测就餐人群的体重变化及其他营养状况指标，从而对食谱进行调整。

五、任务评价

学生完成学习，通过自评（20%）、小组互评（30%）、教师评价（50%）评估对本任务学习的掌握情况。将具体的检查与评估填入表2-63。

表2-63　　　　膳食调查结果计算与分析任务评价表

评价项目		评价标准	满分	评价分值			得分
				自评	互评	师评	
知识目标		熟悉膳食调查结果计算程序	10				
		掌握膳食调查结果计算方法和分析方法	10				
能力目标	准备能力	能正确准备所需材料	10				
	操作能力	正确进行食物分类	10				
		准确计算各类食物的摄入量	10				
		准确计算每种食物所含营养素的量和24h各种营养素的摄入总量	10				
	总结能力	能根据结果做出正确分析并提出膳食评价报告	10				
	学习能力	能够独立完成资料查询任务	10				
素质目标		能完成任务、承担责任、有担当意识	10				
		有团队协作精神	10				
		合计	100				

模块三 健康行动

任务一

成年人体格测量和体征判断

知识目标

1. 熟悉成年人体格测量的指标和意义；
2. 掌握生长发育和健康状况关系。

能力目标

1. 能够准确测量成年人体格；
2. 能够根据测量结果做出正确评价。

素质目标

1. 培养学生从科学角度考虑问题的习惯；
2. 培养学生利用科学方法解决问题的能力。

导入：有报告指出 2020 年的平均身高持续增长，超重和肥胖率持续增长，有 50% 的人不知道自己是高血压患者。根据此信息分析体格-体检-健康之间的关系。

一、知识导学

体格检测是评定个体营养状况的常用方法，包括体重、身高、皮褶厚度及身体各个围度的测量。由于它们简单易行，且可以较好地反映机体营养状况，所以是人体营养状况测定不可缺少的内容，是评价人体营养状况的一个重要方法。不同年龄所选用的指标侧重点不同，而且指标的测定方法也存在较大差异。在测量这些指标时，应注意年龄、性别的差异以及测量方法的准确性、记录的规范性等。

健康自测

1. 成年人身高测量

身高一天中波动幅度在 1~2cm。一天中，由于脊柱弯曲度的增大，脊柱、髋关节、膝关节等软骨的压缩，上午急剧减少，下午缓慢减少，晚上变化很小。所以，测量身高一般在上午 10 时左右进行，此时身高为全天的中间值。

（1）身高测量意义　身高与遗传、环境因素有关。在生长发育阶段，身高与营养状况有关。对于成年人来讲，身高发育已经完成，单纯的身高测量不能反映营养状况，必须和体重指标结合起来才能评价营养状况。成年人身高测量的意义在于计算标准体重，或用于计算体质指数，进而反映能量和蛋白质的营养状况。

（2）身高测量方法　过去常采用软尺或立尺进行测量。现在使用较多的是身高计，包括电子式身高计和机械式身高计。下面以机械式身高计为例，介绍身高的测量方法。

被测者赤足，立正姿势（上肢自然下垂，足跟并拢，足尖分开成 60°）站在身高计底板上，足跟、骶骨部及两肩胛间与立柱相接触，躯干自然挺直，头部正直，两眼平视前方，耳屏上缘与两眼眶下缘最低点呈水平位。测量者站在被测者右侧，将水平压板轻轻沿立柱下滑，轻压于被测者头顶。

测量者读数时双眼应与压板平面等高，记录以 cm 为单位，精确到小数点后 1 位。准确记录数字，并填入登记表。

注意：读数完毕，立即将水平压板轻轻推至安全高度，以防碰坏、伤人。

2. 成年人体重测量

体重在一年之中会发生变化，秋季显著增加；在一天内会随着饮食而增加，随着运动、排泄、出汗而降低。因此，个人体重测量宜在早晨空腹排便之后进行，群体也可在上午 10 时左右进行。

（1）体重的测量意义　在生长发育阶段，体重是反映蛋白质和能量营养状况的重要指标。对于成年人来说，体重的变化主要反映能量的营养状况。

（2）体重的测量方法　成年人体重测量的常用工具有机械磅秤、电子磅秤、刻度式体重计、电子式体重计等。测量时，被测者脱去外衣、鞋袜和帽子，只穿背心和短裤，读数以 kg 为单位，记录至小数点后 1 位。

注意：被测者是否有水肿情况存在，如肝硬化、肾病、甲状腺机能减退等疾病，是否为肌肉发达者，如举重、健美运动员等，如有这些情况，必须在记录表的备注栏中加以说明；为保证性能，数显电子人体秤一定要放在水平结实的地面上，称重时避免猛烈撞击台面。

3. 成年人胸围测量

（1）胸围测量意义　胸围是表示胸腔容积、胸肌、背肌的发育和皮脂蓄积状况的重要指标之一，借此可了解呼吸器官的发育程度以及成年人健康状况。

（2）胸围测量方法　一般使用衬有尼龙丝的塑料带尺（无伸缩性材料制成）测量胸围。在使用前，应仔细检查有无裂隙、变形等。

测量时需根据不同人群确定不同的固定点，男性通常以被测者胸前乳头下缘为固定点，乳腺已突起的女性以胸骨中线第四肋间高度为固定点。固定点确定后，用软尺使其绕经右侧后背以两肩胛下角下缘经左侧面回至零点，读平静呼吸时的读数，精确至0.1cm。

注意：被测者呼吸均匀，处于平静状态，在平静呼吸时读数。软尺轻轻与皮肤接触，过松过紧都会影响结果。两名测量者应分工合作，站在被测者前面的测量者甲进行测量，被测者背面的测量者找好背部测量标准点，并注意被测者的姿势是否正确，有无低头、耸肩、挺胸、驼背等，如有应及时予以纠正。肩脚下角如摸不清，可令被测者挺胸，摸清后让其恢复正确姿势。

4. 成年人腰围测量

（1）腰围测量意义　腰围测量对于成年人超重和肥胖的判断尤为重要，特别是腹型肥胖。因为腰围可以很好地反映腹部脂肪是否堆积过多，所以是预测代谢综合征的有力指标，即使是对于体重正常者，腰围增加也同样是患病风险升高的一个标志。

（2）腰围测量方法　一般使用无伸缩性材料制成的塑料带尺测量腰围。测量时，让被测者站直，双手自然下垂，在其肋下缘与髂嵴连线中点处（通常是腰部的天然最窄部位）做标记。测量者站在其前或右侧，用塑料带尺通过该中点测量腰围，保证塑料带尺水平位置，在呼气末测量，取3次测量平均值，读取数据并记录，精确到0.1cm。

注意：保证软尺水平，轻贴皮肤，不要用力挤压或远离皮肤。被测者处于平静状态，不要用力挺胸或收腹，保持自然呼吸状态，在呼气末测量，取3次测量的平均值。

5. 成年人臀围测量

（1）臀围测量意义　臀围反映髋部骨骼和肌肉的发育情况，可以与腰围一起很好地评价和判断腹型肥胖。因为脂肪无论堆积在腰腹或内脏都难以直接测量，所以腰臀围比值是间接反映腹型肥胖的最好指标，腰臀围比值越大，腹型肥胖程度越高。

（2）臀围测量方法　被测者站直，双手自然下垂，臀部放松，平视前方。两名测量者配合，测量最大臀围，即趾骨联合和背后臀大肌最凸处。测量者甲将软尺置于臀部向后最突出部位，以水平围绕臀一周测量，测量者乙充分协助，观察软尺围绕臀部的水平面是否与身体垂直，并记录读数。刻度需读至0.1cm。

注意：被测者要放松臀部，保持自然呼吸状态。

6. 成年人上臂围测量

（1）上臂围测量意义　上臂围可反映机体的营养状况，它与体重密切相关。

（2）上臂围测量方法　测量上臂围使用无伸缩性材料制成的卷尺，刻度可读至0.1cm。测量时，受试者自然站立，肌肉不要紧张，体重平均落在两腿上，充分裸露左上肢，手臂自然下垂，两眼平视前方。测试人员站在被测者身后，找到肩峰、尺骨鹰嘴（肘部骨性突起）部位，用软尺测量，并用油笔标记出左臂后面从肩峰到尺骨鹰嘴连线中点，用软尺起始端下缘压在标记的肩峰与尺骨鹰嘴连线中点，水平围绕一周，测量并读取周长。

注意：受试者要自然站立，手臂自然下垂，肌肉不要紧张，肌肉紧张结果会偏大；定位要准确，否则测量结果偏差较大。

7. 成年人皮脂厚度测量

（1）皮脂厚度测量意义　皮脂厚度是衡量个体营养状况和肥胖程度较好的指标，主要表示皮下脂肪厚度，可间接评价人体肥胖与否。测量部位有上臂肱三头肌部、肩胛下角部、腹部、髂嵴上部等，其中前3个部位最重要，可分别代表个体肢体、躯干、腰腹等部分的皮下脂肪堆积情况，对判断肥胖和营养不良有重要价值。

（2）皮脂厚度测量方法

①肱三头肌皮脂厚度（TSF）测试方法：受试者自然站立，被测部位充分裸露；测试人员找到肩峰、尺骨鹰嘴（肘部骨性突起），并用油笔标记出右臂后面从肩峰到尺骨鹰嘴连线中点处；用左手拇指和食、中指将被测部位皮肤和皮下组织夹提起来；在该皮褶提起点的下方用皮脂厚度计测量其厚度，用右拇指松开皮脂厚度计卡钳钳柄，使钳尖部充分夹住皮褶；在皮脂厚度计指针快速回落后立即读数。连续测量3次，精确到0.1mm。

②肱二头肌皮脂厚度测试方法：受试者自然站立，被测部位充分裸露，上臂放松自然下垂；测试人员取肱二头肌肌腹中点处（基本与乳头水平），为肩峰与肘鹰嘴连线中点上1cm，并用油笔标记出该点；顺自然皮褶方向，用左手拇指和食指、中指将被测部位皮肤和皮下组织夹提起来；在该皮褶提起点的下方用皮脂厚度计测量其厚度，用右拇指松开皮脂厚度计卡钳钳柄，使钳尖部充分夹住皮褶；在皮脂厚度计指针快速回落后立即读数。连续测量3次，精确到0.1mm。

③肩胛下角皮脂厚度测试方法：受试者自然站立，被测部位充分裸露；测试人员用油笔标出右肩胛下角位置；用右肩胛下角下方1cm处，顺自然皮褶方向（即皮褶走向与脊柱成45°），用左手拇指和食指、中指将被测部位皮肤和皮下组织夹提起来；在该皮褶提起点的下方用皮脂厚度计测量其厚度，用右拇指松开皮脂厚度计卡钳钳柄，使钳尖部充分夹住皮褶；在皮脂厚度计指针快速回落后立即

读数。连续测量3次，精确到0.1mm。

④腹部皮脂厚度测试方法：取锁骨中线与脐水平线交界点，测量者用左手拇指与食指在测量点左右分开3cm，沿躯干长轴平行方向捏起皮下脂肪；右手拿皮脂卡钳，张开钳口，在距手捏点下1cm处夹住皮下脂肪，读取刻度盘指针所指读数。连续测量三次，精确到0.1mm。

⑤髂嵴上部皮脂厚度测试方法：受试者自然站立，被测部位充分裸露；在腋前线向下延伸与髂嵴上相交点垂直捏起皮褶；在该皮褶提起点的下方用皮脂厚度计测量其厚度，用右拇指松开皮脂厚度计卡钳钳柄，使钳尖部充分夹住皮褶；在皮脂厚度计指针快速回落后立即读数。连续测量三次，精确到0.1mm。

二、任务准备

1. 样品准备
分析对象。

2. 材料准备
（1）身高计　以机械式身高计为例，测试前应检查身高计是否完好，使用前应校对零点，误差不得大于0.1cm。

（2）软尺　仔细检查软尺有无裂隙、变形等，并用2m长的刻度尺检查其刻度是否准确，相差0.5cm则不能使用。

（3）体重秤　常选择电子人体体重秤。使用前需检验其准确度，要求误差不超过0.1%，即100kg误差小于0.1kg。

（4）皮脂厚度计　不同厂家生产的皮脂厚度计外形有差异，但原理是一样的，使用前要进行校正。

三、工作程序

1. 测量身高
身高计应选择平坦靠墙的地方放置，立柱的刻度尺应面向光源；严格掌握"三点靠立柱""两点呈水平"的测量姿势要求；水平压板与头部接触时，松紧要适度，头发蓬松者要压实，头顶的发辫、发结要放开，饰物要取下；读数完毕，立即将水平压板轻轻推向安全高度，以防破坏。测试人员读数时双眼应与压板平面等高，以厘米为单位，精确到小数点后一位（0.1cm）。

2. 测量体重
受试者站在秤台中央，上下杠杆秤动作要轻；测量体重前受试者不得进行体育活动和体力劳动。一般用理想体重（标准体重）来衡量实际测量人体重是否在适宜范围［式（3-1）、式（3-2）］。

$$标准体重（kg）= 身高（cm）-105 \qquad (3-1)$$

或

$$\text{标准体重（kg）} = [\text{身高（cm）} - 100] \times 0.9 \quad \text{（平田公式）} \quad (3-2)$$

实际体重在理想体重±10%为正常范围，±（10%~20%）为超重或瘦弱，±20%为肥胖或极瘦弱。

还可以用所测得的身高和体重值计算体质指数（BMI）[式（3-3）]，从而评价成年人的体格状况。体质指数是评价18岁以上成年人群体营养状况的常用指标。它不仅对反映体型胖瘦程度较为敏感，而且与皮脂厚度、上臂围等营养状况指标的相关性也较高。

$$\text{BMI} = \text{体重（kg）} / [\text{身高（m）}]^2 \quad (3-3)$$

WHO标准：BMI<18.5为低体重（营养不足），18.5~24.9为正常范围，BMI≥25.0为超重，25.0~29.9为肥胖前状态，30.0~34.9为一级肥胖，35.0~39.9为二级肥胖，BMI≥40.0为三级肥胖。

我国标准：BMI<18.5为体重过低，18.5~23.9为正常范围，24.0~27.9为超重，BMI≥28.0为肥胖。

3. 测量腰围（WC）

被测者勿用力挺胸或收腹，保持自然呼吸状态测量腰围。测量误差不超过1cm。腰围标准如下：

WHO标准：男性>94cm，女性>80cm，作为肥胖的标准；

亚洲标准：男性>90cm，女性>80cm，作为腹型肥胖的标准。

4. 测量臀围

被测者要放松两臀，保持自然呼吸状态。测量误差不超过1cm。

用所测得的腰围和臀围的数值计算腰臀比（WHR），男性大于0.9或女性大于0.8可诊断为中心性肥胖，但其分界值随年龄、性别、人种不同而不同。

5. 测量皮脂厚度

受试者自然站立，肌肉不紧张，体重平均落在两腿上；把皮肤与皮下组织一起夹提起来，但不能把肌肉提夹住。可以测量（上臂）肱三头肌或肩胛下角皮脂厚度、腹下等处的皮脂厚度。

成年人肱三头肌皮脂厚度（triceps skin-fold thickness，TSF）正常参考值为男性8.3mm，女性15.3mm。实测值与参考值比较，见表3-1：

表3-1　　　　　　　　实测值与参考值比较

TSF 比值	结果
>90%	正常
80%~90%	轻度热能营养不良
60%~80%	中度热能营养不良
<60%	重度热能营养不良

正常成年男性的腹部皮肤皱襞厚度为 5~15mm，大于 15mm 为肥胖，小于 5mm 为消瘦；正常成年女性的腹部皮肤皱襞厚度为 12~20mm，大于 20mm 为肥胖，小于 12mm 为消瘦，40 岁以上妇女测量此部位更有意义。

正常成年人肩胛皮肤皱襞厚度的平均值为 12.4mm，超过 14mm 就可诊断为肥胖。

6. 测量上臂围

测量上臂紧张围时，被测者要使肌肉充分收缩，卷尺的松紧度要适宜，测量误差不超过 0.5cm。

测量上臂松弛围时，要注意由紧张变换到放松时，勿使卷尺移动，测量误差不超过 0.5cm。

上臂肌围（arm muscle circumference，AMC）的计算 [式（3-4）]：

$$AMC = AC (cm) - 3.14 \times TSF (cm) \qquad (3-4)$$

式中　AC——一般指上臂松弛围；

　　　TSF——成年人肱三头肌皮脂厚度，正常参考值为男性 8.3mm，女性 15.3mm。

AMC 的正常值：成年男性为 24.8cm，女性为 21.0cm，实测值与参考值比较见表 3-2。

表 3-2　　　　　　　　AMC 的实测值与参考值比较

AMC 比值	结果
>90%	正常
80%~90%	轻度热能营养不良
60%~80%	中度热能营养不良
<60%	重度热能营养不良

四、任务评价

学生完成学习，通过自评（20%）、小组互评（30%）、教师评价（50%）评估对本任务学习的掌握情况。将具体的检查与评估填入表 3-3。

表 3-3　　　　　　成年人体格测量和体征判断任务评价表

评价项目	评价标准	满分	评价分值 自评	评价分值 互评	评价分值 师评	得分
知识目标	能快速说出成年人体格测量的指标	10				
	能准确说出成年人体格测量的意义	10				
能力目标	准备能力　能正确准备，选择使用工具	10				
	能按操作要求标准测量	10				

续表

评价项目		评价标准	满分	评价分值			得分
				自评	互评	师评	
素质目标	操作能力	能够准确测量成年人体格	10				
		能够根据测量结果做出正确评价	10				
	总结能力	能根据结果做出正确分析和合理建议	10				
	学习能力	能够独立完成资料查询任务	10				
		能从科学角度思考问题	10				
		能遵从科学方法	10				
		合计	100				

任务二

成年人3日膳食摄入调查——24h回顾法

知识目标

1. 了解24h回顾法的基本特点和适用范围；
2. 掌握24h回顾法调查程序。

能力目标

1. 能设计24h回顾法调查表；
2. 能够运用表达、倾听、提问等技巧进行沟通。

素质目标

1. 培养文明、平等、友善的沟通心态；
2. 培养积极主动承担任务的团队协作精神。

导入：通过学习新闻"历史最大膳食与健康关系调查"，分析膳食调查的重要性。

一、知识导学

询问法是目前比较常用的膳食调查方法，是根据询问调查对象所获得的膳食情况，对其食物摄入量进行计算和评价的一种方法，此方法适合于个体调查及特种人群的调查。询问法包括24h回顾法和膳食史回顾法，两种方法可以结合使用。

膳食调查法比较

24h回顾法是通过访谈的形式收集膳食信息的一种回顾性膳食调查方法，通过询问调查对象过去24h实际的膳食情况，可对其食物摄入量进行计算和评价，是目前获得个人膳食摄入量资料最常用的一种调查方法。无论是大型的全国膳食调查，还是小型的研究课题，都可以采用这种方法来评估个体的膳食摄入情况。近年来，我国全国性的住户调查中个体食物摄入状况的调查均采用此方法，即采用24h回顾法对所有家庭成员进行连续3天个人食物摄入量调查，记录消费的所有食物种类和量，借此分析调查对象的膳食与营养素的摄入量及其与营养状况的关系。

1. 24h回顾法的原理

24h回顾法是通过询问的方法，要求每个调查对象回顾和描述24h内摄入的所有食物的种类和数量。24h一般是指从最后一餐吃东西开始向前推24h。借助食物模型、家用量具或食物图谱对其食物摄入进行计算和评价。

2. 24h回顾法的特点

24h回顾法的主要优点是所用时间短、调查对象不需要具备较高文化水平，就能得到个体的膳食营养素摄入状况，便于与其他相关因素进行分析比较，这种膳食调查结果对于人群营养状况的原因分析也是非常有价值的。缺点是调查对象的回顾依赖于短期记忆，对调查者要严格培训，否则调查者之间的差别很难标准化。

3. 24h回顾法的技术要点

24h回顾法可用于家庭中个体的食物消费状况调查，也适用于描述不同人群个体的食物摄入情况，包括一些散居式特殊人群调查。具体询问获得信息的方式也有很多种，包括面对面询问，使用开放式表格或事先编制好的调查表通过电话、录音机等进行询问。其中最典型的方法是使用开放式调查表进行面对面的询问。设计相应合理的调查表是关系到膳食调查质量的关键因素。

由于24h回顾法的信息是通过调查者引导性提问获得的，因此调查者一定要经过认真培训，要掌握某些引导方法以帮助调查对象回忆起一天内消耗的所有食物。在询问过程中，要求调查者不但要有熟练的专业技巧，还要有诚恳的态度，才能获得准确的食物消费资料。有时在回顾后可用一个食物清单进行核对，因为一些食物或零食很容易被遗忘。

24h回顾法一般要求在15~40min内完成，以面对面进行调查的应答率较高，对于所摄入的食物可进行量化估计，一年中可以进行多次回顾，以提供个体日常食物的消费情况，便于结合个体健康状况、职业、教育水平来进行比较。对于回忆不清楚的老年人和儿童，可以询问其看护人。在调查中，家庭主妇和其他家庭成员可以帮助提供每个人摄入的食物种类和实际食物的消费量。

在实际工作中，一般选用与膳食史结合的方法，或者采用3天连续调查方法（每天入户回顾24h进餐情况，连续进行3天）。有研究显示连续3天24h回顾调查所得膳食摄入量结果与全家食物称重记录法调查的结果相比较，二者之间的差别不显著。这说明只要做好质量控制，应用连续3天24h回顾法调查的食物摄入量应能基本接近真实的摄入量。

4. 设计24h回顾调查表

调查表的设计首先要明确调查对象、时间、地区等基本信息。24h膳食回顾调查表主要包括以下6方面内容。

（1）食物名称　食物名称是指调查对象在过去的24h内进食的所有食物的名称，可以是主食，如米饭、大米粥、馒头、面条等；可以是菜名，如宫保鸡丁、冬笋炒肉等；也可以是水果、小吃等名称。

（2）原料名称　原料名称是指前述的"食物名称"中所列食物的各种原料名称。例如，馒头的原料是面粉，冬笋炒肉的原料是冬笋和猪肉，应当注意原料名称是计算各种营养素摄入量的依据，各种食物中所含的营养素可以通过《中国食物成分表》查得。

（3）原编码　原料编码是指《中国食物成分表》中各种原料的编码。每种食物的原料应和唯一的编码一一对应。

（4）原料质量　原料质量是指各种原料的实际摄入量（g）。由调查对象回忆过去24h内进食各种食物的原料质量。

（5）进餐时间　进餐时间通常分为早、中、晚餐，以及上午小吃、下午小吃和晚上小吃。

（6）进餐地点　进餐地点是指进食每餐及各种小吃的地点，如在家、单位/学校、饭馆/摊点等。

5. 24h回顾法个人人日数换算

总人日数是指全体全天个人总餐之和。只有在调查集体、家庭人员且每日吃饭人数不同时才用。1个人吃早、中、晚三餐为一个人日。

一个人24h为一个人日，习惯上每日只吃两餐，或者由于特殊情况（如重体力劳动、夜班生产等），每日少于或多于三餐者也为一个人日。

个人人日数计算在家庭和集体就餐单位调查中很重要，24h回顾法在外就餐也要询问，并计算在餐次总数内。公式如式（3-5）所示。

个人人日数＝早餐餐次总数×早餐餐次比＋中餐餐次总数×中餐餐次比＋晚餐餐次总数×晚餐餐次比

（3-5）

全家总人日数为所有在家用餐个人的人日数之和。

在做集体膳食调查时，例如在某托儿所调查，早餐有20名儿童进餐、中餐有30名、晚餐有25名。人日数计算如下：

（1）确定餐次比　餐次比的确定一般早餐为30%、中晚餐各为30%~40%为宜，也可按照儿童的三餐能量比各占1/3计算。儿童餐次比不是一成不变的数值。

（2）计算群体总人日数　上例中，若假设儿童的三餐能量比各占1/3，总人日数：（20+30+25）×1÷3＝25人日。若该托儿所三餐能量分配比例为早餐20%、中餐40%、晚餐40%，则总人日数计算为（20×0.2+30×0.4+25×0.4）＝26人日。

二、任务准备

1. 样品准备

分析对象。

2. 材料准备

《中国食物成分表》、记录纸、笔、电子秤等。

三、任务程序

1. 确定表头

根据调查目的、地点等确定表头，表头应一目了然。

2. 确定调查对象基本内容

调查对象的基本内容包括个人基本情况、住址和联系方式，以便整理资料时联系和修改。日期也是重要的记录内容，因为不同的季节，食品供应不同，可以为今后分析和建立健康档案做准备。

3. 确定回顾调查表的内容

24h回顾调查的内容可以根据实际需要有所不同，一般应包括餐次、食物名称、原料编码、摄入量等。不需询问进餐地点时则可以省略这部分内容。

原料编码是该食物在《中国食物成分表》上的编码，设计此项目是为了输入计算机和统计分析时的需要。

4. 设计表格

餐次作为纵向内容，调查内容作为横向内容，设计的调查表格式见表3-4。

表3-4　　　　　　　　24h膳食回顾调查表

		序号：					调查日期：	
	姓名：		性别：		住址：			电话：
餐次	食品名称		原料名称	原料编码	原料质量		备注	进餐地点
早餐								

续表

中餐	
晚餐	

注：选餐地点选择 1—在家　2—单位/学校　3—饭馆/摊点　4—亲戚/朋友家　5—幼儿园　6—节日/庆典。

5. 编写解释说明

表格设计完成后，除了内容需要进一步完善外，还需要对原料统一规定质量单位（如 g），对进餐地点及加餐等需要进行说明，以便不同的人员在指导调查对象填表时起到提示作用。

进餐地点可根据不同的调查对象和调查目的来确定。

6. 试用

表格完全设计好后，需要找 3~10 个调查者试用，以检查项目的完整性、说明提示是否被理解和表格的方便性，修改完善后再用于调查。

7. 补充内容

3 天的 24h 调查表与一天的调查表基本相同，只是需要连续调查 3 天。在设计 24h 调查时一般都希望这 3 天能代表被调查者日常的膳食习惯，因此在设计 3 天时应尽可能包括一个周末。

为了修正仅调查一日可能出现的片面性，常结合膳食调查史的方法，与 24h 回顾调查一起记录膳食情况，这时就需要增加膳食史记录。

膳食史的调查是利用频率法来询问和记录，因此表格设计常与频率法相同，项目依据食品类别设立，一般询问一个月或三个月的常用食物摄入次数和消费量。可以在表 3-4 的基础上增加此项，见表 3-5。

表 3-5　24h 膳食回顾及近期膳食史调查表

		序号：			调查日期：	
姓名：	性别：		住址：		电话：	
餐次	食品名称	原料名称	原料编码	原料质量	备注	进餐地点
早餐						
中餐						

续表

晚餐					
近期膳食史调查（1个月内食品消耗情况）					
	食品名称	消耗量		食品名称	消耗量
1	谷类		6	禽肉类	
2	薯类		7	畜肉类	
3	蔬菜类		8	水产品	
4	豆类		9	蛋类	
5	植物油		10	乳类	

注：选餐地点选择 1—在家 2—单位/学校 3—饭馆/摊点 4—亲戚/朋友家 5—幼儿园 6—节日/庆典。

四、注意事项

由于 24h 膳食回顾法主要依靠应答者的记忆能力来回忆和描述他们的膳食摄入情况，因此不适合于年龄较小的儿童与年龄较大的老年人。

五、任务评价

学生完成学习，通过自评（20%）、小组互评（30%）、教师评价（50%）评估对本任务学习的掌握情况。将具体的检查与评估填入表 3-6。

表 3-6　成年人 3 天膳食摄入调查任务评价表——24h 回顾法

评价项目	评价标准		满分	评价分值			得分
				自评	互评	师评	
知识目标	能正确说出 24h 回顾法技术要点		10				
	能正确说出 24h 回顾法调查程序		10				
能力目标	准备能力	正确准备材料、工具	10				
	操作能力	完成资料咨询、分析工作	10				
		正确填写调查内容	10				
		能开展调查	10				
	学习能力	能够协作完成 24h 回顾法调查表	20				
素质目标	能用文明、友善的心态沟通		10				
	能积极主动承担任务		10				
合计			100				

任务三

调查学校食堂食物消耗量——记账法

知识目标

1. 掌握记账法的使用范围；
2. 熟悉记账法的实施程序。

能力目标

1. 能准确计算和记录数据；
2. 提高学生与同学、他人的沟通技巧。

素质目标

1. 培养文明、平等、友善的沟通心态；
2. 培养学生认真负责、尽职尽责的品质。

导入：全国4次营养调查都使用了称重记账法。称重记账法是称重法和记账法结合的一种膳食调查方法，兼具了两者的优点。通过实例分析膳食方法的选用原则。

一、知识导学

记账法是根据账目的记录得到调查对象的膳食情况来进行营养评价的一种膳食调查方法，它是最早、最常用的膳食调查方法，是其他膳食调查方法的发展基础，常和称重法一起应用。记账法是由调查对象或研究者称量记录一定时期内的食物消费总量，通过这些记录并根据同一时期进餐人数，计算出每人每天各种食物的平均摄入量。

在集体就餐的伙食单位（如幼儿园、学校和部队），如果不需要个人食物摄入量的数据，只要平均值，则可以不称量每人每天摄入的熟食量，只称量总的熟食量，然后减去剩余量，再被进餐人数平均，即可得出平均每人每天的食物摄入量。

1. 记账法的原理和优缺点

记账法多用于建有伙食账目的集体食堂等单位，根据该单位每日购买食物的发票和账目、就餐人数的记录，得到在一定时期内的各种食物消耗总量和就餐者的人日数，从而计算出平均每人每日的食物消费量，再按照《中国食物成分表》

计算这些食物所供给的能量和营养素数量。

记账法的操作较简单，费用低，所需人力少，适用于大样本膳食调查，且易于为膳食管理人员掌握，使调查单位能定期地自行调查计算，并可作为改进膳食质量的参考。该法适合于家庭调查，也适合于幼儿园中小学校或部队的调查。记账法可以调查较长时期的膳食，如1个月或更长。有些研究为了了解慢性病与饮食的关系，可采用长达1年的膳食记录方法，时间长短根据研究项目的需求而定。在记录精确和每餐用餐人数统计确实的情况下，能够得到较准确的结果。与其他方法相比较，不但可以调查长时期的膳食，而且适合于进行全年不同季节的调查。缺点是调查结果只能得到全家或集体中人均的膳食摄入量，难以分析个体膳食摄入情况。

2. 记账法的基本方法和要点

记账法的基础是膳食账目，所以要求被调查单位的伙食账目完善，数据可靠。对于家庭，一般没有食物消费账目可查，如用记账法进行调查，可在调查开始前登记其所有储存的及新购进的食物种类和数量，并且登记调查期间购入的食物，在调查结束时再次称量全部剩余食物的质量，然后计算出调查期间消费的食品总量，由于家庭成员年龄、性别等相差较大，因此人数也需按混合系数计算其营养素摄入量。

二、任务准备

1. 样品准备

分析对象。与被调查单位相关负责人取得联系，约定调查日期和接待人员，阐明调查的目的和意义，取得积极配合。

对从事调查的人员进行统一培训，使其掌握调查的程序、方法和各种数据的计算程序，明确营养评价的指标和标准。

2. 材料准备

《中国食物成分表》、计算器或计算软件、相关的数据调查。

三、任务程序

1. 与膳食管理人员见面

调查现在到将来一段时间的膳食情况，可先向相关工作人员介绍调查的过程和膳食账目与进餐人员记录的要求，使其能够按照要求详细记录每日购入的食物种类、数量和进餐人数，同时也要登记调查开始时存余食物和调查结束时的剩余食物。

2. 了解食物结存

首先了解食物的结存情况，分类别称重或询问估计所有剩余的食物。

3. 了解进餐人数

对进餐人数应统计准确并要求按年龄、性别和工种、生理状态等分别登记，如果调查对象个体之间差异不大，如学生膳食调查，因食物供给量不分性别、劳动强度，进餐人数登记表设计时可以简化，见表3-7。

表3-7　　　　　　　　某大学用餐人数登记表

年龄	18岁~			19岁~			20岁~			21岁~		
餐次	早	中	晚	早	中	晚	早	中	晚	早	中	晚
时间　＊＊月＊＊日												
······												
＊＊月＊＊日												
用餐总人数												
总人日数												
折合成年男子系数												
折合成年男子总人日数												

4. 了解食物购进数量

对调查期间购进的各种食物的量进行记录。

5. 食物的消费量计算和记录

食物的消费量统计需逐日分类准确记录，具体写出食物名称，见表3-8。

表3-8　　　　　　　　食物消耗量记录表

食物名称	大米	玉米	猪肉	虾	鱼类	白菜	萝卜	……
结存数量								
购入食物量								
＊＊月＊＊日								
＊＊月＊＊日								
剩余数量								
废弃数量								
实际总消耗量								
备注								

根据调查所得到的资料计算在调查期间伙食单位所消费的各种食物的总量。

6. 计算总人日数

调查某大学膳食情况，如果该大学三餐的能量分配为早餐30%，午餐30%~40%，晚餐30%~40%，某日三餐各有20名、30名、20名学生用餐，那么该日的总人日数为 20×30%+30×40%+20×30%=24 人日。调查期间总人日数等于调查期间各天人日数总和。

如果被调查单位用餐人员在年龄、劳动强度等方面参差不齐，则应该按照表 3-9 进行登记。

表 3-9　　　　　　　　调查期间总人日数登记表

体力活动水平		男			女			平均每日总人日数
		早	中	晚	早	中	晚	
成年人	轻							
	中							
	重							
60 岁以上	轻							
	中							
	重							

7. 核对记录结果

核对编号、项目，检查无误后，填写记录人和核对人。

8. 编号与归档

按照序号整理调查表，用档案袋装好，写好项目号、名称、单位、日期、保存人等封存待用。

四、注意事项

（1）如果食物消费量随季节变化较大，应在不同季节内开展多次短期调查，结果比较可靠。

（2）如果被调查单位人员的劳动强度、性别、年龄等组成不同，不能以人群的平均值作为每人每日营养素摄入水平，必须用混合系数的折算方法算出"标准人"的每人每日营养素摄入量，再做比较与评价。

（3）在调查过程中，要注意摄入自制的食品时也要分别登记原料、产品及其食用数量。

（4）记账法中注意要称量各种食物的可食部。如果调查的某种食物为市品重（毛重），计算食物营养成分应按市品计算。根据需要也可以按《中国食物成分表》中各种食物可食的百分比转换成可食部数量。

（5）在调查期间，不要疏忽各种小杂粮和零食的登记，如绿豆、蛋类、糖果等。

（6）单纯记账法一般不能调查调味品，包括油、盐、味精等的摄入量，通常可结合食物称重法来调查这些调味品的消费种类和量。

五、任务评价

学生完成学习，通过自评（20%）、小组互评（30%）、教师评价（50%）评估对本任务学习的掌握情况。将具体的检查与评估填入表 3-10。

表 3-10　　　　记账法—调查学校食堂食物消耗量任务评价表

评价项目	评价标准		满分	评价分值			得分
				自评	互评	师评	
知识目标	能正确说出记账法的使用范围		10				
	能正确说出记账法的实施程序		10				
能力目标	准备能力	正确准备材料、工具	10				
		正确计算食物消耗量	10				
	操作能力	正确计算总人日数	10				
		准确记录数据	10				
	学习能力	能够协作完成调查	20				
素质目标	能用文明、友善的心态沟通		10				
	态度认真负责		10				
	合计		100				

任务四

成年人一日食谱编制——计算法

知识目标

1. 了解成年人餐次及各餐的营养分配原则；
2. 掌握正常成年人食谱编制的基本原则和程序。

能力目标

1. 能计算正常成年人的一日能量需求；
2. 能编制成年人一日食谱。

素质目标

1. 培养规范操作的职业素养；

2. 培养相互协作、优势互补的团队精神。

导入：通过一日三餐怎么能吃出健康的相关知识学习，分析一日三餐怎么吃才能满足人体每日所需的营养。

一、知识导学

1. 科学配餐与食谱编制

科学配餐的重要信条是平衡膳食，合理选择、搭配各种食物原料，使就餐者能获得所需要的各种营养素，达到营养素的供给量标准，并合理地分配到各餐中；根据原料的营养素分布与特点，用合理的烹调方法烹制成可口的饭菜，以促进个体的食欲，提高食物中营养素的消化吸收率。因此，科学配餐是营养学实践性的具体表现。

食谱可以每天编制，成为一日食谱，也可以每周编制，成为一周食谱。

完整的食谱应包括一日三餐（或/和加餐）饭、菜的名称，所用原料的种类、数量，烹调方法，膳食制度等。

2. 确定成年人每日膳食营养目标的方法

确定成年人每日膳食营养目标有两种方法，一是直接查表法，即按照被调查者的性别、年龄、劳动分级等，直接在《中国居民膳食参考摄入量（2023版）》中对号入座应用RNI或AI为营养目标。二是计算法，即根据标准体重和每千克体重所需能量计算，以达到个体"维持健康"的基本要求，使机体处于营养均衡状态。原则上健康成年人可直接查表。

3. 确定食物用量的方法

根据确定的成年人膳食营养目标和中国居民平衡膳食宝塔（2022）食物类别和数量，查找相应的食物来源，并根据一定的比例搭配食物。各种食物所提供的各种营养素应满足其所需营养素目标。

4. 成年人的餐次分配原则

成年人一般为一日三餐，一日三餐能量应分配合理。三餐食物分配的原则是早餐25%~30%，午餐30%~40%，晚餐30%~40%。实际中可根据职业特点、劳动强度进行调整。早餐的时间一般在6：30~9：00、午餐在11：30~13：30，晚餐在18：00~20：00，最重要的是不能误餐，减少零食。

5. 膳食营养评价方法和意义

为个体计划膳食涉及两个步骤，首先是设定适宜的营养素摄入目标，另外是评价最后配餐营养是否合理。这项工作经常借助以RNI、AI和食物为基础的膳食指南来完成。

设定适宜的营养素摄入目标是要最大限度地减少营养不足和营养过剩风险，为个体计划一种平衡膳食，使它的蛋白质、维生素、矿物质等的摄入量能够达到各自的 RNI 或 AI。这时"目标"设定要以查表或实际计算所得数值为准。制订膳食结构搭配可以依据《中国居民膳食指南（2022）》和中国居民平衡膳食宝塔（2022）做出初步计划，然后再根据食物营养成分数据复查计划的膳食是否满足 RNI 或 AI，最后的"评价"要以±10%的浮动为允许变化范围。因为实际工作中，很难完全符合设定"目标数值"。

二、任务准备

1. 样品准备

分析对象。

2. 材料准备

《中国食物成分表》《中国居民膳食营养素参考摄入量（2023版）》。计算器、各种记录、计算表格、一日食谱记录（表 3-11）。

表 3-11　　　　　　　　　一日食谱记录表

餐别	食物名称	原料名称	食物质量/g
早餐			
中餐			
晚餐			
合计			

三、任务程序

1. 判断体型，计算全日能量供给量

根据成年人的身高，计算其标准体重；根据成年人的体质指数（BMI），判断其体型属于正常、肥胖、还是消瘦；了解就餐成年人的体力活动情况，确定能量供给，可以通过查表或通过简表进行计算得出［式（3-6）］。

$$全日能量供给量（kJ）= 标准体重（kg）\times 标准体重能量需要量（kJ/kg） \quad (3-6)$$

2. 计算全天蛋白质、脂肪、碳水化合物总量

现举例说明：已知某男性为教师，年龄 32 岁，身高 175 cm，体重 80kg，为其制定一日食谱。

（1）标准体重（kg）= 身高（cm）-105 = 175-105 = 70（kg）

（2）体质指数 = 实际体重（kg）/［身高（m）］^{2} = 80÷1.75^2 = 26（kg/m^2）

因 BMI>24，说明该男子为超重，工作为教师，属于轻体力劳动，查简表得知，其标准体重能量供给为 125.5kJ/kg。

（3）全日能量供给量（kJ）= 标准体重（kg）×标准体重能量需要量（kJ/kg）= 70×125.5 = 8786.4（kJ）

（4）全日蛋白质供给量（g）＝全日能量供给量×15%÷4＝8786.4×15%÷16.7＝79（g）

（5）全日脂肪供给量（g）＝全日能量供给量×25%÷9＝8786.4×25%÷37.6＝58（g）

（6）全日碳水化合物供给量（g）＝全日能量供给量×60%÷4＝8786.4×60%÷16.7＝315（g）

3. 确定全天主食数量和种类

确定3种能量营养素的需要量，根据《中国食物成分表》，就可以确定主食和副食的品种和数量了。

主食的品种主要根据就餐者的饮食习惯来确定，北方习惯以面食为主，南方则以大米居多。本例主食选择米、面，查《中国食物成分表》得知，每100g大米（标一）含碳水化合物76.8g，每100g小麦粉（特二粉）含碳水化合物74.3g，如大米和小麦粉在主食中的比例分别为20%和80%，则

所需大米数量（g）＝315×20%÷76.8%＝82（g）

所需小麦粉数量（g）＝315×80%÷74.3%＝340（g）

4. 确定全天副食蛋白质的需要量

提供蛋白质的副食包括瘦肉、鸡蛋、牛乳、豆腐等。

蛋白质广泛存在于动植物性食物中，除了谷类食物能提供蛋白质，各类动物性食物和豆制品也是优质蛋白质的主要来源。因此，副食品种和数量应在已确定主食用量的基础上，依据副食应提供的蛋白质数量来确定。

计算步骤如下：

（1）计算主食中含有的蛋白质数量。

（2）用应摄入的蛋白质数量减去主食中蛋白质数量，即为副食应提供的蛋白质数量。

（3）设定副食中蛋白质的3/4由动物性食物供给，1/4由豆制品供给，据此可求出各自的蛋白质供给量。

（4）查表并计算各类动物性食物及豆制品的供给量。

由《中国食物成分表》得知，100g小麦粉（特二粉）含蛋白质10.4g，100g大米（标一）含蛋白质7.7g，则：

主食中蛋白质含量（g）＝82×（7.7÷100）＋340×（10.4÷100）＝6.3＋35.36＝42（g）

副食中蛋白质含量（g）＝79－42＝37（g）

5. 计算全天副食的需要量和确定原料品种

若选择的动物性食物和豆制品分别为猪肉（里脊）、鸡蛋（60g）、牛乳（250mL）和豆腐（北），由《中国食物成分表》可知，每100g猪肉（里脊）中蛋白质含量为20.2g，每100g鸡蛋中蛋白质含量为12.8g，每100mL牛乳中蛋白

质含量为 3.0g，每 100g 豆腐（北）中蛋白质含量为 12.2g。

设定副食中蛋白质的 3/4 应由动物性食物供给，1/4 应由豆制品供给，则

动物性食物应含蛋白质数量（g）= 37×75% = 28（g）

豆制品应含蛋白质数量（g）= 37×25% = 9（g）

由此可得出，

猪肉（里脊）数量（g）=（28g-60g 鸡蛋的蛋白质含量-250mL 牛乳的蛋白质含量）÷（20.2/100）

= [28-60×（12.8÷100）－250×（3.0÷100）] ÷（20.2÷100）

= 63（g）

豆腐（北）数量（g）= 9÷（12.2/100）= 74（g）

确定了动物性食物和豆制品的数量，就可以保证蛋白质的摄入。最后选择蔬菜的品种和数量。蔬菜的品种和数量可根据不同季节、市场的蔬菜供应情况，以及考虑与动物性食物和豆制品配菜的需要来确定。注意叶菜类应占一半以上。

6. 配备蔬菜

设计蔬菜的品种和数量，如西芹、油菜等。每日增加维生素和矿物质。

7. 确定烹调用油的量

烹调用油应以植物油为主，可有一定量动物脂肪的摄入。由《中国食物成分表》可知每日摄入各类食物提供的脂肪含量，将需要的脂肪总含量减去食物提供的脂肪量即为每日植物油供应量。

查《中国食物成分表》得知每 100g 猪肉（里脊）含脂肪 7.9g，每 100g 鸡蛋含脂肪 11.1 g，每 100mL 牛乳含脂肪 3.2g，每 100g 豆腐（北）含脂肪 4.8g，每 100g 大米含脂肪 0.6g，每 100g 小麦粉（特二粉）含脂肪 11g。

植物油（g）= 58g-63g 猪肉脂肪含量-60g 鸡蛋脂肪含量-250mL 牛乳脂肪含量-74g 豆腐（北）脂肪含量-82g 大米脂肪含量-340g 小麦脂肪含量

= 58-63×（7.9÷100）-60×（11.1÷100）-250×（3.2÷100）-74×（4.8÷100）-82×（0.6÷100）-340×（1.1÷100）= 31（g）

8. 配制一日食谱

根据上述步骤确定的主、副食的数量，在相应的食物类别中选择不同的食物组成一日食谱，并按照比例分配到三餐中见表 3-12，食谱提供的营养素量见表 3-13。

表 3-12　　　　　　　　　成年男子一日食谱

餐别	食物名称	原料名称	食物质量/g
早餐	大米稀饭	大米（标一）	57
	面包	面粉（特一粉）	100
	卤鸡蛋	鸡蛋	60
	牛乳	—	250

续表

餐别	食物名称	原料名称	食物质量/g
中餐	馒头	面粉（特一粉）	125
	西芹炒肉	西芹	150
	—	瘦猪肉	63
	蒜蓉油菜	油菜	150
	花生油	—	15
晚餐	稀饭	大米（标一）	25
	馒头	面粉（特一粉）	115
	白菜炖豆腐	白菜	200
		豆腐	74
	凉拌青椒	青椒	150
	花生油	—	10
	香油	—	5

表3-13　　　　食谱提供的营养素量

名称	食部/g	能量/kJ	蛋白质/g	脂肪/g	碳水化合物/g
粳米（标一）	82	1177	6.3	0.5	63
小麦粉（特一）	340	4981	35	3.7	253.6
大白菜	166	104	2.3	0.2	3.5
芹菜（茎鲜）	134	112	1.6	0.3	4.4
油菜（鲜）	131	126	2.4	0.7	3.5
青椒（鲜）	123	113	1.2	0.2	4.9
猪肉（瘦鲜）	54	323	11	3.3	0.8
牛乳	250	565	7.5	8	8.5
鸡蛋（红皮）	60	392	7.7	6.7	0.8
植物油	30	1129	0	30	0
食盐	6	—	—	—	—
合计		9023	75	53.6	343

四、注意事项

1. 编制食谱时，不必要求每天食谱的能量和各类营养素均与膳食目标严格保持一致。

2. 一般情况下，每天的能量、蛋白质、脂肪和碳水化合物的量出入不应该很大，其他营养素以一周为单位进行计算，平均能满足营养需要即可，允许±10%的范围变化。

3. 注意实际营养配餐中的口味、风味的调配问题。

五、任务评价

学生完成学习，通过自评（20%）、小组互评（30%）、教师评价（50%）评估对本任务学习的掌握情况。将具体的检查与评估填入表3-14。

表3-14　　　　成年人一日食谱编制任务评价表——计算法

评价项目		评价标准	满分	评价分值			得分
				自评	互评	师评	
知识目标		能正确解释成年人营养分配原则	10				
		能正确说出成年人食谱编制的实施程序	10				
能力目标	准备能力	正确准备材料、工具	10				
		正确计算成年人一日能量需要	10				
	操作能力	正确设计早餐食谱	10				
		正确设计全天食谱	10				
	学习能力	能够协作完成食谱设计	20				
素质目标		操作规范	10				
		能相互协作、优势互补	10				
		合计	100				

任务五

食谱编制——食物交换份法

知识目标

1. 掌握食物交换份法的使用基本原则；
2. 掌握同类食物交换的注意事项。

能力目标

1. 能利用食物交换份法编制食谱；
2. 能正确进行同类食物间的交换。

> 素质目标

1. 培养学生认真负责的态度；
2. 养成积极解决问题的科学态度。

导入：酸乳和纯牛乳是最常见的乳制品，中国指南推荐每人每天补充一袋乳，能为机体提供丰富的钙质、蛋白质等营养素，帮助增强免疫力。因个体原因有些人不能喝牛乳，若换用酸乳，二者间应如何替换。

一、知识导学

食物交换份法便于对食物进行换算，可为糖尿病人、低血糖病人、集体用餐人群等提供方便、快捷的计算模式，易被非医务人员掌握并使用，广泛应用于临床营养、公共营养、社区营养中。

食物交换份法首先将日常食物按营养特点分类。按每一类食品中选择一种食用最为广泛的食物，按该食物的习惯用量设定为1份，并粗略计算1份该食物所含能量及蛋白质、脂肪、碳水化合物含量，然后以此为参照，计算出提供相同能量/产能营养素时同类食品中每种食物的摄入量，即等价值营养成分的使用量，依此类推，计算出每份的使用量。

食物交换份法关注的焦点是能量及功能营养素的含量，每个食物交换份可产生334.3~376.2kJ能量。同类食物在一定质量内所含的蛋白质、脂肪、碳水化合物和能量相近，不同类食物间所提供的能量也是相近的，见表3-15~表3-20。

表3-15 谷薯杂豆类食物交换表

食物种类		质量/(g/份)	提供能量和营养成分				食物举例
			能量/[kJ(kcal)/份]	蛋白质/(g/份)	脂肪/(g/份)	碳水化合物/(g/份)	
谷物（初级农产品）		25	376（90）	2.5	0.5	19.0	大米、面粉、玉米面、杂粮等（干、生、非加工类制品）
主食制品	面制品	35	376（90）	2.5	0.4	18.0	馒头、花卷、大饼、烧饼、面条（湿）、面包等
	米饭	75	376（90）	2.0	0.2	19.4	粳米饭、籼米饭等
全谷物		25	376（90）	2.5	0.7	18.0	糙米、全麦、玉米粒（干）、高粱、小米、荞麦、黄米、燕麦、青稞等

续表

食物种类	质量/ (g/份)	提供能量和营养成分				食物举例
		能量/ [kJ(kcal)/份]	蛋白质/ (g/份)	脂肪/ (g/份)	碳水化合物/ (g/份)	
杂豆类	25	376（90）	5.5	0.5	15.0	绿豆、赤小豆、芸豆、蚕豆、豌豆、眉豆等
粉条、粉丝、淀粉类	25	376（90）	0.3	0.0	21.2	粉条、粉丝、团粉、玉米淀粉等
糕点和油炸类	20	376（90）	1.4	2.6	13.0	蛋糕、江米条、油条、油饼等
薯芋类*	100	376（90）	1.9	0.2	20.0	马铃薯、甘薯、木薯、山药、芋头、大薯、豆薯等

注：* 每份薯芋类食品的质量为可食部质量。

表 3-16　　　　　　　　　　蔬菜类食物交换表[a]

食物种类		质量/ (g/份)	提供能量和营养成分				食物举例
			能量/ [kJ(kcal)/份]	蛋白质/ (g/份)	脂肪/ (g/份)	碳水化合物/ (g/份)	
蔬菜类（综合）[b]		250	376（90）	4.5	0.7	16.0	所有常见蔬菜（不包含干、腌制、罐头类制品）
嫩茎叶花菜类	深色[c]	300	376（90）	7.3	1.2	14.0	油菜、芹菜、乌菜、菠菜、鸡毛菜、香菜、萝卜缨、茴香、苋菜等
	浅色	330	376（90）	7.2	0.5	14.2	大白菜、奶白菜、圆白菜、娃娃菜、菜花、白笋、竹笋等
茄果类		375	376（90）	3.8	0.7	18.0	茄子、番茄、甜椒、辣椒、西葫芦、黄瓜、丝瓜、南瓜等
根茎类		300	376（90）	3.2	0.5	19.2	红萝卜、白萝卜、胡萝卜、水萝卜等（不包括马铃薯、芋头）
鲜蘑菇类	鲜	275	376（90）	7.6	0.6	14.0	香菇、草菇、平菇、白蘑、金针菇、牛肝菌等鲜蘑菇
	干	30	376（90）	6.6	0.8	17.0	香菇、木耳、茶树菇、榛蘑等干制品

续表

食物种类	质量/ (g/份)	提供能量和营养成分				食物举例
		能量/ [kJ(kcal)/份]	蛋白质/ (g/份)	脂肪/ (g/份)	碳水化合物/ (g/份)	
鲜豆类	250	376(90)	6.3	0.7	15.4	豇豆、扁豆、四季豆、刀豆等

注：a 表中给出的每份食品质量均为可食部质量。
b 如果难以区分蔬菜种类（如混合蔬菜），可按照蔬菜类（综合）的质量进行搭配。
c 深色嫩茎叶花菜类特指胡萝卜素含量≥300μg/100g 的蔬菜。

表 3-17　　　　　　　　　　水果类食物交换表[a]

食物种类	质量/ (g/份)	提供能量和营养成分				食物举例
		能量/ [kJ(kcal)/份]	蛋白质/ (g/份)	脂肪/ (g/份)	碳水化合物/ (g/份)	
水果类 （综合）[b]	150	376(90)	1.0	0.6	20.0	常见新鲜水果（不包括干制、糖渍、罐头类制品）
柑橘类	200	376(90)	1.7	0.6	20.0	橘子、橙子、柚子、柠檬
仁果、核果、瓜果类	175	376(90)	0.8	0.4	21.0	苹果、梨、桃、李子、杏、樱桃、甜瓜、西瓜、黄金瓜、哈密瓜等
浆果类	150	376(90)	1.4	0.5	20.0	葡萄、石榴、柿子、桑葚、草莓、无花果、猕猴桃等
枣和热带水果类	75	376(90)	1.1	1.1	18.0	各类鲜枣、芒果、荔枝、桂圆菠萝、香蕉、榴莲、火龙果等
果干类	25	376(90)	0.7	0.3	19.0	葡萄干、杏干、苹果干等

注：a 表中给出的每份食品质量均为可食部的质量。
b 如果难以区分水果种类（如混合水果），可按照水果类（综合）的质量进行搭配。

表 3-18　　　　　　　　　　肉蛋水产品类食物交换表[a]

食物种类	质量/ (g/份)	提供能量和营养成分				食物举例
		能量/ [kJ(kcal)/份]	蛋白质/ (g/份)	脂肪/ (g/份)	碳水化合物/ (g/份)	
畜禽肉类 （综合）[b]	50	376(90)	8.0	6.7	0.7	常见畜禽肉类

续表

食物种类	质量/ (g/份)	提供能量和营养成分				食物举例
		能量/ [kJ(kcal)/份]	蛋白质/ (g/份)	脂肪/ (g/份)	碳水化合物/ (g/份)	
畜肉类 （脂肪含量 ≤5%）	80	376（90）	16.0	2.1	1.3	纯瘦肉、牛里脊、羊里脊等
畜肉类 （脂肪含量 6%~15%）	60	376（90）	11.5	5.3	0.3	猪里脊、羊肉（胸脯肉）等
畜肉类 （脂肪含量 16%~35%）	30	376（90）	4.5	7.7	0.7	前臀尖、猪大排、猪肉（硬五花）等
畜肉类 （脂肪含量 ≥85%）	10	376（90）	0.2	8.9	0	肥肉、板油等
禽肉类	50	376（90）	8.8	6.0	0.7	鸡、鸭、鹅、火鸡等
蛋类	60	376（90）	7.6	6.6	1.6	鸡蛋、鸭蛋、鹅蛋、鹌鹑蛋等
水产类 （综合）	90	376（90）	14.8	2.9	1.7	常见淡水鱼、海水鱼、虾、蟹、贝类、海参等
鱼类	75	376（90）	13.7	3.2	1.0	鲤鱼、草鱼、鲢鱼、鳙鱼、黄花鱼、带鱼、鲳鱼、鲈鱼等
虾蟹贝类	115	376（90）	15.8	1.5	3.1	河虾、海虾、河蟹、海蟹、河蚌、蛤蜊、蛏子等

注：a 表中给出的每份食品质量均为可食部的质量，必要时需进行换算。

b 如果难以区分畜禽肉类食物种类（如混合肉），可按照畜禽肉类（综合）的质量进行搭配。内脏类（肚、舌、肾、肝、心、肫等）胆固醇较高，食物营养成分差异较大，如换算每份相当于70g，换算后需复核营养素的变化是否符合要求。

表3-19　　　　大豆、乳及其制品食物交换表

食物种类	质量/ (g/份)	提供能量和营养成分				食物举例
		能量/ [kJ(kcal)/份]	蛋白质/ (g/份)	脂肪/ (g/份)	碳水化合物/ (g/份)	
大豆类	20	376（90）	6.9	3.3	7.0	黄豆、黑豆、青豆
豆粉	20	376（90）	6.5	3.7	7.5	黄豆粉

续表

食物种类		质量/（g/份）	提供能量和营养成分				食物举例
			能量/[kJ(kcal)/份]	蛋白质/（g/份）	脂肪/（g/份）	碳水化合物/（g/份）	
豆腐	北豆腐	90	376（90）	11.0	4.3	1.8	北豆腐
	南豆腐	150	376（90）	9.3	3.8	3.9	南豆腐
豆皮、豆干		50	376（90）	8.5	4.6	3.8	豆腐干、豆腐丝、素鸡、素什锦等
豆浆		330	376（90）	8.0	3.1	8.0	豆浆
液态乳	全脂	150	376（90）	5.0	5.4	7.4	全脂牛乳等
	脱脂	265	376（90）	9.3	0.8	12.2	脱脂牛乳等
发酵乳（全脂）		100	376（90）	2.8	2.6	12.9	发酵乳
干酪		25	376（90）	5.6	7.0	1.9	干酪
乳粉		20	376（90）	4.0	4.5	10.1	全脂乳粉

表 3-20 油脂交换表

食物种类	质量/（g/份）	提供能量和营养成分				食物举例
		能量/[kJ(kcal)/份]	蛋白质/（g/份）	脂肪/（g/份）	碳水化合物/（g/份）	
油脂类	10	376（90）	0	10.0	0	猪油、橄榄油、菜籽油、大豆油、玉米油、葵花籽油、稻米油、花生油等

二、任务准备

1. 样品准备

分析对象。

2. 材料准备

《中国食物成分表》、记录表、笔、计算器。

食物交换表

三、任务程序

案例：李某，男，50岁，销售人员，身高170cm，体重68kg，身体健康。设计一日食谱。

1. 确定能量需求量

标准体重（kg）= 170-105 = 65kg，实际体重68kg，在理想体重10%范围内。BMI = 68/172 = 23.53，在正常范围内。

由上述可知，体重和体形均正常，能量及营养素可按正常人膳食推荐摄入量供给。

2. 确定各类食物交换份数

（1）查表法 简单、快捷配餐方法，按能量水平即可获得全天各类食物的交换份数，见表3-21，然后按同类等值互换原则即可编制食谱。

表3-21　　　　　　　　　不同能量膳食食物份数

能量/kJ	主食类	蔬菜类	水果类	肉鱼类	乳类	油脂类	合计
5021	7	1	0	3	2	1.5	14.5
5858	9	1	0	3	2	1.5	16.5
6694	9	1	1	4	2	1.5	18.5
7531	11	1	1	1	2	2	21
8368	13	1	1	4.5	2	2	23.5
9205	15	1	1	4.5	2	2	25.5
10042	17	1	1	5	2	2	28

李某每日能量摄入量为10042kJ，全天总交换份数为28份，其中主食17份，蔬菜1份，水果1份，鱼肉类5份，乳类2份，油脂类2份。

（2）计算法 首先确定全天产能营养素的供给量：由于李某是一位体重正常的健康成年男性，蛋白质、脂肪、碳水化合物供能分别为15%、25%、60%，则供给如下。

蛋白质：10042×15%÷16.7 = 90g

脂肪：10042×25%÷37.6 = 66g

碳水化合物：10042×60%÷16.7 = 360g

根据上述计算结果，参考食物交换份表计算李某全天各类食物的份数。具体步骤如下。

①假设李某每日饮用牛乳320g（2份），苹果或橘子200g（1份），青菜500g（1份）。

计算上述三类食物提供的能量和产能营养素。

能量：2×376+1×376+1×376 = 1504kJ

蛋白质：2×5+1×1+1×5 = 16g

脂肪：2×5+1×0+1×0 = 10g

碳水化合物：2×6+1×21+1×17=50g

②计算除去上述三类食物后剩余的能量及产能营养素需要量。

能量：10042-1504=8538kJ

蛋白质：90-16=74g

脂肪：66-10=56g

碳水化合物：360-50=310g

③分别计算其调节类食物所需的份数：首先计算主食类，然后计算副食类，最后计算油脂类。

主食类：310÷20=15.5 份

肉鱼蛋类：(74-15.5×2)÷9=4.8 份

油脂类：(56-15.5×0.5-5×6)÷10=1.8 份

④根据计算结果，根据饮食习惯和口味在交换份表中选择适当的食物，如主食类可选择大米 7 份、标准粉 7.5 份、山药 1 份，肉鱼蛋类可选择排骨 2 份、带鱼 2.8 份，油脂类可选择花生油 1.8 份，蔬菜类选择水浸海带丝 0.2 份、菠菜 0.3 份、油菜 0.4 份、青椒 0.1 份；牛乳 2 份，橘子 1 份。全天食物合计 26.1 份，与查表法所得食物种类和份数接近。

3. 分配每餐交换份数

根据三餐分配比例确定每餐各类食物交换份数，一般主食分配比例按早餐、中餐、晚餐各占 0.2∶0.4∶0.4 计，也可按 0.3∶0.4∶0.3 计。本例按 0.2∶0.4∶0.4 计，则李某每餐食物份数见表3-22所示（按计算法所得分配）。

表3-22　　　　　　　　每餐各类食物份数　　　　　　　　单位：份

食物类别	早餐	午餐	晚餐	合计
主食类	3.1	6.2	6.2	15.5
蔬菜类	0.2	0.4	0.4	1
水果类	0.2	0.5	0.3	1
肉鱼蛋类	1	1.0	1.9	4.8
乳类	2	0	0	2
油脂类	0.2	1	0.6	1.8
合计	6.7	10	9.4	26.1

4. 制定食谱并评价食谱

根据上述计算结果制定李某参考食谱，见表3-23，计算能量及产能营养素供给量，并与推荐摄入量相比较，得知所定食谱中能量与产能营养素的供给量在推荐摄入量的±10%，因此该食谱制定合理。

表 3-23　　　　　　　　李某一日参考食谱

餐饮	食物名称	原料及质量
早餐	二米粥	大米 12.5g
		薏米 12.5g
	馒头	标准粉 52.5g
	拌海带丝	水浸海带丝 200g
		芝麻油 2g
	苹果	50g
	牛乳	320g
	鸡蛋（带壳）	60g
午餐	米饭	大米 100g
		小米 30g
	红烧排骨	带骨排骨 133g
		花生油 5g
	青椒炒山药	山药 125g
		青椒 80g
		花生油 3g
	凉拌菠菜	菠菜 150g
		芝麻油 2g
	橘子	100g
晚餐	粥	大米 25g
		玉米 25g
	馒头	标准粉 105g
	红焖带鱼	带鱼 80g
		花生油 3g
	扒油菜	油菜 200g
		猪肉（瘦）45g
		花生油 3g
	桃	50g

5. 非产能营养素核算

根据食物摄入量核算非产能营养素的摄入量，对比中国居民营养素推荐摄入表，进行调整。

四、注意事项

膳食也可根据个人年龄、性别、身高、体重、劳动强度及季节等情况适当调整。一般来说,人们的进食量可自动调节,当一个人的食欲得到满足时,他对能量的需要也就会得到满足。

五、任务评价

学生完成学习,通过自评(20%)、小组互评(30%)、教师评价(50%)评估对本任务学习的掌握情况。将具体的检查与评估填入表3-24。

表3-24　　　　成年人一日食谱编制任务评价表——食物交换份法

评价项目	评价标准		满分	评价分值			得分
				自评	互评	师评	
知识目标	能正确解释食物交换份法		10				
	能举例说明食物交换原则		10				
能力目标	准备能力	正确准备材料、工具	10				
		正确计算交换份数	10				
	操作能力	正确进行食物交换	10				
		正确设计全天食谱	10				
素质目标	学习能力	能够协作完成食谱设计	20				
	操作规范		10				
	态度认真		10				
	合计		100				

任务六

健康生活方式测评

知识目标

1. 认识不健康生活方式及危害;
2. 能够正确理解健康生活方式内涵。

能力目标

1. 能够进行自我健康生活方式的测评;

2. 能够简单分析不良生活方式并给出改进建议。

素质目标

1. 渗透全面原则，明白营养只是健康的一个方面；
2. 培养健康生活方式、行为规范、树立健康观。

导入：讨论改变不良的生活方式，提倡健康的生活方式，对预防疾病、增强体质、改善每个人的健康状况、提高全人类的素质都具有重要意义。

一、知识导学

1. 健康生活方式的概念

健康首先是身体没有病，但健康又不仅是身体没有疾病，WHO 对健康的定义："健康乃是一种在身体上、精神上的完善状态，以及良好的适应能力，而不仅仅是没有疾病和衰弱的状态。"它包含了以生理机能为特征的身体健康，以精神情感为特征的心理健康和以社会实践为特征的行为健康。健康的全部含义是身体健康、心理健康和良好的社会适应能力。

你的生活方式健康吗

生活方式是指人们长期受到一定社会文化、经济、风俗、家庭影响而形成的一系列的生活习惯、生活制度和生活意识。可以将生活方式理解为不同阶层人群在其生活圈、文化圈内所表现出的行为方式。

人体的健康状态是通过健康的生活方式形成和保持的。1996 年 WHO 宣布，健康的生活方式就是健康的基石，如合理膳食、适量运动、心理平衡、戒烟限酒。合理膳食包括平衡膳食、合理营养和良好的饮食习惯；适量运动包括活跃的、动态的生活方式和有规律的、持之以恒的适合自己的适量体育运动；心理平衡指在与他人和社会的关系上要能够正确看待自己、正确看待他人、正确看待社会，树立适当的人生追求目标，控制自己的欲望，保持愉悦的一生；戒烟限酒包括拒绝烟草，如饮酒应严格限量等。

此外，健康的生活方式还有很多内容，如生活节奏有规律，充足的睡眠，纠正不良的行为，远离毒品，讲究道德，自觉保护环境，坚持学习健康知识，随时修正生活方式等。

2. 不健康生活方式和行为

不健康生活方式种类很多，主要有如下。

（1）膳食结构不合理，饮食习惯不良　包括饮食过度，营养过剩，高脂肪、高钠盐、低膳食纤维饮食，喜食熏烤、油炸食品和甜食，暴饮暴食，不吃早餐等。营养不合理是导致亚健康，直接引起食源性营养不良性疾病和肥胖、糖尿病、高血压、高脂血症、癌症等慢性病不可忽视的重要原因。

（2）缺乏运动或运动不足　静态生活方式是非传染性慢性病发生的危险因素，与肥胖、糖尿病、高血压、冠心病、骨质疏松等密切相关。运动是健康生活方式中不可缺少的重要组成部分。

（3）吸烟　吸烟的危害尽人皆知。吸烟是心血管疾病和肺癌的重要危险因素。吸烟对女性有特殊的危险，吸烟的妇女如果正使用口服避孕药，会增加心脏疾病发生和下肢静脉血栓形成的机会；吸烟的孕妇易发生早产和新生儿体重不足，孩子在婴幼儿期会出现免疫功能降低，容易生病；被动吸烟孕妇的婴儿致畸率明显增高。

（4）过量饮酒，酗酒　长期过多饮酒，酒精（乙醇）及其代谢产物乙醛可损害心、肝细胞功能，增加肝硬化、胃癌、心肌损害和脑卒中的危险性。长期大量饮酒会延缓血液中脂肪的清除，提高甘油三酯浓度，易患高脂血症。此外，酒后驾车易发生车祸。酗酒或饮酒成瘾不仅危害自己的健康，还给家庭和社会带来不幸。给人敬酒是友好的表示，但要适可而止；敬酒过分，强人所难，是不文明的表现。

（5）心理失衡　主要是极度紧张，情绪压抑。持续的心理紧张和心理冲突会造成精神疲劳，免疫功能下降，容易发生疾病。精神损伤、精神刺激常可引起人体的许多生理变化，如持续波动可使心跳显著加快，血压急剧上升，红细胞激增，血黏度增高。有的中老年人在盛怒或高度兴奋下脑血管会突然破裂而导致死亡。

（6）生活无规律，睡眠不足　健康的体魄来自睡眠。睡眠不足，不但身体的消耗得不到补充，而且由于激素合成不足，会造成身体内环境失调，免疫功能下降。经常开夜车加班，或通宵达旦地打牌、看电视，对健康极为不利。

（7）有病不求医，乱吃补药，滥用保健品　每个人都应为自己的健康承担主要责任，每个人都应选择"健康生活方式"。

二、任务准备

1. 样品准备

分析对象。

2. 材料准备

记录纸、笔、计算器等。

调查问卷见表3-25和表3-26。准备时可以根据目的，或简或繁，以时间不长且能达到目的为宜。仔细阅读调查问卷，熟悉调查问卷的内容及注意事项。

表 3–25　　　　　　　健康生活方式调查表（综合问卷）

姓名：＿＿＿＿＿＿　　　　性别：□男 □女　　年龄：＿＿＿岁

填表日期：＿＿＿＿年＿＿＿＿月＿＿＿＿日

对于每一个问题，请选择最符合你情况的答案，并在相应的"□"内打"√"。

	经常	有时	从不
营养			
每天吃各种各样的食物，包括 400g 或更多的水果或蔬菜	□	□	□
限制饮食中的脂肪和饱和脂肪的量	□	□	□
避免漏餐，每顿饭都吃	□	□	□
控制盐和糖的摄入量	□	□	□
得分：			
运动			
参加中等强度的运动，如快走或游泳，20~60min/日，3~5 天/周	□	□	□
一周至少进行 2 次肌肉力量和耐力运动	□	□	□
花一部分业余时间参加个人、家庭或集体活动，如散步、打保龄球、打羽毛球、打乒乓球	□	□	□
保持着健康的体重，既不瘦也不胖	□	□	□
得分：			
烟草使用情况			
从来不使用烟草	□	□	□
避免使用烟草	□	□	□
只吸尼古丁含量低的香烟，或抽烟斗、雪茄、无烟烟草	□	□	□
得分：			
酒精和药物			
每天喝酒不多于 1~2 次或不喝酒	□	□	□
不用酒精或其他药物来缓解生活中的压力和问题	□	□	□
当吃药如感冒药或怀孕时很注意避免酒精	□	□	□
在使用处方药和非处方药时先看说明书并按照说明书用药	□	□	□
得分：			

续表

	经常	有时	从不
压力的处理			
有工作或有自己喜欢做的其他工作	□	□	□
很容易放松，并可以自由表达感情	□	□	□
能很好地处理压力	□	□	□
有很好的朋友、亲戚或其他可以与之讨论私人问题的人，并且需要时能够获得帮助	□	□	□
得分：			
安全			
乘坐小轿车时系安全带	□	□	□
酒后不开车	□	□	□
驾车时遵守交通规则，不超速	□	□	□
使用有潜在危险的产品，如家用清洁剂时先看说明书	□	□	□
不在床上抽烟	□	□	□
得分：			
疾病的预防			
知道癌症心脏病和脑卒中出现的危险信号	□	□	□
使用防晒霜，避免在阳光下暴晒	□	□	□
做健康体检和免疫接种	□	□	□
每个月都自我检查，乳房/睾丸	□	□	□
没有不良性行为或只有一个健康的性伴侣，或者总是进行安全的性行为，并且不共用针头注射药物	□	□	□
得分：			

表 3-26　　健康生活方式调查表（工作人员用）

	经常	有时	从不
营养			
每天吃各种各样的食物，包括400g 或更多的水果和蔬菜	3	1	0
限制饮食中的脂肪和饱和脂肪的量	3	1	0
避免漏餐，每顿饭都吃	2	1	0
控制盐和糖的摄入量	2	1	0
得分：			

续表

	经常	有时	从不
运动			
参加中等强度的运动，如快走或游泳，20~60min/日，3~5天/周	4	1	0
一周至少进行2次肌肉力量和耐力运动	2	1	0
花一部分业余时间参加个人、家庭或集体活动，如散步、打保龄球、打羽毛球、打乒乓球	2	1	0
保持着健康的体重，既不瘦也不胖	2	1	0
得分：			
烟草使用情况			
从来不使用烟草	10	1	0
避免使用烟草	2	1	0
只吸尼古丁含量低的香烟，或抽烟斗、雪茄、无烟烟草	2	1	0
得分：			
酒精和药物			
每天喝酒不多于1~2次或不喝酒	4	1	0
不用酒精或其他药物来缓解生活中的压力和问题	2	1	0
当吃药如感冒药或怀孕时很注意避免酒精	2	1	0
在使用处方药和非处方药时先看说明书并按照说明书用药	2	1	0
得分：			
压力的处理			
有工作或有自己喜欢做的其他工作	2	1	0
很容易放松，并可以自由表达感情	2	1	0
能很好地处理压力	2	1	0
有很好的朋友、亲戚或其他可以与之讨论私人问题的人，并且需要时能够获得帮助	2	1	0
得分：			
安全			
乘坐小轿车时系安全带	2	1	0
酒后不开车	2	1	0
驾车时遵守交通规则，不超速	2	1	0
使用有潜在危险的产品，如家用清洁剂时先看说明书	2	1	0
不在床上抽烟	2	1	0
得分：			

续表

	经常	有时	从不
疾病的预防			
知道癌症心脏病和脑卒中出现的危险信号	2	1	0
使用防晒霜，避免在阳光下暴晒	2	1	0
做健康体检和免疫接种等	2	1	0
每个月都自我检查，乳房/睾丸	2	1	0
没有不良性行为或只有一个健康的性伴侣，或者总是进行安全的性行为，并且不共用针头注射药物	2	1	0
得分：			

三、任务程序

1. 选择或设计调查问卷

对生活方式的测评可以是综合性的，也可以是其中的一部分，如主要对饮食生活方式进行测评，最好选择专门为饮食生活方式测评设计的问卷。

2. 询问和填写调查问卷

可以一对一，面对面，由测试者边问边填，也可以由受试者自己填写。但填写前必须先给受试者讲清楚每个选项的意思。

①受试者自己填写时，使用没有标评分的调查问卷（表3-25），判断根据见表3-26。

②由测试者填写时，请使用有评分的"工作人员用"调查表（表3-26）。在询问时，请选择多数时候最能反映受试者情况的选项，也可找出关键点，重点了解。

3. 整理、分析调查问卷

计算每部分得分：将每部分各小题的得分相加，即为每部分的实际得分。

4. 评估

根据每部分得分，按下列标准评估。

对健康生活方式的评估：

①9~10分/每部分：非常好。说明你已认识到这部分对你健康的重要性，并付诸实践。只要你继续做下去，你就不会出现这部分的健康危险。

②6~8分/每部分：好。说明你在这部分有好的健康习惯，但还有能改进的地方。

③3~5分/每部分：不好。可能有中度健康危险。

④0~2分/每部分：非常不好。可能有严重的健康危险。

5. 针对不同部分评估的实际情况，给出合理化建议

经常抽烟者，建议逐渐减少抽烟量；经常饮酒者，建议严格控制饮酒量；运动不足者，建议增加日常体力活动，培养活跃的生活方式；高脂、高糖、高盐摄入者，建议饮食尽量清淡少盐，严格控制烹调用油和盐，油不超过25g/（人·天），盐不超过5g/（人·天），少吃甜食等。

四、注意事项

①工作人员在询问时，应注意避免诱导性提问，如"你不经常抽烟吧"。

②受试者自己填表时，应注意给出一定时间，不要让受试者长时间考虑选择哪一个更好，只有实事求是才能反映真实情况，找到真正威胁健康的问题。

五、任务评价

学生完成学习，通过自评（20%）、小组互评（30%）、教师评价（50%）评估对本任务学习的掌握情况。将具体的检查与评估填入表3-27。

表3-27　　　　　　　　　　健康生活方式测评

评价项目	评价标准		满分	评价分值			得分
				自评	互评	师评	
知识目标	知道全民健康生活方式行动		10				
	正确解释健康生活方式包含的内容		10				
能力目标	准备能力	调查表、问卷、工具	10				
		能正确选择设计调查问卷	10				
	操作能力	能正确测评	10				
		准确填写、记录问题	10				
	总结能力	能根据结果做出正确分析和合理建议	10				
	学习能力	能够独立完成资料查询任务	10				
素质目标	有正确健康意识、行为规范、健康观		20				
	合计		100				

任务七

身体活动水平测评

知识目标

1. 了解身体活动测评的意义；
2. 熟悉身体活动与健康的基础知识。

能力目标

1. 正确判断日常身体活动的强度和能量消耗量；
2. 能对身体活动与健康的常见问题给出建议。

素质目标

1. 培养学生良好的健康习惯；
2. 培养学生关注最新指南，增强职业素养。

导入：《中国人群身体活动指南（2021）》提出了中国人群身体活动的基本原则，动则有益、多动更好、适度量力、贵在坚持。理解《中国居民膳食指南（2022）》"吃动平衡，健康体重"中关于体力活动与运动的相关内容，便于在营养指导工作中制定切合实际的身体活动方案。

一、知识导学

身体活动是指由骨骼肌收缩产生的身体活动，即指增加能量消耗的骨骼肌活动，是基础代谢水平上身体能量消耗增加的活动，有益于健康的身体活动，强调大肌群参与的、能量消耗明显增加的活动。

根据对《中国人群身体活动指南（2021）》的解读，身体活动和一般的体育活动、运动、锻炼等这些老百姓经常说的名词不完全等同，更不能把身体活动称之为"体力活动"，身体活动≠体力活动。《中国居民膳食指南（2022）》指出，成年人的能量消耗包括基础代谢、身体活动和食物热效应。身体活动包括职业性身体活动、交通往来活动、家务活动和休闲时间进行的身体活动。通常，所说的分类主要是指运动的基本类型。

（1）有氧运动　有氧运动即为有节奏的动力运动，主要由重复的低阻力运动组成，又称耐力运动，如步行、骑车、游泳等。是一种身体大肌群参与的、持续性的、有节奏的运动。运动中的能量来源主要由有氧代谢供给。有氧运动能够提高人体的最大吸氧量，有效的增强心肺耐力，增强耐力素质或身体工作能力，减脂、控体重。

（2）抗阻运动　抗阻运动又称力量运动或无氧运动，主要由少量的高阻力运动组成，如自身体重、哑铃、水瓶、沙袋、弹力带和健身器械等进行的抗阻力运动形式。抗阻运动可以增加肌肉力量和质量。

（3）柔韧性运动　指轻柔、屈曲和伸展的运动形式，如太极拳、瑜伽、舞蹈等，可增加关节活动度，预防肌肉损伤、消除肌肉疲劳，提高运动效率。对保持身体活动功能及灵活性具有重要作用。运动前热身包括颈、肩、肘、腕、髋、膝、踝各关节的屈曲和伸展活动，运动后包括颈、肩、上肢和下肢的肌肉拉伸活动。

1. 运动量和运动强度

身体活动水平取决于运动的类型、运动的强度、运动持续的时间和运动的频率。

（1）运动量　运动量指人体在运动中所承受的生理、心理负荷量以及消耗的热量，由完成运动的强度、持续时间和运动频率决定，计算方法如式（3-7）所示。

$$运动量 = 运动强度 \times 运动持续时间 \times 运动频率 \qquad (3-7)$$

运动量的标准单位用 MET·min/周 和 kcal/周 表示［MET 表示代谢当量，1MET=4.184kJ/（kg·h）］。

（2）运动强度　运动强度是指运动对人体生理刺激的程度。可根据代谢当量、最大吸氧量（$V_{O_2 max}$）、心率、自觉疲劳程度（RPE）来表示。在日常活动中，常以心率和自觉疲劳程度来判断身体活动/运动强度的大小，见表3-28。

表 3-28　　　　运动强度的判断

强度分级	相当于最大心率百分比/%	相当于最大吸氧量百分比/%	自觉疲劳程度	代谢当量
低	<57	<37	很轻松	<2
较低	57~63	37~45	轻松	2~2.9
中	64~76	46~63	有点费力	3~5.9
高	77~95	64~90	费力	6~8.7
极高	≥96	≥91	很费力	≥8.8

（3）身体活动强度分级

①基础代谢：维持基本生命活动、保持活着所消耗的能量（如睡觉、躺着不动）。

②静态状态：有很少量或没有躯体运动地坐着（如阅读、书写、吃东西、看电视、驾驶、缝纫等），相当于能量消耗为 0.04kJ/（kg体重·min）。

③低强度活动：坐着或站着，伴随上肢和其他肢体的一些运动（如准备食物、洗碗盘、3km/h 速度的行走、沐浴），相当于能量消耗为 0.08kJ/（kg 体重·min）。

④中度活动：坐着伴随胳膊有力的运动，或者站着伴随相当大量的运动（如铺床、擦地板、6km/h 速度的行走、运动前的热身准备活动或运动后的整理活动、打保龄球），相当于能量消耗为 0.12kJ/（kg 体重·min）。

⑤较高强度活动：快速地运动身体（如打网球、慢跑、举重和团体性运动——棒球、篮球、足球等运动），相当于能量消耗为 0.25kJ/（kg 体重·min）。

⑥高强度活动：用最大能力或接近最大能力运动身体（如游泳比赛、跑步、跳绳），相当于运动能量消耗为>0.42kJ/（kg 体重·min）。

2. 身体活动水平测量方法

（1）估算测量方法　日记、问卷、整体水平评估、定量化回顾，可以是自己记录，也可以由专人询问调查。

（2）客观测量方法　运用双标水法、间接热量测定法、心率测定法，或采用运动传感器（如计步器、加速度传感器、能量监测仪）等，更适合于研究或特殊情况。

3. 身体活动水平判断标准

（1）以每天平均步行的步数判断

①静态：每天步行<5000 步。

②低：每天步行 5000~7499 步。

③中（较活跃）：每天步行 7500~9999 步。

④较高（活跃）：每天步行 10000~12500 步。

⑤高（高度活跃）：每天步行>12500 步。

（2）以每天平均运动的时间和强度判断

①低：<30min 中等强度运动身体活动。

②中：30~60min 中等强度身体活动。

③高：>60min 中等强度或>30min 高强度身体活动。

（3）以每周平均运动量和运动频率判断

①低：不属于"中等"中的任何一种情况。

②中等：达到下列任何一种状态。

每天至少 20min 高强度运动或重体力活动，≥3 天/周。

每天至少步行 30min 或中等强度运动/体力活动，≥5 天/周。

每天至少步行 30min，7 天/周。

每天步行和中等强度或高强度运动/重体力活动，≥5 天/周，总的运动量至少达 600 MET·min/周。

③高：达到下列任何一种状态。

高强度运动/体力活动≥3 天/周，总运动量达到≥1500 MET·min/周。

每天步行和中等强度或高强度运动/体力活动，7 天/周，总的运动量至少达 3000 MET·min/周。

二、任务准备

1. 样品准备
分析对象。

2. 材料准备
计步器、记录纸、笔等。

身体活动记录表（表 3-29）。

表 3-29　　　　　　　　　24h 身体活动记录表

姓名：_____　　性别：□男　□女　　□平时　□周末　日期：___年___月___日

时间	活动记录		
	持续时间/min	活动内容	活动强度
午夜 12 点到早上			
总的持续时间	1440min（必须是 1440min，即 1 天的 24h 周期）		
	其中中、高强度活动时间为___min		

三、任务程序

举例：学校号召学生注意体育锻炼，每天应保持中、高强度活动 1h 以上。王强积极参与，他第一个走进营养咨询部，请营养师测评自己的身体活动水平是否达到学校要求。

1. 选择调查方法
根据咨询者的目的，营养师选择问卷调查法，并准备调查表，见表 3-30。

2. 填表
先讲解表 3-29 的每项要求、时间计算等。考虑到王强是大学生，有较好的理解能力，所以请他自己认真准确地填写、记录自己 24h 活动情况。

注意本日记需要连续记录 7 天。

①先在每天的身体活动记录工作表上写上姓名和日期，并注明是星期几、工

作日还是周末。

②记录每天的身体活动从早上 12 点（午夜）开始，至下个午夜结束，或从早上起床时开始至第二天早上起床时结束，连续 24h。

③按时间顺序，以流水账记录每一项活动持续的时间和内容，以及活动水平（根据身体活动强度分级记录）。

3. 收集和核准

收集数据资料，查看记录的可信性和准确性，可疑信息要询问核实。例如，记录每项活动持续的时间应精确到分钟。每个时间点必须连贯，如果从午夜睡到早上 7 点 15 分，应记录为 7 点 15 分开始，而不是 7 点 20 分开始。

①在 24h 结束时，记录的总时间必须等于 1440min。

②每天 1 张新表。

4. 判断

按照相应身体活动水平参数判断标准，评估身体活动水平。

下面以身体活动日记为例来说明。

（1）发放身体活动日记记录表（表 3-30），熟悉内容和要求。

表 3-30　　24h 身体活动记录表（示范）

姓名：王强　　性别：□男　□女　　□平时　□周末　　日期：　年 12 月 23 日

时间	活动记录		活动强度（此项由工作人员填写）
	持续时间/min	活动内容	
午夜 12 点到早上 7：15	435	睡觉	基础
7：15—7：30	15	洗澡等	轻度
7：30—7：40	10	穿衣服	轻度
7：40—7：45	5	走路	轻度
7：45—8：00	15	吃早餐	静坐
8：00—8：15	15	准备去上课	轻度
8：15—8：30	15	快走去上课	中度
8：30—9：20	50	坐着上课	静坐
9：20—9：30	10	快走去图书馆	中度
9：30—10：20	50	坐着、看书	静坐
10：20—10：30	10	快走去上课	中度
10：30—11：20	50	坐着上课	静坐
11：20—11：35	15	快走去食堂	中度
11：35—11：55	20	吃午餐	静坐
11：55—12：00	5	走去商店	中度
12：00—12：20	20	购买生活用品	轻度
12：20—12：30	10	走去图书馆	中度
12：30—2：20	110	学习	静坐

续表

时间	活动记录 持续时间/min	活动记录 活动内容	活动强度（此项由工作人员填写）
2：20—2：30	10	走去上课	中度
2：30—3：20	50	坐着上课	静坐
3：20—3：35	15	走回宿舍	中度
3：35—4：00	25	读信	静坐
4：00—4：05	5	准备去游泳	轻度
4：05—4：15	10	走到游泳池	中度
4：15—4：25	10	换衣服、冲澡	轻度
4：25—4：30	5	游泳前热身运动	中度
4：30—4：50	20	循环游泳	高强度
4：50—4：55	5	游泳后整理活动	中度
4：55—5：15	20	冲澡、穿衣	轻度
5：15—5：25	10	走回宿舍	中度
5：25—5：45	20	站着和朋友聊天	轻度
5：45—5：50	5	走去食堂	中度
5：50—6：20	30	吃晚餐	静坐
6：20—7：00	40	上网	静坐
7：00—7：45	45	看电视	静坐
7：45—8：00	15	走去听报告	中度
8：00—9：00	60	听报告	静坐
9：00—9：15	15	走回宿舍	中度
9：15—11：00	105	学习	静坐
11：00—11：15	15	准备睡觉	轻度
11：15—12：00	45	睡觉	基础
总的持续时间	1440min（必须是1440min，即1天的24h周期）其中中、高强度活动时间为____min		

（2）指导记录身体活动日记。

（3）记录身体活动日记前，先仔细阅读身体活动日记记录说明。

5. 统计7天活动量和时间

统计和分析每天中、高强度活动的时间。

参考24h身体活动记录，将除常规生活外的中、高强度活动的时间相加即可。

6. 计算每天身体活动水平

计算连续7天平均每天中、高强度活动的时间。根据7天的身体活动记录，将每天中、高强度活动的时间相加，除以7，得出平均每天身体活动水平。

7. 分析活动频率、时间和强度

根据连续7天24h身体活动记录，选择表3-31中每个能反映身体活动的习惯，并在相应的选择栏画"√"（注意是每周平均量，而不是随意1天的量）。

表3-31　　每周身体活动统计表

	活动方式（如游泳、快走）	记分
活动频率 （天/周）	小于1	0
	1	1
	2	2
	3	3
	4	4
	5~7	5
活动持续时间 （min）	小于5	0
	5~14	1
	15~29	2
	30~44	3
	45~59	4
	≥60	5
活动强度 （由工作人员填写）	没有变化	0
	几乎没有变化（如慢走、打保龄球、瑜伽等）	1
	有轻微的变化（打乒乓球、走路、打高尔夫球等）	2
	中等增加（休闲自行车、快走、轻松持续游泳等）	3
	间歇性呼吸加快、大量出汗（网球单打、篮球、壁球等）	4
	持续呼吸加快、大量出汗（慢跑、越野滑雪、跳绳）	5

注：强度是指与静息心率相比。

8. 计算活动指数

将以下三项评分相乘，按式（3-8）计算活动指数：

$$活动指数 = 活动频率评分 \times 活动持续时间评分 \times 活动强度评分 \quad (3-8)$$

9. 身体活动水平评估

（1）按平均每天中、高强度活动时间评估　低：<30min；中：30~60min；高：>60min。

（2）按活动指数评估　静态：<15；低：15~24；中：25~40；活跃：41~60；很活跃：>60。

如果假定王强的一天时间记录是7天平均活动量，用第一种方法评估，王强的活动水平量在中等以上；用第二种方法评估也是中等以上。同样王强也达到了学校规定的每日中高强度运动超过1h。

四、注意事项

1. 在活动记录中，对能量消耗差不多的类似活动，如果发生在相同的时间段内，可以合并在一起记录，例如，阅读和打字都可以作为学习来记录。

2. 在活动记录中，对玩计算机游戏或看电视这样的活动，虽然与学习消耗的能量相同，但要分开来记录。

五、任务评价

学生完成学习，通过自评（20%）、小组互评（30%）、教师评价（50%）评估对本任务学习的掌握情况。将具体的检查与评估填入表 3-32。

表 3-32　　　　　　　身体活动水平计算任务评价表

评价项目	评价标准		满分	评价分值			得分
				自评	互评	师评	
知识目标	正确解释身体活动的概念		10				
	能解释身体运动和人体健康的关系		10				
能力目标	准备能力	能准备信息收集问题提纲、记录工具表	10				
	操作能力	准确收集信息	10				
		完整填写记录	10				
		按照相应身体活动水平参数判断标准，评估身体活动水平	10				
	总结能力	能根据结果做出正确分析和合理建议	10				
	学习能力	能够独立完成资料查询任务	10				
素质目标	能关注最新权威指南，有较好职业素养		20				
	合计		100				

任务八

体重控制的营养教育

知识目标

1. 掌握体质指数的测评方法；
2. 掌握沟通技巧。

能力目标

1. 能够利用现场条件、具体形式、进行现场引导和沟通；
2. 能正确传播营养健康知识。

素质目标

1. 培养严谨认真的工作态度；
2. 培养健康自助、健康助人的使命感。

导入：通过世界卫生组织认定"世界防治肥胖日"的事件——肥胖被世界卫生组织确定为十大慢性疾病之一，认定"5·11"为"世界防治肥胖日"，"5·11"谐音即"我要腰"，最后的"1"代表苗条，分析肥胖对于健康的危害，控制体重的意思。

一、知识导学

认识、态度和行为的改变，对控制体重增长及体能的提高起到很大的作用。认识到存在的营养健康问题，对存在问题持积极的态度，采取具体措施及行动来解决问题，这就是营养教育的本质所在。本单元通过体重控制主题，介绍营养教育的实际应用。

超重与肥胖

1. 体重维持原则

①体重保持在标准体重范围内。体重过重或过轻都表示机体可能存在潜在或正在进行中的健康问题。

②维持目前的体重，需要摄入和消耗平衡。

③体重维持是一个长期的过程，需要将膳食与运动相结合。

2. 能量平衡要点

能量平衡就需要维持能量消耗与能量摄入的平衡。当能量消耗大于能量摄入（或能量摄入不足），如过度运动、代谢性疾病、节食、饥饿等，都将导致能量代谢出现负平衡，影响儿童生长发育健康、成年人消瘦和降低工作能力。当能量消耗明显低于能量摄入（或能量摄入过量），如体力活动减少、高脂/高能量饮食等，将导致能量堆积，引起肥胖，增加心血管疾病的发生概率。

3. 大众传播技巧

大众传播是营养教育者常利用的媒介渠道与工具。

（1）大众传播的特点

①传播者是职业性的传播机构和人员，并需要借助特定的传播技术手段。

②大众传播的信息是公开的、公共的，面向全社会人群。

③大众传播信息扩散迅速而广泛。

④大众传播对象虽然为数众多，分散广泛，互不联系，但从总体上来说是大体确定的。

⑤大众传播是单向的，信息反馈速度缓慢且缺乏自发性。

媒介技术与其他面对面的传播方式不同，信息通过电视、广播、图表、标语、书籍、手册和教学设备传播。在大众媒体中，常用的电子媒介是电视、广播；常用的印刷媒介是杂志、报纸和宣传栏。大众媒介的目标人群数量相对比较大，信息相对简单化且较完整。但大众传播媒介所传播的信息不能将特定的目标人群分开来。利用大众传播渠道开展营养教育，可以使营养健康信息在短时间内迅速传及千家万户，提高人们的食品与营养卫生意识。加强对大众传播特点、客观规律和技巧的研究，将有助于改变营养信息传播的质量，提高营养教育的效果。

（2）大众媒介选择的原则　　大众媒介选择的原则为保证效果、针对性、速度快、可及性、经济性。

（3）营养信息的传播策略

①无知阶段（当人们尚处于无知状态时）：宣传发动，使其知晓。

②知晓阶段（当人们已知晓该信息时）：提供知识，进行劝服。

③劝服阶段（当人们对新事物已形成态度时）：提供方法，鼓励尝试。

④决策与采纳阶段（当人们已经尝试或采纳该事物时）：支持鼓励，加以强化。

（4）信息表达形式的设计　　主要是对整个传播活动的形式、内容、时限、地点、工作计划表、责任单位、传播载体的设计。

二、任务准备

1. 样品准备

分析对象。

2. 材料准备

杠杆秤体重计、身高计、钢尺、标准砝码、计算器、记录表或小卡片、大白纸、彩笔（至少红、蓝、黑三色）、小礼物等。

三、任务程序

模拟场景：一个初中学生超重学生夏令营，营养师要对50个左右的13~14岁儿童进行宣传教育，最终达到知、信、行的变化。

1. 准备

人手一张"生命数据"小卡片，先在卡片上写好姓名、性别、年龄、身高、体重、体重指数、血压值、血脂值、血糖值。

2. 体重、身高测量

3. 计算体质指数

其中 4 人的体重、身高数据见表 3-33。

表 3-33　　　　　　　　　　体重、身高数据表

数据	张阳	李锋	王林	马露
体重/kg	65.0	84.5	77.7	78.0
身高/m	1.518	1.710	1.660	1.622

具体计算体质指数：张阳的 $BMI=65.0\div1.518^2=28.21$，结果判定为体重肥胖；李锋的体质指数 $BMI=84.5\div1.710^2=28.90$，结果判定为体重肥胖；王林的体质指数 $BMI=77.7\div1.660^2=28.20$，结果判定为体重肥胖；马露的体质指数 $BMI=78.0\div1.622^2=29.65$，结果判定为体重肥胖。见表 3-34。

表 3-34　　　　　　　　　　体质指数数据表

数据	张阳	李锋	王林	马露
体重/kg	65.0	84.5	77.7	78.0
身高/m	1.518	1.710	1.660	1.622
BMI	28.21	28.90	28.20	29.65
结果判定	肥胖	肥胖	肥胖	肥胖

4. 游戏活动

（1）参加游戏活动的人，每人手持填好内容的小卡片，按照男女性别分成两队。

（2）按照年龄大小顺位排队，报数后记下顺位号。

（3）重新按照身高大小顺位排队，报数后记下顺位号。

（4）重新按照体重大小顺位排队，报数后记下顺位号。

（5）重新按照体质指数大小顺位排队，报数后记下顺位号。

（6）现场讨论对个人年龄、身高、体重、体质指数顺位变化的意义与感受。

5. 关键词联想互动

（1）游戏活动前，准备好大白纸和彩笔。

（2）主持人在大白纸上画一个大圆圈，并在圈中写上"体重"二字，让大家开展"头脑风暴"，把由"体重"联想到的任何词写在大白纸上的圈中或任何位置上。

（3）主持人通过现场引导，不断念出参与者写出的词，活跃气氛，并不断提问"还有吗"，激发参加者的积极思考，引发大家更多地参与行动，直到信息饱和为止。

6. 主持人做小结

讲述超重肥胖的原因和危害。

7. 分析和画出问题树

①分小组，请组内参加者写出自己的现实体重和理想体重。

②思考个人自己的现实体重是否带来健康问题（最好结合自己血压值、血脂值、血糖值），分析导致体重增加的原因（饮食方面、运动方面及其他）。
③小组内的参加者相互交换超重、肥胖导致的健康问题。然后讨论并画一棵问题树。

8. 控制策略和控制树
①围绕问题树，讨论解决的对策和方法，画出控制树。
②小组内每个人针对自己的问题，拟订一份自己的体重控制的改变计划。
③主持人总结。

四、注意事项

1. 游戏活动前，一定要认真检查一下每个人手中的"生命数据"小卡片上是否有缺项，必须填好后方可开始游戏。
2. 要选择有足够活动范围的场地。
3. 主持人要善于现场引导，活跃气氛，引发参加者的积极思考。

五、任务评价

学生完成学习，通过自评（20%）、小组互评（30%）、教师评价（50%）评估对本任务学习的掌握情况。将具体的检查与评估填入表3-35。

表 3-35　　　　　　　体重控制营养教育任务评价表

评价项目	评价标准		满分	评价分值			得分
				自评	互评	师评	
知识目标	能正确计算 BMI		10				
	掌握演讲技巧		10				
能力目标	准备能力	能准备表格、卡片、工具	10				
		正确测量身高、体重	10				
	操作能力	有良好的组织和引导力	10				
		能够清晰地表达	10				
	总结能力	能根据结果做出正确分析和合理建议	10				
素质目标	学习能力	能够独立完成资料查询任务	10				
	工作态度严谨认真		10				
	有用专业知识服务的意识		10				
	合计		100				

参考文献

[1] 中国营养学会. 中国居民膳食指南（2022）[M]. 北京：人民卫生出版社，2022.

[2] 中国营养学会. 中国居民膳食营养素参考摄入量（2023版）[M]. 北京：人民卫生出版社，2023.

[3] 浮吟梅. 食品营养与健康[M]. 北京：中国轻工业出版社，2017.

[4] 王丽琼. 食品营养与卫生[M]. 北京：化学工业出版社，2008.

[5] 人力资源社会保障部教材办公室. 公共营养师[M]. 北京：中国劳动社会保障出版社，2022.

[6] 胡敏. 营养师手册[M]. 北京：化学工业出版社，2015.

[7] 张谦. 食品营养与健康[M]. 北京：中国医药科技出版社，2019.

[8] 高红霞，郭友武. 食品营养与健康[M]. 北京：北京理工大学出版社，2022.

[9] 李苹苹. 公共营养学实物[M]. 北京：化学工业出版社，2012.

[10] 石瑞. 食品营养[M]. 北京：化学工业出版社，2020.

[11] 石汉平，凌文华. 肿瘤营养学[M]. 北京：人民卫生出版社，2012.

[12] 王尔茂. 食品营养与卫生[M]. 北京：科学出版社，2010.

[13] 葛可佑. 中国营养师培训教材[M]. 北京：人民卫生出版社，2013.

[14] 王宇鸿，张海. 食品营养与保健[M]. 北京：化学工业出版社，2008.

[15] 周才琼. 食品营养学[M]. 北京：高等教育出版社，2011.

[16] 鲍曼 B A，拉塞尔 R M. 现代营养学[M]. 荫士安，汪之颁，译. 北京：化学工业出版社，2004.

[17] 孙长颢. 营养与食品卫生[M]. 北京：人民卫生出版社，2012.